男子汉养成术

[美] 纳撒尼尔·克拉克·小福勒（Nathaniel C. Fowler, Jr.） 著
王乙竹 译

中国出版集团
研究出版社

图书在版编目(CIP)数据

男子汉养成术／(美)纳撒尼尔·克拉克·小福勒著；王乙竹译. —北京：研究出版社，2016.7

ISBN 978-7-80168-977-1

Ⅰ. ①男… Ⅱ. ①纳… ②王… Ⅲ. ①男性-家庭教育 Ⅳ. ①G78

中国版本图书馆 CIP 数据核字（2016）第 147579 号

男子汉养成术

作　　者：(美)纳撒尼尔·克拉克·小福勒　著
译　　者：王乙竹
责任编辑：陈侠仁
出版发行：研究出版社
地　　址：北京市东城区沙滩北街2号中研楼
邮政编码：100009
电　　话：010-64257481（总编室）　010-64267325（发行部）
网　　址：www.yanjiuchubanshe.com
电子信箱：yjcbsfxb@126.com
印　　刷：三河市金泰源印务有限公司
开　　本：710毫米×1000毫米　1/16
印　　张：20.25
版　　次：2016年8月第1版　2016年8月第1次印刷
书　　号：ISBN 978-7-80168-977-1
定　　价：38.00元

题记

本书是作者基于319位成功人士的经验之访谈而成，若能对男孩的成长有所帮助，那将是作者的初心和莫大荣幸。

做你自己——完完全全的自己，不要妄自尊大，也不要妄自菲薄。
发扬你的优点，克服你的缺点。
找出自己的优势，发扬它、利用它、依靠它，将它发挥到极致。

CONTENTS · **目录**

第一部分　男孩成功的定律

第二部分　关于成功的讨论和名家之谏

第一部分

男孩成功的定律

定律1：尽最大可能地运用能力

有潜力的男孩子具有培养价值。能否有所成就进而获得成功，要取决于他是否充分地认识到自身的能力。成功到底是什么并不重要，只要它是正大光明的、尽最大努力赢得的即可。无论做什么事情，只要做事的人已经充分运用了自己的才能，尽全力做到了最好，那么这就是一种成功。

成功可以说是一种心理状态，看不见却又实实在在地存在着，是努力之后的结果，时间有长有短。

词典学家会认为成功就是努力的目标、最终奋斗的结果。

我们不能把运气和成功混为一谈。有运气是因为有机会，而成功则是主观上努力的结果。

从心理上讲，成功可能隐藏在生意往来、日常工作或体力劳动中。而从行为上讲，成功是一种有目共睹的成就。

人在努力之后所获得的成功以及努力的过程都是一种生活体验。

“别人能做到，我也能做到。”这样的话语激人奋进，是人一生奋斗的精神支柱。

例如，一个人若是想把房子盖好，必须先向建筑师学习，研究他们的模型，观看他们如何操作，琢磨他们的建筑风格，参观落成的建筑。

喜欢与厌恶、方式与方法及人们成功的规律都是通往成功之路的经验之谈。

我们若是把生活写成一个数学公式，则应该为：成功=能力+机遇。

社会学家对成功与失败的研究结果表明，成功与人的聪明才智有关，与人的长相无关。成功取决于每个人后天的努力及周遭的环境，同时也受先天的才智影响。

任何事情都有规律可循——自然有自然的规律，国家有国家的发展规律，健康有健康的规律，成功也有成功的规律。

大众化的规律要比特例安全得多，适用性更强。

事实证明，如果前提是人已经出生了，那么遗传的因素就显得不是那么重要了。这个结论听起来虽然有些牵强，但事实确实如此。

即使全世界的动力都集中在一部牵引机车里，如果没有了路基和路轨的辅助，火车也开不起来。车得启动起来，还得注意保持车速，这些辅助条件缺一不可。

有很多的男孩一事无成，部分原因是很多人起步就不对，选择通往成功的途径也不对。

在这个世界上，成功与失败的事例比比皆是。有的人成功了，因为他既有能力又有机遇；而有的人失败了，因为他要么是有机遇但能力不足，要么是有能力但缺乏机遇。其实，如果两个人家境相同，生活条件相似，那么获得机遇的可能性也相等。但是这两者之间的差距到底是什么呢？很显然，虽然两人是完全平等的，两人成功的机会似乎也均等，但是两者之间的差距就取决于对后天潜力的开发。

所以合理地对男孩启迪、教育，不仅仅是家长的责任，也是老师、朋友的义务。

从男孩出生时起，家长就应该给予他足够的关注，以关爱的目光看着他咿呀学语、蹒跚学步，在点点滴滴之中，孩子未来生活的成功框架也逐渐形成。在男孩已学会如何照顾自己之后，当面对生活中遇到的问题，他就可以随机应变，不会显得惊慌失措了。

当然即使开端良好，接下来的事情若处理不当也无济于事。但若开端就不对，起步晚了，那就算花再大的努力，工作也会事倍功半。

有潜力的男孩子才具有培养价值。这种能够胜任某种工作的潜力，很快就会在行为上体现出来，男孩会对这项工作产生强烈的兴趣，进而精通于此。

现在我们是处在一个讲究“术业有专攻”的时代。各个行业领域中的“多面手”，有可能一行也不精通。大部分人都很难同时精通于两种事物，所以男孩在进入社会之前最好能够给自己选择一个适合的专业，并努力掌握好技术。手艺最好的鞋匠要比夸夸其谈的传教士强得多，精明的管家要比了无生气的作家对社会做出的贡献更大。

家长对男孩子要仔细地研究，耐心地观察，认真地分析他的一举一动和喜好。不要随意强迫他做任何事，也别催促他，别违背男孩自己的兴趣替他选择职业，只要适当地给他建议，帮助他找到适合自己的工作就好了。

社会上的行业五花八门，而他只要精通其中一种。找出他所精通的优点，为他量体裁衣、因人施教，这么做对他本人、对整个社会都好。

作为长辈的我们别草率地早早就把孩子推入某一行业，至少要了解孩子喜欢的是什么，想做什么，愿意做什么。这也许需要花费一些时间，但比硬是赶鸭子上架好得多。

正确地迈出的第一步能够决定他在今后的发展道路上会不会走弯路。虽然当发现错了的时候是可以改正，但到那个时候就会费时、费力又费钱，得不偿失。因此事前最好先让他试一试好过于逼他入错行之后再重新来过。

能否有所成就进而获得成功，要取决于他是否充分地认识到自身的能力。成功到底是什么并不重要，只要它是正大光明的，是尽最大努力赢得的即可。成功可以意味着财运亨通，也可以指政治上有雄才伟略、手握重权，广结善缘或者成为高官显贵。但无论做任何事情，只要做事的人已经充分运用了自己的才能，尽全力做到了最好，那么这就是一种成功。

优秀的人要比最富有的人拥有更多的成功要素。客观审视自己，积极、充分、正确地运用自己的才能是实现真正成功的最高境界。这点虽然在现实中很难做到，但当你的心灵靠近上帝的时候，就离成功不远了。

所以尽自己最大的可能运用能力就是最大的成功，这才是获得成功的第一要素。

定律2：正确的开始是通往成功的捷径

正确的起步是通往成功的捷径，可以使人避免失败，从而获得成功。家长的责任是找到男孩身上的优点和长处，鼓励孩子，为孩子指引方向，把孩子带入正轨，让他按照自己的选择去发展，在孩子前进的途中帮他一把，甚至为孩子做好善后工作。

没有开始就没有结果。开始和结果这两者是相互依存的。

从起步的那一刻起，我们就踏上了人生的征程。错误的开始会留下永久的阴影，人们会在接下来的过程中为此付出沉重的代价。

错误的开端会使成功之路障碍重重。

时过境迁，适合父辈的那套方法不一定再适合年轻的一代。当新的理论正与旧的观点进行交锋时，我们应该试图制定出适合年轻一代的人生准则。

所以当务之急是要弄清该怎么对待男孩，确切地说是要认定应如何对男孩进行启蒙教育。

正确的起步是通往成功的捷径，可以使人避免失败，从而获得成功。错误的开端，如果再加上发展过程中种种我们预想不到的不利条件，最终的结局往往就是失败。

坚韧不拔很重要，能力也很重要，但是这二者要依赖于一些条件。而起始阶段的条件要比其他任何时候的条件都重要。

一个人所处环境与自身的天赋是同等重要，两者的等同性远远超出了我们的想象。从长远的角度来看，根据环境和天赋，因时制宜，在起始阶段的调整变化对未来的影响是最大的。

成功与失败在很大程度上取决于男孩和他的父母。当男孩开始接受训练和培养的时候，他就开始向男人转变了。父母在他们缺少主见，缺乏方向的情况下适当地给予孩子建议，这点尤为重要。

父母越是了解孩子，孩子就会越了解自己和父母，为孩子规划前景也就变得越容易。

无论父母是穷是富，文化程度是高是低，无论他们身居何处，都带着热切的渴望找寻着可以教导孩子的方法。男孩们现在可能很顽皮，但长大之后就会慢慢变成作风严谨的男人。

在各种理论泛滥的情况下，有实际应用价值的常识变得极其珍贵。孤立的个人观点——自负，随处可见，这是非常危险的。

我认为暂时放下情感，理性地把人性看作是物质性并不为过。

无论是生理上还是心智上，人类都是从哺乳动物的低级阶段发展起来的。对一个人具有重要性的，是他将来会成为什么样的人，而不是他现在是个什么样子。即使他有自己的特点也不会显露出来，即使是在思考，他也意识不到自己在思考。因此丝毫也看不出他的聪明才智。他的唯一特点，或者是唯一流露出的本能，就是一直在要吃的。给他吃的，他就吃，但却不会主动去找吃的。如果无人照料他，没人给他吃的东西，他就会饿死。吃东西就是他的全部斗志的反映。在不吃东西或不想吃东西的时候，他要么就什么也不做，要么就或哭或笑或睡。他的存在有价值并不是因为他现在这个样子，而是因为他将来要成为什么样的人，或可能会成为什么样的人，或被希望成为什么样的人。他瘦瘦的、小小的、圆圆的，是那么地无助，却又被寄予了厚望。他的现状是那么地无助，那么地依赖于别人，似乎是毫无价值可言。

但过了几年之后，在男孩身上，人们就会如愿以偿地看到家族荣誉感和父母引以为傲的特质。

生理上的遗传在孩子很小的时候就会显露出来，但心智才能在孩子六岁前几乎看不出来。即使过了这个年龄，心智才能也不一定会显露出来。所以在孩子的成长过程中，父母不仅仅要持续地关注孩子的学业，更要关注孩子身体出现的明显生理变化。

这个时期的男孩开始表现出个人喜好。尽管喜好不定，但关注他的人会发现某些明显的特质开始在男孩身上显露出来，某种特殊才能开始或多或少地流露出来，在这个时候，作为父母就应该尽可能地为孩子创造良好的学习环境。

经验丰富的科学家和医生一致认为遗传的好坏在很大程度上受限于遗传倾向。他们的研究表明，除非男孩有机会继承生理或心智上的明显特质，否则他的将来会在很大程度上受到环境的影响。

我们千万要认识到环境的好坏与先天遗传对男孩的发展影响同等重要。

十岁男孩的心智已足够成熟，已经开始能体会周遭的环境并受其影响了。此时，男孩逐渐步入孩子期的最重要的阶段，开始了真正的人生。尽管在这时候，孩子对“男人”的概念还不能完全理解，但已能明辨是非，意识到成长为男子汉的必然性，已能知道如何去交友，去与家庭、父母及朋友交往。他可能会自负，但绝不会目空一切；他可能会比较任性，但他还未定性。他将踏上人生的旅程：青春如绿草，快乐汇集成小溪，因没有重任在身而备感轻松。但他即将长大成人，即将面临严峻的考验。尽管前景尚未明确，但生活即将失去孩童时代单纯的快乐。没有一个孩子对此会很开心地接受， 但很少有家长会注意到这点，更不会意识到其严重的后果。父母也好，周围的人也好，甚至连老师都仅把他当作一个孩子看待，似乎根本就没意识到他已经开始长大成人。

我们现代的文明可以说是比较进步的，但社会的基石却并不稳定，而上层建筑正是建立在这个基石之上。

男孩开始接受的是最基础的教育。他学习读、写、算等基础课程，他做任何事都必须遵照教育中规定的原则，不管愿不愿意。规律即是如此，而规律往往是正确的。

当男孩将升入大学，就可以开始考虑学习一些传统课程或者学习一门专业的手艺。虽然这有可能在短期内用不着，但当男孩知道在大学掌握的这些知识早晚有一天会被派上用场的，这样他就可以很从容地走向大学。

当然不顾男孩的反对，一意孤行地强迫他去学习传统课程或是其他高等教育，并不是个好主意，这样做既不对也不公平。因为在强迫之下学习的男孩反而可能会有叛逆的心理，结果是适得其反。如果已经超出了确保孩子安全、健康，合情合理及接受基础教育的范围，那么父母这么做就说不过去了。

在学完基础教育后，孩子和父母具有一样的权利去决定自己将来的发展方向。如果他是一个有个性、明理的孩子，那么教育问题的选择将决定他将来如何谋生，这对孩子比对父母更重要。如果这个孩子是个可造之才，不接受高等教育更有利于他成才，无论如何，家长都不该强迫孩子接受高等教育。

男孩的成功与他各方面的能力息息相关。这个男孩更适合朝什么方向发展？他爱动脑筋吗？他总是死记硬背还是喜欢自己分析？他总是重复别人的东西还是喜欢自己创新？

家长的责任是鼓励孩子，为孩子指引方向，把孩子带入正轨，让他按照自己的选择去发展，在孩子前进的途中帮他一把，甚至是为孩子做好善后工作。

那些笨拙、无知、不称职的律师和医生及政客们，多数都是那些野心勃勃、骄傲自大的家长干涉下的产物。而整个社会为此付出了沉重的代价。

那个男孩在一个小地方当一名普通工人，要比当一名最烂的律师强得多；当一名木匠要比当个屠夫似的医生更称职；当个收获颇丰的农民要好过于当名无知、误事的议员。

但无论多大的男孩都不能放任自流，他必须受到规律的管束。不受管束的孩子就像没有舵的船一样，会非常危险；但是若管束不当，则比船没有舵更危险。当男孩开始成熟的时候，应该拥有发展个性的自由，在决定自己将来的发展问题上应该具有发言权。明理的孩子应该被给予信任，他的喜好应该得到尊重。

人类法则和家长法则的运用不应过度张扬。如果这是一个有个性、已经懂事的孩子，就应该被给予权利去做出正确的积极的选择。而他往往会尊重明智的家长提出的反对意见。

家长的确有权管束孩子，但前提是使用权利得当。如果这个男孩已经足够成熟懂事，他就应该拥有自己的权利。父母之爱，明智之爱已经名不副实，不能成为一种强迫孩子意愿的理由，孩子和父母的权利在这过程当中并不互相矛盾，父母可以给孩子正确的指引和辅助。

我深知无论父母多么优秀，在教导孩子这方面有时也会感到力不从心。但作为父母，他们必须竭尽全力，如遇到困惑的时候可以向他人请教。无论怎样，多数人的判断总会比个人的片面之见明智些，而且很有可能就是真理。不受他人影响，片面武断地做决定，决定的正确率也许只有百分之五十。若接受他人的建议，不断修正自身的错误，做出的决定可能不是百分之百地正确，但至少不会铸成大错。

男孩在很早的时候就开始显示出他适合什么，或是可能会朝着某个方向发展的倾向。他开始审视自己，也开始被人审视；开始探索自己的想法，也开始引起别人的关注。父母对于他的性格特征、喜好倾向及具有的优势、劣势，应予以仔细研究，以便为他找出一条发展道路，当然这只是建议他走的路，绝不带任何强制性意味，可做适当的更改，但大体方向是不变的。

任何违背男孩天性的事都会造成他心理或生理上的畸形。男孩做得很好的方面往往就是他的兴趣所在。根据个人能力进行发展才是到达成功的捷径。男孩的喜好可能与个人的能力并不相符，他可能也不了解自己，他的父母可能也不是十分了解，他的老师也可能会做出错误的判断。我们应该清楚没有什么事是绝对肯定的，任何的可能性都可能存在。若男孩想做的事恰恰就是他应该做的事，那他成功的概率就大大增加了，奋斗的欲望加能力就能换来成功。一个人失败要么是因为他所做的事不是他自己想做的，要么是因为他做的事是他不应该做的。几乎所有男孩的成功都是由于他的喜好与能力能够完美地结合在一起，两者结合得越早，男孩成功得就越早。

家长应当协助老师搞好教学，使之更加生动有趣、更具实用价值，也使授课的老师感到身心愉悦。若是家长做得不当，则会适得其反，孩子会觉得没有家长参与反倒更好。

想帮助孩子进步，有的家长有这个能力，有的家长则没有。如果有个男孩对机械有着浓厚的兴趣，在家里就应该尽量为他提供机械类的东西来摆弄，满足他的兴趣和喜好，为他提供机械类的东西越多越好，当然前提是不影响正常的作息和健康。摆弄机械，看着机器运转，身临其境到厂房现场，即使只是让他参观一下，也会对男孩将来的发展大有帮助。

如果男孩喜欢在农场工作，那么待在户外是最合适不过的了。待在农场能让男孩深刻认识到做出色的农民而不是做苦工的好处。在那里应该让他看看耕作土地和被土地累得半死的区别。

如果男孩喜欢做生意，就应该在适当的年龄让他接触正规买卖，远离非法贸易，让他看到贸易光明的一面，而不是其阴暗面。

如果他愿意做学生，喜欢钻研，那就应该为他尽可能地提供一切学习条件，让他置身书海；让他认识到简单的记忆、背诵只是学习最基本的要求；书呆子好做，读书人难当。学习绝对不能影响适度的户外体育锻炼，学习过度与放任自流同样有害。学习若以失去健康和儿时的快乐为代价，则会变得得不偿失。

如果男孩热衷于某种职业，那就让他全面彻底地了解它，无论是好的一面还是坏的一面，不要让他回避事物的阴暗面。在全面了解的基础上去适应这个职业，将来才不会失望。

无论男孩适合做什么或是想去做什么，只要它是有道理的，切合实际的，不会影响他的日常生活，不会剥夺他的快乐，他就可以去做。即使只是个学生，他也清楚地知道自己将来要承担的责任是什么。毫无疑问，如果男孩能在很小的时候就想好自己将来的发展道路，有机会在合适的环境中得到锻炼，那么对他来说，找到自我，把持自我，轻松自然地为将来的工作做好准备会非常容易。

男孩就该有男孩的样子，早熟是非常不正常且危险的。在成长的过程中男孩不必承担作为男人应承担的责任。他只是有意无意地选择他喜欢的事业，逐渐朝那个方向发展。在父母和朋友一定程度的帮助下，男孩越早做出决定，取得成功的难度越小，时间也越早。他会自然而然地进行过渡，不必荒废学业，也不必牺牲作为孩子应享有的快乐。

很多男孩并不知道自己到底想做什么，也没有得到中肯的建议。这样的男孩当然会处于劣势。这不是说成功没有眷顾他，而是他没有准备好，如果他在事前能先想想自己将来的发展方向，也就不会这样了。

比如我们要去一个地方旅游，如果我们在一开始就做好各方面的准备，那么就不会错过任何一道风景，也不会遗漏任何应该领会的东西。

应该让大自然的美景得到充分的展现，因为大自然是没有任何错误和虚假的。而男孩的“自然风景”就在于他的完整的一面。认识男孩最完整的一面，找到他身上的优点和长处，然后帮助他、鼓励他、培养他，让他顺其自然地发展下去，使男孩得到全面的展示。

定律3：基础教育是拓展潜能的资本

无论男孩将来是否接受高等教育，基础教育都是非常必要的，男孩需要有这样一个完善自我的过程和吸收知识的机会。每个家庭、每所学校都应该关注教育问题，家长和老师应该立场一致，通力合作，这对年轻人的发展大有好处。

大体上说，无论是否毕业于高等学府，所有男孩都接受过基础教育，大约有85%的男孩接受的是免费的义务教育。

社会的发展说明，没接受过基础教育的男孩很显然是难有所作为的。他不可能会成功，也不可能会出人头地。所以说无论男孩将来是否要接受高等教育，也无论他会成为体力劳动者还是律师，这种基础教育都是非常必要的。除非男孩的智力极其低下，否则他就必须掌握这些基础知识，如有必要，采取强制性手段也不为过。

因此，我们首先应该教会孩子学习的方法，然后再培养孩子学习将来的谋生手段。

男孩的确会遗忘很多早期的经历。他可能已经记不起儿时的烦恼是如何解决的，也可能已经忘记自己曾考大学失败。但无论他会忘记多少往事，他都已经获得了经验，并学会了如何去获得它。不管他是否依然记得早期接受的教育，他已经通过它学会了如何更好地掌握机会。

一名普通的男孩只是群体中的一员，能力一般，社会地位也一般。一个班级中至少有25个学生，也可能有50个或更多。他只是班级中普通的一员。在目前的教育体制中，我们还不能真正做到因材施教。无论老师是多么敬业、多么有才华，他都不能做到给每个男孩以更多的关注。男孩和他的同学接受的是一模一样的教育。

许多教育权威都理所当然地认为男孩是教育机制中的一部分，而不是个体，男孩需要有这样一个完善自我的过程、吸收知识的机会。不过也有些教育专家批评现今的教育体制，认为它没有为个人的兴趣发展提供条件和指导，离教育理想相去甚远。毫无疑问，在这两种极端观点之间，肯定存在着最合适的教育方式，它能有效地发现学生的潜能并予以发展。但这只是在理论上成立，目前现状就是如此。

毋庸置疑的是，接受了基础教育的男孩，还需要有相关的个人关注与协助。倘使学校教育没有提供或不能提供这些，那么父母、监护人、亲朋好友等则要承担起这样的责任，否则男孩就会处于孤立无援的境地。在这种情况下，就必须有一个学校之外的人去体验男孩在学校的感受，设身处地地为他着想，扮演老师助手的角色。

很不幸的是多数学校教育，都倾向于培养孩子的记忆力，而不是他们的思考能力。普通学校的老师通常没时间，可能也没有能力去培养学生的思考能力。男孩可能只会鹦鹉学舌，而不会自己动脑分析。他可能从不出错，总是拿一百分，但从长远发展来看，作为班级中的佼佼者，若与班级中成绩落后的同学相比，可能还不如他们。

在这种学校教育的模式下，男孩就要能很好地进行自我调控，否则学校教育除了提供基础知识和基本的培养外，毫无其他价值可言。鹦鹉只会动嘴学舌，毫无自己的想法。许多男孩在班级中名列前茅，但都是凭缺乏理解的机械背诵来获取高分的。

真正关心男孩成长的父母才是负责任的家长。他们会尽可能地去了解孩子在学校的学习情况，他们会读孩子的课本，与孩子一起研究功课，他们会给予孩子必要的关注，而这种关注往往是老师无法给予的。父母若受过良好的教育，那当然是最好不过的；如果父母没受过教育，那这就是与孩子一起学习、共同进步的良机。

父母不要把家庭功课弄得太难、太累，要寓教于乐。要让孩子觉得学习并不是份苦差事，在理解充分、得到指导的情况下学习应该是件令人高兴的事。学校的老师不能总是让教学保持在轻松愉快的氛围中，可能没时间也没机会去这么做，也可能根本没有这个能力去这么做。但父母就可以做到，可以营造一个轻松的氛围帮助孩子爱上学习，认识到学习的价值所在。

所以每个家庭、每所学校都应该关注教育问题，这对年轻人的发展大有好处。

父母不能把所有的责任都推卸给学校，同样学校也要随时和家长沟通，随时了解孩子在家里的状态，双方要通力合作，为孩子的前途着想，为整个社会着想。这种合作并不是指谁应听命于谁。这种合作能简化教育过程，使之进一步发展壮大并更加有效，合作还能激励男孩积极地投身到学习当中去，对他们不仅要授之以鱼还要授之以渔。

父母的责任是关注孩子、协助孩子、鼓励孩子并与老师通力合作，但他们不能取代学校的教育。教育体制中的确存在很多弊病，许多教育委员会成员不能提供各方面的建议，许多老师缺乏能力、方法不当。但是从总体上看，教育体制，委员会成员和老师在采取方法予以指导方面要比父母更胜一筹。家长必须承认这一点。

找别人的短处很容易，谁都可以对教学方法和老师个人提出反对意见。但是合作、协助和激发兴趣要比找错和背后批评有用得多。

家长应尊重老师的权利，应协助老师而不是去找老师的毛病。他们应是老师的助手和朋友，因为即使是能力有限的老师，在家长的协助下取得的成果也要比优秀的老师靠自己一个人的努力得来的成果强许多。

老师有老师的作用，家长千万不能挑战学校教育的权威性。

家长有家长的权利，老师也不能侵犯家长的权利。

男孩也有发展自己个性、拓展自身潜能的权利。校方和家长都应该尊重“小男子汉”的决定。

家长、学者及老师应该立场一致，通力合作，不要视彼此为竞争对手。只有在各方对合作感兴趣、有热情，对待彼此态度友善的情况下，才能达到共同教育的目的。

定律4:“好学生”与“差学生”

有些具有成材潜质的男孩清楚地认识到:一味追逐虚荣,可能会丧失许多可贵的东西。注重学习真知识而忽视名次的男孩成功的概率会更高,这样的男孩学习目标明确,尽力去理解知识,所以考试的名次可能没有死记硬背的孩子高。教学机构应该做到不过度表扬佼佼者,也不过分贬低后进生。

成绩优秀的学生往往更容易获得成功。可是我们却看到很多在班级中名列前茅的学生后来一事无成,而成绩属于后进生的孩子后来却成为人中龙凤,这是为什么呢?

小时候学业优秀不等于说长大后就一定能成功。脑子反应慢、能力差或不用功的孩子当然不会成功。但是许多学业不好的孩子后来都成功了,而许多学业好的孩子后来却一事无成。正因为如此,是否获得过奖学金或在班级中排名第几并不能作为判断学生前途的绝对标准。

事实证明,多数后来成功的人当年在班级中既不靠前也不落后,这也许是因为班级中处于中游的学生人数本来就最多。不过多数成功人士在校读书时都是中上等生,而多数不得志的人都属于班级中的中下等。

读书时总是落后的学生长大后很难有所成就。仅仅是因为懒惰、没有上进心或兴趣在其他事情上而不能与其他同学齐头并进的孩子将来很可能会飞黄腾达,当然前提是他已认识到过去的问题。对于班级中的佼佼者来说，想争班级第一是短期的唯一奋斗目标，所以他们成功的可能性要远远小于中等生。

有些男孩去上学只有一个目的，那就是学该学的东西。学习时靠的是理解而不是机械记忆，他不是学舌的鹦鹉。考试中也不会照抄照搬。他学习知识只是因为这些知识有实用价值。他活学活用，学习能理解的知识，对于不能理解的部分，他也许会采取放弃的态度。因此，他在班级中的成绩只能位居中游，无法与那些擅长死记硬背的孩子一较高下，但是这类男孩成功的可能性往往更大。

许多男孩学习都很被动，知识被死记在脑中毫无用处。他对知识完全不理解，能在班级中名列前茅完全是靠在考试中死记硬背。这样的男孩成功的机会很渺茫，因为他不会活学活用。他的脑中堆砌着一串串抽象的数字、年代和大量的单词，因此作为一个知识仓库，他是成功的，但作为一个个体，他是个彻底的失败者，只能算是个知识的守财奴，一个有知识的机器人。对于现有的打分标准来说，背出来的标准答案和理解之后做出的答案是不一样的，虽然他可能会因此取得班级第一的成绩毕业，但却因为不懂得把学到的知识应用到工作实践当中而导致失败。

有些教育专家认为只要用功背就好，并不在乎是否理解知识，只要男孩能用书中的话来回答问题，就会使他们感到满意。他们鼓励学生把争夺班级第一名作为自己最终的奋斗目标，由此导致好多学生为了这个目标而变成了学习的机器人。

教学机构应该要做到不过度表扬佼佼者，也不过分贬低后进生。让学生进行记忆并不是单纯地只为了提高记忆力，而是为了让学生更好地记住知识。学生只要尽全力去学就好，与其依靠机械记忆成为佼佼者还不如脚踏实地的真正理解一些知识，哪怕不能全部吸收也好。

男生若能掌握课本以外的有用知识，无论目前在班级中能排在第几名，将来迟早会成功。

注重学习真知识而忽视名次的男孩成功的概率会更高。这样的男孩学习目标明确，尽力去理解知识，所以考试的名次可能没有死记硬背的孩子靠前。

男孩的学习名次如何并不重要，重要的是他是如何去学习的，或者说，在学校受的教育到底对他有多大帮助。

学业上的竞争十分简单。所有的竞争无论有无必要进行，都是不自然的。老师也好、家长也好都不该鼓励这样的竞争。真正学习好的人很少会成为这种竞争中的胜者。从广义上讲，竞争是指在战胜对手的前提下获得利益，也就是说另一方在不情愿的情况下放弃或没能争取胜利。

只要死记硬背或是搞疲劳战术、用填鸭式方法来学习，学生就能获得好名次，不过学生的记忆力方面的发展却是畸形的。

记住的东西只有是有用的才能具有价值。记忆力是上帝赐予我们的无价之宝，是一笔财富。

记忆力只有得到了充分发展，才能很好地输入和输出信息，无论对谁而言都是大有好处的。

很多男孩因为争夺名次而抑制了自己的发展，甚至牺牲了自己的理解能力，因此智力发展受到阻碍，脑中除了对应试有用的文字、数据外，其他知识一无所有。

有些具有成才潜质的男孩清楚地认识到一味追逐虚荣，可能会丧失许多可贵的东西。学校教育对他们而言成了帮助他们成功的助推器。他取其精华，去其糟粕。他在理解的基础上积累知识，从不死记硬背。换言之，他是为了用知识而学习的，不是为了记住某知识。无论男孩的名次如何，他是最会学习的人。等他长大了，儿时的班级名次对他而言已变得毫无价值，只有脑海中的知识对他才有用，这是一笔谁也抢不走的财富。

一心想争第一，把别人比下去的男孩学到知识后根本不知如何使用。他很有可能会变成一个有文化的废物，对社会毫无贡献，自身的记忆力、才智发展都受到束缚。

班级中的佼佼者可能是个失败者，班级中的倒数第一名可能也难成功。真正成才的人在多数情况下不会来自于这两个极端。他们更看重对知识的理解而轻视名次。名次看似很重要实则不然。其实成才的男孩也不是对名次毫无知觉，如果哪天他被别人超越了，他会加倍努力，这样做不是为了胜过别人，而是为了一种学业上的满足感。他具有活学活用的本领，自然而然就成功了。

定律5：大学门前的抉择

决定男孩是就业还是继续深造，主要根据孩子更适合什么来做判断，而不是孩子已经做过什么或是看起来能成为什么样的人。大学课程并不能教男孩致富，但的确能拓宽视野、开阔思路，使他学会有深度地思考并提升精神境界。

高等教育可以指接受完基础教育后的继续教育。它包括除了商业教育以外的诸如各类大学、科研所、技术学院等机构提供的各种教育。

幼儿园、小学、文法学校或高中等教育机构提供基础教育。

无论男孩是否打算参加工作或继续学习，都要接受基础教育，否则将无法适应社会需要，也无法进一步掌握科学知识。

在男孩接受完基础教育后很多家长自作主张为孩子选择出路：要么赚钱谋生，要么升入高等学府。如果男孩学习成绩不错，而父母又有能力付学费，他们很可能会劝导孩子甚至逼着孩子去大学读书。

就如我们刚才谈论到的，很多教育专家经常会把记忆力好当成学习能力强，只凭成绩单做判断，这是不对的，因为这样会导致我们忽视了对孩子实际能力、对知识的运用能力的了解。

记忆力好的人考什么试都可以轻松过关。不过孩子在考试中的优秀表现有时可能会误导人们去做出错误的判断。学业平平的孩子在生活中不太可能成为佼佼者，而成绩优秀的男孩也不能单凭死记硬背得来的成绩就被断言说将来一定会成才。

学业优秀的男孩长大后可能会因为不懂得活学活用而失去分析思考问题的能力。

记忆力的培养应属于教育中的一部分，但不是绝对的标准。教育良好的成功人士都有良好的记忆力，都有活学活用的本事。很多记忆力超人的男孩虽然成绩好，但只会学不会用，最后变成了“茶壶煮饺子，有嘴倒不出”。

决定男孩将来是就业还是继续深造主要根据孩子更适合什么来做判断，而不是孩子已经做过什么或是看起来会成为什么样的人。

教育不是万能的，但也绝不会把孩子教坏。教育对愚钝的人无能为力，如果是男孩的个人问题，无论他是否接受教育，结果都是一样的。如果他学坏了，也是在升入大学之前学坏的。大学生在做体育运动时可能比做学问更积极一些。有个别大学生也的确承认自己不太出色。但这些并不能证明大学教育是失败的。大学代表着正统、优秀，是文明发展中不可缺少的一部分，在全世界范围内亦是如此。有些个别的大学生可能做事不太妥当，有些可能经常做傻事。不过，这些男生若是没上过大学，可能会做出更傻的事。

在工作中无所作为的大学生若没受过高等教育，恐怕会成为一个彻头彻尾的失败者。对自己的学业骄傲自满，轻视勤奋的男孩才是一个地地道道的庸才。这样的人可不是大学教育想培养出来的产物，而是低等血统的后代或是优良血统中的异类。高等教育不会毁掉任何一个男孩，不过对于不喜欢钻研学业的人来说倒可能是在浪费时间。

男孩应当上学接受基础教育，即使是使用强迫的手段。但是强迫男孩去上大学却是不妥的。若是男孩坚决拒绝上大学且理由正当，那么家长就不该再强迫他们了，否则相当于把孩子投入了教育的牢笼，这种行为相当于犯罪。家长可以提出正面的意见或建议，可以向孩子列举上大学的若干好处，也可以向孩子表达自己对他的期望，但家长能做的仅此而已。男孩在接受完基础教育之后，有权利决定自己的将来。

若男孩除了想就业，对其余的都不感兴趣，那就让他就业吧。也许就业四年后的他收获颇丰，远比在大学混四年强得多。在大学学习虽然能扩展他的知识，但四年的时间似乎有点太浪费了。若他真是个一无所知的男孩，那么即使上了大学也不见得会多知道多少。

大学课程并不能教男孩致富，但大学教育的确能拓宽他的视野、开阔他的思路，使他学会有深度地思考，提升他的精神境界。

男孩自己愿意上大学才去大学读书，他才会不畏艰难，不惜任何代价去追求真知。在这种情况下进行教育才不会给男孩带来任何麻烦。男孩能自动自觉地去学习，且从中受益。男孩在认识到高等教育的价值后会决定去接受教育。他和他的父母会愿意为此付出任何代价，虽然他们尚未明确前途将如何。

技术学院及其他技术学校与我们的大学一样，设置这样的学校主要是为了满足那些想学科学技术的人的需要，是正规大学教育的替代品或是补充。

自觉接受高等教育的人有可能既学了大学的正规课程，又学习了技术学院的课程，但相对而言，很少有人愿意这样做或有时间这样做。有时有人认为花这么多时间在这上面完全没有必要。

男孩若想用技术赚钱，去技术学校学习是必要的一步。他可能起步较晚，但肯定会进步的。他在学校三四年学到的知识技术要远比在实践中积累的经验多得多。不过，能在贸易、机械、科学领域占有一席之地的人几乎都是接受过高等教育的人。

我们现在很难下定论说，就读传统的正规大学对男孩就职是否真的有帮助。我个人坚信是有帮助的，我奉劝想做生意的男孩们先接受大学教育，而想用技术赚钱的男孩先去技术学校学习，哪怕只学一段时间也好。热衷于学技术的男孩会全身心地投入学习当中去。喜欢学习的男孩在完成基础教育之前，就会表现出明显的求知欲望。

总之，对于想上大学的男孩而言，上大学是件好事。但对于即使被劝说也不愿上大学的男孩来说，上大学不见得就是件好事。

定律6：社交的困惑

对于男孩来说，社会活动与学业、家庭同样重要。男孩的成长离不开身边朋友的支持，父母若能融入他的社交圈，帮助他明智择友，无论对男孩还是对社会都是件好事。要让男孩面对现实中的种种问题，驾驶友善之船驶向成功的彼岸。

人类的遗传因素很关键。健康、聪明的父母的子女往往比身心条件较差的父母的子女拥有更好的先天条件。科学家们一直都相信血统遗传的影响力，以往的经验和现代的发现都或多或少地证明了直接遗传对孩子发展的影响。目前，人们普遍认为除了在胎儿期形成的身心特征外，孩子继承的更多的是某种习性，而不是对父母的东西照抄原搬。虽然孩子身上仍有父母的印记，但不会受到太多的影响。

研究人员发现，环境和血统同样对后代的发展有影响。先天条件好但成长环境差的孩子比先天条件差但成长环境好的孩子更有可能成为罪犯。现实中很多事情都不是由个人意愿决定而是由生活决定的。

后天环境对一个人的影响会更重要。

孩子不可能经常生活在家长和老师所构建的保护伞下，他迟早会离开家和学校到外面去打拼，早点意识到自己的责任，这是一个让他学会独立的好机会，放手让孩子去面对现实中的种种问题，未必不是一件好事。

世上存在着诱惑其实也是件好事。没有邪恶的诱惑，哪里来与之相对的真善美？男孩在面对现实的时候，若不会分辨是非就无法与邪恶相抗衡。正如知道火是热的，才能不被烫伤。孩子没必要为了了解邪恶而变得邪恶。他必须直接面对，防御越强，越能战胜诱惑。

在家庭与学校之间是外面的世界，它对孩子将来的发展影响很大，比家庭与学校更难处理。

许多家长认为在家里和在学校管好孩子就行了，却忘了家校之间的环境也会严重影响孩子的成长。显然，无法使男孩完全避开与问题人物的接触。男孩必须看到事物的双面性，但认识和与之为伍完全是两码事。丑恶的事是作为反面典型给孩子看的。

无论男孩自己是否已意识到，与坏事打交道会使人身心受挫是一个不争的事实。

有时，父母有必要限制孩子的人际交往，告诉他可以和谁交往，不可以和谁交往。但应尽可能地避免强硬的命令方式，否则会引起孩子的逆反心理。

对于孩子建立社交圈的问题，家长应给予的是合理的建议而不是强硬的管制。如有必要，父母可以帮助男孩选择伙伴，但若孩子不需要帮助，家长绝不能横加干涉。父母若能成为孩子的伙伴、挚友，站在孩子的角度去想，则能轻松地帮他选择社交对象，而且不会产生任何意见分歧。同时，父母也是男孩伙伴的挚友。由此一来，父母可毫不费力地直接接触到孩子的社交界圈。

父母若不能成为儿子的伙伴、朋友或是对孩子的喜好感兴趣，就不能奢望可以成功地为孩子建立社交圈或者操纵孩子的生活。但父母千万不能采取强硬手段，强迫不能使人成为知心朋友。

父母若不懂与孩子的相处之道，最好别强求。不过有志者事竟成，就看父母想不想努力，没有哪个孩子不渴望与父母成为朋友。

许多生活中的败笔都是由不健康的交友导致的。学校、家庭若不尽力，则很难帮助男孩摆脱不良纠缠。学校对男孩的教育不仅仅局限在校园之内，家庭对男孩的教育也不仅仅局限在家门之内，双方应多多关注孩子在学校之外、家庭之外的生活圈子，这样才能保证，无论何时何地，男孩都能生活在一个良好的氛围当中。

学校和家庭还应鼓励孩子多多结社、交友。参加这种社团当然不是为了打发时光，而是为了多涉猎各个领域的知识。这种社团多多益善。

有益的社团活动可以使年轻人逐渐学会自尊与独立。

男孩子与其悠悠逛逛或窝在家中无所事事，不如出去参加划船俱乐部或某个社团，使日子充实起来。

当然，首先要保证这些社团是合法规矩的，因为有时可能有人会利用某些社团去犯罪。不过由社团来督促男孩遵规守纪相对更容易些。

对于男孩来说，社会活动与学业、家庭同样重要。

男孩都喜欢有自己的社交圈，男孩比成年人更需要社会交往。

有人会说，年轻人的成长过程中有三个主要因素：家庭、学校和社会关系，三者缺一不可。任何一项出现问题都会影响男孩的发展。其中一项有欠缺，也许还不会有太大影响，但若是有两项出现问题，那么男孩是肯定不会成功的。只有三者都具备了，男孩才能够获得丰硕的成果。

遭受一定的困难、挫折对男孩的成长是有益的，但过度的打击则会损害男孩的自尊心，不利于他健康成长。

良机在握的男孩比没有机遇的男孩会表现得更加出色。

性格坚强有毅力的男孩更容易成功，如果阻碍不是很大，成果会更加显著。

家庭、学校和社会有益的帮助更能助男孩成功，偶然的挫折可能激励人成功，但若困难太大就适得其反了，给予帮助太多也容易妨碍男孩的发展。适度的帮助和少量的挫折是男孩成功的有效助推器。

而男孩的社会关系、人际关系也是成功的助推器之一。

男孩周遭的事物对他的发展都有影响力。

男孩的父母若能成为他的朋友，那就再好不过了，但只有父母没有朋友在身边，这是远远不够的。

男孩的成长离不开身边朋友的支持。若父母和学校能融入到他的社交圈帮助他明智择友，无论对男孩还是对社会都是件好事。

要让男孩驾驶着友善之船驶向成功的彼岸，家长千万不要把自己的意愿强加给孩子，束缚住他的手脚。

放开束缚，让他在自由的大海里任意地畅游吧。

定律7：初入职场

男孩最初的职业选择好不好，可能会决定其将来是否成功。热情加能力可以征服一切，称职的父母应考虑什么最适合孩子，而不是什么最适合自己。父母要尊重孩子的意愿，不予强迫，帮助孩子做决定，并帮他证明他的选择是正确的。

男孩初出校门，步入职场，多数都是从最底层做起。大学毕业生步入职场可以以新人身份做起，也可以从职场的第二、第三层做起，即使是从最底层做起，他也不会在那里停留太久。从正规技术院校毕业的学生接受过正规培训，基本上不用从最底层做起。

男孩初入职场，很少有人能养活自己。在几年之后，工作经验的积累，社会阅历的提高，他的条件会有所改善。

男孩及其父母应该把工作的最初几年视为学校教育的延伸部分，刚毕业的两三年期间，在老板眼中，他们缺乏经验，毫无价值可言。但这两三年的经验对男孩而言是极其珍贵的。无论在校期间他学得多么地好，理论和实践之间总是有很大差距的，所以刚开始的几年正是正确地审视自己的能力、吸取经验的最好时机。

男孩在工作最初的状况绝对不能说明他的前途是怎么样的。刚开始工作时，也许一周只能赚到几美元，但却有很多发展机会，这要比赚得多、机会少强得多。

有些物质条件较好的父母，目光短浅，要求孩子只顾眼前利益而牺牲掉远大前途。他们要求孩子把眼前利益放在第一位，宁愿选择低职高薪的职业，也不愿要低薪而有好前景的职业。

我们需要再一次警告那些父母，不要违背孩子的意愿去做事。既然男孩已大到可以参加工作了，那么他也大到可以自己做主了。他拥有自主权，而且应该得到尊重。他正在为自己的前途打拼，为将来打基础。也许要学好久，他才会成功，但他不能轻言放弃，除非事实证明他当初的选择是绝对错误的。

男孩最初的职业选择好不好，决定了男孩的将来是否成功。如果男孩自己决定要成为杂货店主、机械师或投身其他某种行业，并且能说出择业的理由，那么他很可能真的适合这个行业。热爱自己的职业，不等于说他就一定会成功，但对职业的热爱可以使他充满雄心壮志，蔑视一切艰难险阻。

热情加能力可以征服一切。没有热情只有能力也可以成功，没有能力只有热情也不一定会满盘皆输。但既有热情又有能力就一定会成功。

如果一个人对某事有喜好或向往，则暗示着某人具有做此事的能力。某人想做的事很可能就是他最擅长做的事。对于他不想做的事，他可以学着去做，但对于他不想也不能做的事或根本不想学着去做的事，他能做好的可能性不大。明确知道自己想要做什么的男孩往往能给出选择的理由，其中百分之九十九是正确的选择。

理智的家长应该在很长一段时间里密切关注孩子，了解他的喜好，找到他的潜能。男孩即将长大成人，他已进入关键时刻，任何的错误选择都会让他付出惨痛的代价。此刻，家长应当给予更多的关注，和他谈心、提供建议，协助他全面认清所选的职业。

只要男孩选定某种职业，就把它的最真实的一面呈现给他，他会欣然面对的。成竹在胸的他会谨慎地权衡利弊，在有把握和热情的前提下做出决定。

值得注意的是，有的男孩总是朝令夕改、犹豫不决，这样特别容易失败。当然，随着条件的改变也有可能会改变主意，不过多数成功概率大的男孩都会目的明确，除非他后来发现当初的选择是错误的，否则不会轻言放弃。

男孩适合做什么才是最重要的，而不是父母想让他做什么。

他有充分的自主权，在父母的帮助下，理智的男孩会利用这个权利。当然，前提是父母做法得当，不会越权，若父母强行限制男孩，从不考虑他的理想和能力，这么做不仅是不正确的，而且可以说是一种犯罪。

我对那些粗俗无理的男孩一点好感也没有，也从不认为这样的孩子会为自己做主。他们必须遵循法律、尊敬师长，不然就应受到惩罚。不过决定他前途的权利掌握在他自己的手中，别人是插不上手的。

称职的父母考虑的是什么是最适合孩子的，而不是什么是最适合自己的。他们会尊重孩子的意愿不予强迫，帮助孩子做决定，并帮他证明他的选择是正确的。

无论男孩从事什么工作，他开始赚钱的第一年是最关键的一年，直接影响着他的将来，他将终生难忘。如果他的所作所为是对的，他离成功的距离就又近了一步，如果是错的，必须从头再来。

工作第一年很关键，这里指的不是第一年能赚多少钱，而是刚参加工作的时候就像在学校实习一样，是积累经验的过程。在此期间不要指望能赚多少钱，否则男孩就会很辛苦，他既得为眼前打算，又得为将来着想。若父母有经济实力支援他，能赚多少就无关紧要了。最重要的是逐渐积累工作经验和社会经验。

无论孩子在念书还是在工作，父母都应该给予关注。初入职场的男孩甚至比在上学时，更需要父母的陪伴和家庭的温暖。

定律8：人生路口，何去何从

在培养男孩时父母要考虑的问题不是想让他干什么，而是他将来可能有能力做什么。父母不能根据自己的意愿进行判断，即使阅历再丰富也不足以用来决定什么，应该有选择性地提供合理的建议。

从广义上讲，做生意是指买卖行为，而职业可以指买卖才智，交流赚钱的心得或经验，也可以指不计酬劳地使他人受惠，促其发展。

若男孩只在乎钱，那他一定更适合在生意场上打拼。基本上所有有钱人都是生意人，或将生意和职业合二为一的人。多数在职场上打拼的有能力的人只能赚钱糊口，只有少数人能赚大钱。职场最底层的人为了温饱而奋斗，而职场高层的人则非常富有，丰衣足食。

对于多数指望依照常规努力，爬上职场高层的人而言，其难度不亚于众人一起挤着走独木桥。成千上万的律师、官员、作家、教授及从事其他职业的人，没有做生意的头脑，缺少魄力、意志力和能力，因而一生碌碌无为。据说只要有招聘者在闹市一站，就会有求职者蜂拥而至，因此可以说有好多人都是“失业专家”，这样说还是有一定道理的。

现实社会中只有才华横溢、不屈不挠的人才能通过层层考验。意志软弱没有能力的男孩也许很快就会在这层层考验中败下阵来。

职场上竞争激烈，有实力的人才能脱颖而出。勤劳的人能靠做生意谋生，但是光有勤劳、体力、坚忍和抱负还不够，还需要有能力、学识并能适应社会。

教育本身并无价值，可是当知识在实践中得到应用的时候，教育就变得有价值了。

成千上万虔诚的牧师一心一意侍奉上帝，但却无法修成正果。还有些人野心勃勃，但因缺少能力而一事无成。他们既无技术，又无适应能力，根本无法参与职场竞争。例如有些人虽然当上了律师，可是却也碌碌无为，那是因为他们空有满腹经纶，却缺乏基本的操控能力。

成功的职场人，生来就是干这行的，再加上后天接受的教育、培训及抓住的机遇，成功便是水到渠成的事了。弱者变得强大，乏味的人则变得有趣，愚钝的人可以变得聪明，但职场上的成功哪怕是一定程度上的成功也要求人们必须具有先天的才能加后天的再造。

有抱负的男孩渴望出名，自然而然就会朝着职场努力。而他自负、愚蠢的父母却没有为他及时叫停。的确，商人很少成为出色的政客 。而有些政客却靠做生意起家。但必须记住一点，那就是渴望政治上成功却不会交际的人，成功的概率不到万分之一。有若干因素导致了商人无法在政界成功：首先，商人无法适应政治环境，倘若他能适应，那他就不会成为商人了；其次，商人因已习惯于赚钱，而忘记了充分行使自己的公民权利。

文明的发展需要更多的商人来领导。高层次的生意人会认识到对高级人才的需求。当职业道德渗入商业中，生意行为就提高了一个档次，从而更加接近文明的要求。

大学生们埋头读书，却没有实际应用的能力，他们都认为既然自己有才干，就应该找到好职位，可是却忘了问自己是否真能胜任此职，也忘记了求职的人往往是供过于求 。

受教育程度高低和在工作中的表现并不成正比。男孩自己想做什么，是否等于说他就应该做什么？是否就能成功？答案是不确定的。倘若他真能成功，那么在他接受基础教育阶段，身上就会开始显露出某种特质，让身边的老师、朋友相信他一定会在这方面成功的。

多数人在正式从事某职业之前就已显露出在此方面的才华。有天赋的他充满信心和决心，小问题、小障碍根本难不倒他。

要想判断出男孩到底适合做哪一行，的确很难。但等男孩满16岁以后，决定他进入职场还是做生意就很容易了。

帮助他做决定的最好办法就是顺其自然。不过这需要家长密切关注男孩，否则很可能会因误解而做出错误的判断。

有时男孩对某事的渴望可能并不是出自天性的本身。我们不能强迫男孩进入职场或经商，而是应该让他客观清楚地看到两者的利与弊，并要弄清楚，他做这样的决定到底是经过深思熟虑还是一时的冲动。

父母不能根据自己的意愿进行判断，即使有再丰富的阅历也不足以用来决定什么是对男孩最有利的。

父母可以有选择性地提供合理的建议。

不过大多数男孩却不具有过人的能力，因此想成功非常困难。他们很可能不会从自己的角度考虑问题，而是采取随波逐流的态度。

若男孩的一个朋友立志要当一名律师，那么男孩就会认定法律是他的特长。若男孩最要好的朋友想从商，那么他又会改变主意想当商人了。男孩的老师和父母肩负着重大的责任，因为他们在很大程度上影响着男孩对前途的抉择。

对于男孩到底适合做什么，父母需要谨慎考虑，不能把自己的理想强加给孩子。

若男孩的能力很强，那就让他自己做决定。但若男孩并无特殊优势或喜好，则要对他加以关注，为他提供中肯的指导和建议，就算不能帮他成功，但也不至于眼看着他失败 。

在培养男孩时父母要考虑的问题不是想让他干什么，而是他将来可能有能力做什么。

男孩最应该做的，是对人对己都有利的事。

定律9：雇主的利益等于自己的利益

无论是工薪一族还是经理、老板，他们都在为自己打拼。只为自己利益考虑的人，个人价值不会很大。只为自己的利益而牺牲雇主利益的人是不忠诚的人。对雇主忠心的人会将雇主的利益同自己的利益联系起来，两者是一种互惠合作的关系。

成功的男孩也好，成功的男人也好，无论是工薪一族还是经理、老板，他们都在为自己打拼。我们既属于自己，也属于他人，对自己的前途负责是首要责任之一。上帝创造了我们就是要我们为自己负责，为自己的所作所为负责。

一个人如果对自己都不负责，那他就更别指望别人对自己负责了。管理不好自己的事的人，也不会管理好别人的事。但满脑子只考虑自己、只对自己负责的人是自私的。真正有责任感的人必须善待自己，同时也善待他人。

只为自己利益考虑的人，个人价值不会很大。同时只为自己的利益而牺牲雇主利益的人，是不忠诚的人。

对雇主忠心的人会将雇主的利益同自己的利益联系起来，两者是一种互惠合作的关系。

为他人打工等于在为自己工作，为自己打工的同时也是在为他人工作，这就是一种忠诚的体现。男孩按时上班并不是因为被要求如此，而是因为他就应该如此。

基于对人对己的责任，他在人前人后都必须做到一样的忠诚、老实。

成功的男孩无论薪水高低都会恪尽职守。无论何时何地他都会诚实地面对。对自己的雇主不讲诚信的人，是不会对自己讲诚信的。他在为雇主努力工作的同时，也是在为自己奋斗。他有自尊，也珍惜自己的权利，但他绝不会吹毛求疵，也不会挑战商业规则。因为是为自己而努力，所以男孩在不影响健康的情况下愿意加班，努力向雇主证明自身的存在价值。他清楚地意识到若是自己在雇主眼中是有价值的雇员，那么在自己眼中也是有价值的。

从来不为自己而奋斗的男孩，在雇主眼中是一无是处 、毫无价值可言的，这样的男孩总是在挑剔、抱怨、从不负责任，干活拈轻怕重，其结果注定是一事无成。

人们做任何事情都应该兼顾到个人利益与他人利益，做生意是如此，做其他事情也是如此。就如慈善家出钱出力，在付出之后，他会得到更多的回报，其价值远远超出他所付出的。

定律10：为自己打拼

想单干必须等到时机成熟，积累了足够的经验和资金，或者有雄厚的财力做后盾后，才能实际行动。除非年轻人已确定自己不具备当老板的才能，否则每个年轻人都应该有单飞的梦想。当时机来临时，他要能向所有人证明自己已具有单飞的能力。

工作的人不是在为自己工作，就是效力于他人。成千上万地给自己“打工”的人赚的钱还不如普通工薪族赚的钱多。不过，给自己打工的人的前景应该更加光明些。事实上，所有的富商都是在给自己打工。

靠薪水谋生的好处是不必太过焦虑，也不必承担太大的责任。赚薪水的人只要工作有保障，健康不受影响，就会年复一年地干下去，且拥有安全感。

给自己打工的人，收入不稳定，赚的多少要视生意好坏而定，但前景光明，他每天都有好多工作要做，每天都感到很充实。

多数最开始“打工”的人都是先为别人“打工”，然后赚了钱再自己单干。

给别人打工很容易，但给自己打工就不那么悠闲了。如果没有勇气承担责任，也不会处理问题，生来就是个拿薪水的人，那么他最好一直干下去，别轻易转行。这样的人若给自己打工很可能会失败，而且随时面临风险。

有的男孩能力强、精力旺盛、有抱负、积极进取、做事专注、锲而不舍，当积累了一定的经验，机会来临时，就应该有单干的打算。这类男孩很难满足于一份简单的薪水，职位再高也不能令他满意。他乐于发号施令，要么成为经理，要么成为老板。

赚薪水的人能不能成为财政方面的专家是个未知数，但成功的独立经营者必须是个出色的财政专家。没有理财能力就不具备单干的条件。

自己单干需要有一定的资金进行周转，没有资金就创业会让自己变得越来越难。因为缺少资金同缺乏做生意的能力一样是前进道路上的绊脚石。一个人即使再有能力，若资金短缺也会在竞争中败下阵来。

想单干必须等到时机成熟，已积累了足够的经验和资金，或者有雄厚的财力做后盾，才能实际行动。

借贷资金到底可不可取，这要因人而异。借贷中存在着巨大的风险。受客观条件影响极大，且情况各异。如无把握，千万不要轻易借贷。许多商人因受借贷所累而失败，但也有许多人就是靠借贷起家的。

有的年轻人有经验、有能力、受过良好的训练，且具生意头脑，这样的人面临三个出路。一是他让公司感到自己的重要性，公司愿意给他提供一个领导职位或让他从中获利。二是结交某位富豪，让其愿意为他投资。三是传统的做法——借钱生钱。

如何借到钱与钱本身同样重要。贷方至关重要，实际上就是生意搭档。如果贷方是个吝啬鬼，那他会是个难缠的角色；如果贷方实力不足，又很可能从他那里借不来足够的钱。

不想当将军的士兵不是一个好士兵。除非年轻人已确定自己不具备当老板的才能，否则每个年轻人都应该有单飞的梦想。当时机来临时，他要能向所有人证明自己已具有单飞的能力。

成千上万的年轻人本可以单干，但却坐失良机。还有一些人失败了，是因为在时机未成熟时过早地单干。

聪明才智发挥到了极致就是成功。他若适合单干，那就再好不过了；他若对自己不太确定，别人也对他的管理能力表示质疑，那他最好不要单干。

成功的巅峰并不拥挤，但通往巅峰的道路却是崎岖不平、障碍重重，路上遍布的不是淘汰下来的人的尸骨，就是失重的野心和没有得到的贪婪。

你做好准备了吗？如果做好准备了，那就出发吧；如果准备尚未完成，那就再等一等，让自己完全成长起来。

等待并不意味着无休止地耽搁。做好了准备，就出发吧！

定律11：雇主与雇员

从商业上讲，雇用者应当优秀于受雇者，两者地位不同。在工作中，雇主是绝对的领导者，雇员必须服从管理，雇员必须尊重雇主的决定与安排。优秀的雇员不会排斥章程的约束，也不会偏激地对待合理的要求。

领导者的能力要强于被领导者。古往今来，群龙无首就如同乌合之众，一个缺乏领导的军队一见到敌人就会溃不成军。

做生意也需要有领导者。成功的领导者不是杂乱无章的驱使者，而是按章办事的人，他的指令既不强硬也不粗鲁。

在工作期间，若下级职员无视领导的权威性，那么工作就会做得杂乱无章，毫无效益可言。在生意运营过程中，领导者把受雇者看作大众中的一分子是很必要的。

从商业上讲，雇用者应当优秀于受雇者，两者地位不同。前者是操纵者，后者则是被操纵者。

优秀的雇员不会排斥章程的约束，也不会偏激地对待合理的要求。

不论在日常生活中，雇主与雇员的地位谁高谁低，在工作中，雇主是绝对的领导者，雇员必须尊重雇主的决定与安排。

领导者多是从普通的员工中脱颖而出的人。从不听命于人的人也无法让别人听命于他，他也很难成为一个服众的领导者。

不听从指挥的年轻人无法指挥他人。受不了约束的人是无法有升职的机会的。总是对办公室的规章制度指指点点、说三道四的人只能永远留在原位。不愿接受合理校规的男生，上班后可能也会反抗单位的规章制度的束缚，这样的人若不认识到服从也是一种基本素质，是永远不能成功的。

在工作期间，雇员必须服从管理，否则就饭碗不保，只要雇主还在这个职位上，他就有权利得到雇员的尊重。照常理讲，雇主往往比雇员优秀，雇员要么服从领导，要么辞职不干。

若雇员在工作中总是心不甘、情不愿，与雇主磕磕绊绊，那么他的工作表现是不会好的。不能正视自身身份的雇员，不会得到别人的尊重。

成功是从不会光顾散漫的人。无论是在家、在学校还是在工作单位，约束与服从是管理中的两大要素，是男孩要学习的首要功课。

定律12：为人父母之道

男孩的第一个学校就是他们的家庭，父母要善于发现问题以及问题的根源，且不断地发现问题。管教好孩子是通过关爱与合作得以实现的。越是明智的父母越愿意参考他人的意见，从不武断地进行主观臆断，总是利用大家的经验和聪明才智教导、培养孩子。

因为父母比孩子年长许多，也因为他们阅历丰富，所以父母自然而然地被授以重任，负责教育培养自己的子女。

也许是出于对孩子的好意，人类发展规律赋予了父母可以随意支配的特殊权利。除此之外，父母只服从政府法律和社会的规章制度。

可悲的是社会中的确有些父母，其数量可能与估计有所出入，既不能管好自己也不能管好孩子，对管理什么事都不在行。就目前的文明程度而言，我们对那些不负责的父母还无计可施，也不能阻止他们去行使自己的权利。

我们当然不能让没有自我约束力的父母去管理子女。口碑不好的父母也不太可能受到子女的尊重，也无权受到尊重。

对于这样的家长，孩子可能会服从他们的命令，但绝不会尊重他们。

父母与子女对对方都负有责任，但父母应负有更多的责任，因为他们年纪大，社会经验多。

有的坏孩子出身于好的家庭，也有好孩子是出身于坏的家庭。但多数情况下，孩子受家庭影响很深，家庭的好坏也决定了孩子的品质。

相对于子女对父母的责任，父母对子女负有更大的责任，这一规律是一成不变的。

明智的父母很少武断地滥用权利，他们不想这样做，也从不这么做。他们给孩子建议和关爱，激发孩子的兴趣，同孩子交朋友，这么做对双方都有利。孩子在家里与父母是平等的，他的权利得到了尊重，家教也得到了贯彻，但这是通过平等、友善的手段得以实现的。

越是明智的父母越愿意参考他人的意见，从不武断地主观臆断，总是利用大家的经验和聪明才智教导、培养孩子，管教好孩子是通过关爱与合作得以实现的。

而从不听取他人的经验教训、不分青红皂白、滥用权利的家长是愚蠢的，甚至可以说他们是在犯罪，有时会为天理所不容。独断专行的作风在家庭教育中是行不通的。

明智的家长是值得提倡的，他们在乎自己肩负的责任，既不自负也不顽固，在教育子女时会充分听取他人的意见和建议。

孩子并不是父母的奴隶，而是他们的朋友，也许孩子会认为正确的东西没有经过正确的论证就不是正确的，认为错误的东西没有经过明智的鉴别就不是错误的。但家长在外面见多识广，可以对孩子进行适度的教育。这样的父母是最称职的——他们有知识、有判断力、有辨别力、还有经验。这些父母帮助孩子提高素质，促进下一代的茁壮成长。

如果家长可以辅导孩子的功课，他们就可以成为男孩学习的伙伴，并且为孩子提供良好的家庭教育，这对于孩子来说是非常有益的。

学校再好也不是学生教育的全部，无论多么完美的家庭也都只是孩子教育的一部分。无论父母称职与否，都只是孩子成长过程中的导师之一，但他们对孩子产生的影响却是非常大的。父母必须深刻地意识到这种责任，除非万不得已，否则不必动用法律赋予的父母权利，只需因材施教，关爱和关注孩子，对他们予以指导即可。

父母要善于发现问题以及问题的根源，且不断地去发现问题。不能拘泥于片面，要全面捕捉到孩子身上的每一个细节。

有许多家长获得的经验教训都是在教育孩子失败后总结得来的。好多家长都是在孩子受到委屈后才明白该如何教育孩子。随着文明的发展和进步，家长对这一过失应当予以弥补，并且应找机会了解自己的职责到底是什么。

在孩子出生之前以及之后，父母应当懂得孩子的培养之道。

一个人如果不懂得如何养育孩子，又不愿意学习或是不打算学习如何去培养孩子，那么这个人就不应该结婚。

不断有人提出新的教育方法。各种学校或教育机构也如雨后春笋般大量出现。这些学校教授的内容包罗万象，教家长如何做个称职的父母。

一个人想要学习别的什么知识很容易就能做到，无论是否有这个必要。不过，现在迫在眉睫的是大规模推广普及对父母的培训。

如何去构建家庭并且维持这个家庭，比如何绘画、歌唱、阅读和书写经典之作都更加重要。

在倡导大众化、时尚化，文雅的消遣以及为我们辉煌的过去引以为傲的时候，我们的领导人都不可原谅地忘记了人性的重要性。

系统化、有经验的家庭教育对于文明来说是很重要的。

只有最称职的家长，才能培养出最优秀的男孩。

男孩的第一个学校就是他们的家庭，并且家庭像其他学校和教育机构一样重要。

“国家强盛的基础在于每个家庭”，人们应该学会如何照顾好自己的家庭，政府应该认真地守护力量的源泉。

父母的无能、愚蠢、懒惰以及冷漠是导致孩子失败的罪魁祸首。

父母和孩子一样需要接受培训。

那些自己都没有进步的人，无论他们是否贵为父母，都无权去教育别人。

为孩子着想，父母在教育孩子之前先审视一下自己，在要求孩子该如何去做之前，自己应先做到。

在教导别人之前，先学会教人之道。

定律13：守家待地还是远走他乡

男孩必须适应环境，而不能让环境适应男孩。年轻人不用着急放弃家乡，应该在家乡寻找机会并尽最大可能地奋斗，如果家乡实在不适合男孩发展，那么就应该考虑离开，换一个新的环境。

警世名言中有这么一句："留在原地，哪也不要去。"可是冒险能带来改变。我们对待警世名言应有鉴别地分析、判断。

很多孩子远走他乡去发展事业，可能会非常成功。而还有些孩子就守家待地，不去参与陌生的、残酷的竞争，反而更加成功。

男孩应该守家待地还是远走他乡呢？对于这个问题并没有一个很确切的答案。男孩想要远离家乡开始自己的事业吗？如果他们愿意并能给出充分的理由，那么他们在陌生的环境中成功的可能性就会更大。但是百分之九十想离开家乡的男孩都没有一个明确的目的。他们常常迷失在城市的灯红酒绿中，并且认为业务繁忙的地方一定有很多机会。他们在认知不明的情况下就轻易做出了判断，并没有意识到业务繁忙的地方竞争也同样很激烈，并且常常有更多的申请者在竞争那些职位，出现了供大于求的局面。

能力显著的男孩需要在大一点的地方来发展自己。如果他的家乡又小又落后，他必须离开家乡进入广阔的天地里施展拳脚。

如果头脑灵活的孩子生活在规模较大且发展很好的乡村地区，孩子在决定离开家乡奔向大都市之前就需要认真地考虑。

相比大都市而言，一个进步的乡村小镇会给男孩提供更好的发展机会。都市里充溢着太多的求职者，所有的职位都有成群结队的人在排队等候应征。除非那个工作的薪水实在是少得可怜，否则在城市中求职要比在农村求职难度高出两倍到十二倍。

在大都市里，金钱往往要比人本身的素质更加重要；在小地方，人的素质和金钱一样重要。城市中最优秀的律师可能比乡村里最优秀的律师更加出色。

在城市里人们只看重实力或财富。都市生活压力很大，只有少数人可以经受住压力并且能够爬到社会最顶层。乡村的优势在于人能更加容易地实现自己的目标并能够更加容易地维持下去。

如果在乡村拥有相同的机会，孩子选择在家乡发展是很明智的，并且他们可以充分利用他们熟悉的资源，使他们的能力发挥到极致。有太多的孩子放弃了家乡良好的前景而选择远离家乡到陌生的环境中寻求更好的开始。相比都市里的职位，乡村里的职位有更大的把握性和持久性。

年轻人应该在家乡寻找机会，别急着放弃家乡。如果家乡实在不适合男孩的发展，那么这个男孩必须离开。但是如果乡村是进步的，并且还有进步的空间，在把条件逐一与城市进行对比之前，男孩最好不要离开。城市的确可以给予你更多，但是也会有更多的竞争对手。

虽然一个人不应当惧怕竞争，但是也不要追求竞争。对手常常使我们变得更加强大，但是当我们可以顺利发展的时候也没有必要非得人为地制造困难激励自己前进。生活是很艰难的，成功的获得也是异常艰难的。这些艰难险阻足以构成促进人前进的动力了。

如果乡村的孩子能够在乡下找到一些值得做的事情，他最好还是留在乡下。城市只是一个人发挥自己能力或履行必要职责的地方。在乡下获得的成功比

99.9%的在城市里获得的成功还要好，因为他拥有更多的朋友，这种成功更贴近自然，更容易得到认可，也更实际。

那么反过来，都市里的孩子是否适合到乡下发展呢？

对于一个缺少乡下生活经验的都市男孩来说，他们是否应该放弃都市里的机遇而来到乡下开始自己的事业呢？如果他想并且能说出理由，而且这个想法并非是一时冲动，那就去吧。他们在都市里积攒下的经验能被快速地应用到乡村的生活中，这会使他们比在城市里更快地取得成功。虽然成就不大，但他们的成功看起来更加长久和令人满足。如果都市里长大的孩子渴望生活在都市里，并且一旦离开拥挤的街道就会很不自在，那么他们待在乡下将会非常难过。都市可能就是最适合他们工作的地方。

个性强、能力出众的男孩在任何地方都会成功。在发达的乡镇可能更容易把自己的能力发挥到极致。

男孩们的喜好和本身的能力可以决定他们该在什么地方开始自己的事业。

都市里长大的孩子在乡村可能有些发展机会，而乡下的孩子如果离开乡村到那些陌生的大都市去的话，可能会有更多的机会。

乡下的孩子总是低估自己家乡的机遇而高估城市的优势，而都市里的孩子很少注意到乡下的优势。

我们或许可以给年轻人一些适当的建议。

哪里有公平的机会，就留在哪里。如果那里缺少机会，就离开那里。要知道你渴望去什么地方，人往往有好多方面连自己都意识不到。

无论是从乡村到城市还是从城市到乡村，都是一个极大的跳跃，都是进入陌生的环境中去。

一个人在一个地方居住久了，自然而然就会熟悉身边的环境，如果有机会，最好是加以妥善利用。

天才往往能够取得成功。如果一个领域不适合他，那么他会开拓出一片适合自己的领域。

普通的孩子大多则要受到环境的影响。

彻底的改变是有风险的。

如果一个人没有十足的把握，最好不要离开自己的家乡，留在原地，直到他找到一个更好的地方和一个更好的机会。适合别人的地方并不一定适合自己。

男孩必须适应环境，而不能让环境适应男孩。

因为当一个孩子在陌生的环境中取得了成功，并不意味着别的孩子同样可以成功。

让孩子在家乡尽最大可能地去奋斗，如果无法达到目标，那么他就应该考虑换一个新的环境。

在没有十足的把握的时候，他最好留在原地，不要轻易地改变自己的环境。

如果选择离开是明智的，那就不应该有任何异议。时机成熟的时候，父母、朋友都会觉得他的离开是对的。

“我的家乡是首选，其次才是其他的地方”是一句永恒的真理。男孩首先选择家乡，同时也给予了自己一个机会。如果有希望还是在家乡寻找成功之道，等在家乡小有成就了再到其他地方去发展。

定律14：金钱的角色

不管采取何种手段发家，那些富得只剩下钱的人，都不能算是成功的。成功的人，无论是否富有，都会努力做很多事，既为别人也为自己；他会尽可能地让别人和自己更加幸福。他并不看重金钱，他所做的对人对己都有利。

很久以前，有一个人这样解释了《圣经》中的一段话：“你要尽力去赚钱。”这句话世世代代流传下来，鼓励人们去争取颇受质疑的成功，也阻碍了道德的发展。

现在善于思考的、乐观的人希望人们从过去一点点进化到不涉及金钱的文明状态，到那时就不再是毫无感情的金钱交易了。

《圣经》中所提到的罪，除了亚当和其他几个少数人的堕落外，都是直接或间接地由对金钱的狂热引起的。法院可以提供有力的证据说明金钱是罪恶的驱使者，或者说金钱是现代犯罪最本质的根源。

为了金钱，人们不惜毁掉自己的健康或出卖自己的灵魂。因为金钱，父子反目成仇。因为金钱，人们变得庸俗不堪。有了金钱做靠山，有权势的人成为了政府的领导人、生意场上的操纵者，甚至可以左右别人的死活。

只要有点头脑的人就会相信，在人类的进化轨迹上，真理永远是胜利者。并且人类和上帝最终会建立起正义的、公平的、公正的以及仁爱的世界。只有等到真善美得到了伸张，邪恶完全灭绝，这一理想才能得以实现。金钱带来的罪恶，必须受到上帝和人们的审判和惩罚。但是今天，或者在未来的好多年里，无论钱是好是坏，都将是生活中一个必要的因素，因而被认为是生活和工作中的一部分。在文明得到进一步发展之前，一切还会依旧进行下去，金钱依然是交换媒介。

很多人用金钱的多少来衡量成功。没有人会否认，目前金钱仍是现代成功的一个重要组成部分。

事实上，几乎没有哪个成功人士是一贫如洗的，也几乎没有哪位伟人是富可敌国的，因为真正的伟人并不会把大量时间都花费在敛财上，并且如果他真的很富有的话，他也会合理地加以利用，不会让金钱成为自己的累赘。

当一个人拥有了各种能力的时候，一般来说这个人就拥有了足够的赚钱能力，并使自己过上高质量的生活。几乎每一个相当有成就的人都会获得足够的收入，没有哪个有能力的人会无法维持自己的温饱。

当财神回报那些精明强干的人的时候，通常都是慷慨大方的，即使不是可口的黄油，也会是最起码的维持人生存的面包。

不管采取何种手段发家，那些富得只剩下钱的人，都不能算是成功的。过于富有的人往往没有真正的朋友。有人会效仿或奉承他，但却不会爱他、尊敬他。他所谓的那些朋友都只不过是在巴结他、逢迎他，想借他的钱，骗他的钱；也有的只是生意上的合作者，他们随时准备着在同他联手掠夺他人财富的同时也去掠夺他的财富。一旦这个富人死去，没有人会为他伤心，报纸只会寥寥几笔提及他的死亡，可能还未来得及下葬，就已经被人们遗忘。他的党羽对于他的死表示很难过，因为他们无法继续利用他。他的合伙人也更加放心，因为他的死减少了对自己的威胁。亲人的悲伤只不过是几滴清泪罢了。这种人代表着一种级别较低的成功，得不到尊重，也不能长久立足于世上。

级别较高的成功人士，无论是赚钱还是在其他的事情上一定是些有所成就的人，他们关心的是自己和其他人的共同利益。这个人是富有的，不管他到底有多少张钞票。他是富有的，无论他是鞋匠还是铁路局长；他是富有的，无论他是专业人士还是传教士；他是富有的，因为他正在通过自己的努力逐步将自己的能力发挥到极致。

除了钱什么都没有的人是金钱的奴隶。他只会赚钱、管钱、花钱，毫无个性。他是只会赚钱的机器，浑身散发着铜臭，是最低级的成功者。他在某种程度上是取得了成功，但只要稍微思考一下，就会为之感到脸红。除非攒钱是为了做某事或知道如何加以利用，否则积累金钱就像囤积土地而不加以利用一样，是愚蠢的，不可取的。

任何事物的价值都在于如何被妥善利用。一本上了锁的《圣经》像一个未经开采的铁矿一样没有任何价值可言。

一个人若在一定范围内获得金钱、持有金钱并且使用金钱，让金钱始终为他一个人服务，这就是一种可耻的成功，是一种对社会的威胁，是高尚和公正面前的罪人。这样的人费尽心机，只是为了满足自己的私欲。他既不会受到别人的爱戴也不会受到别人的尊重，没有人会喜欢他，但有人会憎恨他。他在这个世界里没有朋友，得不到别人的怜悯，他是失败的。

成功的人，无论是否富有，都会努力做很多事，既为别人也为自己，他会尽可能地让别人和自己更加幸福。他并不看重金钱，他所做的对人对己都有利。这个人无论是否富有，无论是律师还是铁匠，无论是银行家还是木匠，无论是千名工人的领导者还是一名普通工人，他都是成功的。这样的人会拥有许多朋友，他们爱他不是因为他的金钱，他们尊重他不是因为他银行里的存款，他的朋友们会在生活中与他同舟共济，并且会在他的坟前留下伤心的眼泪。在他自己的领域内，他会尽自己的最大努力。世界将永远不会遗忘他，并且当他离开的时候，他曾经停留的地方将会因他的离去而变得黯然失色。他是亿万成功者中的一个，由于他帮助了别人，别人也会帮助他。这个人不是失败者，他注定是一个成功者。他活着的时候行善积德，在死后善行也不会打折扣。他在世时所播种下的种子必定会获得永恒的收获。

定律15：勿以事小而不为

粗心的男人或男孩是不会取得成功的，成功者从来不会忽略小事。要想成功，就要不断地关注和留意小事。一个人可以去从事他不擅长的事情，只要他不会忽略所从事的工作里的小事，就算是一种成功。

因为有些伟人会忽略小事，似乎觉得小事不会对事情的结果产生任何影响，所以许多不愿思考的人甚至很多会思考的人都拒绝承认小事的重要性，并不予理睬。

大多数伟大的发明家、科学家、发现者、学者以及天才，在一方面有所长，在另一方面必有所短。伟大的人只是在某一方面有所特长，多数的知名学者往往在某一领域里是权威，而在其他领域里知之甚少。

天才所犯的过错和愚蠢的行为常常成为人们茶余饭后的谈资。新行星的发现者在数学领域很擅长，却可能在暴风雪的天气里不戴帽子、不穿外套就出门；会说十几种方言的语言学家可能会发现自己看不懂杂货店里的账单。

商业和智力的标准是有限的。人可以拥有很多，甚至多于自己所能达到的程度。如果他对于一件事情知道得很多，那么他必然对另一件事情知道得很少。同样，伟大的人会在头上戴着眼镜而去寻找眼镜，会忘记扣上自己的皮带，会用雪橇铲煤，用煤铲除雪，但是他们不会忽略工作上的每一个细节。他们的心思放在哪里，他们的注意力就会集中在什么地方，没有什么是小事，无论大小，每一件事情都是重要的。如果他是一个数学家，他会同等重视小数点左右两边的数据；如果他将最贵重的化学品和最廉价的化学品混合到一起，他对这两种药品会同样小心。他可能会忘记在冬天穿外套，或者在夏天忘了把外套脱下来，但是他却能记得把适当型号的软木塞放到合适的容器上来装试验用的混合物。他可能会在雨天带手杖而在晴天带雨伞，但是他的望远镜却绝不会被淋湿。他可能变成落汤鸡而浑然不知，但却会用身体去保护他的仪器。

掌握大事情就是掌握小事情。对于他来说，事情没有大小之分，任何事情都是大事。他可能在某一个领域里面很成功，只要是这个领域里的东西，他都能记住；而在其他的领域里，他在某种程度上来说和白痴没有什么区别。把他知道的东西放到天平的一端，而把他不知道的东西放在另一端。如果放知道的东西一端下沉，那么他就是成功的，反之则说明他失败了。

通过关注细节，对最小的事项进行仔细分析，对每个细节仔细审查，构成完全事业上的成功。一个粗心的男人或男孩是不会取得成功的。成功者从来不会忽略小事。要想成功，就要不断地关注和留意小事。一个人可以去从事他不擅长的事情，只要他不会忽略他所从事的工作里的小事，就算是一种成功。忽视小事会使我们的生活变得不那么完整。

定律16：成功切忌朝三暮四

没有更好的理由就不要轻易离开，是一条通向成功的准则。朝三暮四的人只会获得短暂的利益。不断地变换自己的工作，将有可能永远无法取得成功。在他工作起步的地方，男孩自身的价值会逐年递增，会有更多的机会，所以在变动工作之前必须三思。

没有更好的理由就不要轻易离开，是一条通向成功的准则。朝三暮四的人永远都不会成功，只会获得短暂的利益。他们只能够勉强糊口，居无定所，不受人尊敬，过着起伏不定的日子。

如果一个人的家乡是落后的，那么选择留下来必然是不明智的。执意停留在一个劳无所获的地方是不会成功的。有判断力才能找到出路。多数人失败都是因为朝三暮四，经常改变心意。

一个天才的失败几乎总是归因于不能坚持到底。天才开始是正确的，并且会在工作中做短暂的坚持，但是他们常常不能坚持做到最后，因为工作有头无尾，所以毫无价值可言。

永恒是大自然的定律，也是成就事业的伟大定律。他适用于人类生活的每一个层面。

当然，通常来说，除了特殊的原因，男孩最好完成每个阶段的教育，牢牢掌握所有的知识，然后再进入一个更高学府或不同的院系去学习。教育上的变化就像搬家或换工作一样，影响是深刻的，代价也是巨大的。有时候，一个聪明的男孩会跳过一个年级直接毕业或直接升两个年级，但这并不是没有完成学业。如果他可以比别的孩子花费更少的时间来完成学业，很好，只要不会给他带来任何身心上的伤害就行。

尝试了一个又一个的学校，换了一种又一种的学习方式，那是在浪费时间、浪费精力也是在浪费自己的前途。如果男孩克服了朝三暮四的缺点，他就不必付出如此昂贵的代价了。

这一原则也同样适用于事业。男孩不断地变换自己的工作，将有可能永远都无法取得成功。

如果男孩起步就错了，且对此很肯定，那么他必须改变，只要有充分的证据能证明当前的职位不适合男孩的发展就行。如果男孩渴望跳槽只是一时的冲动，或者仅仅是因为暂时的不满，那就不值得考虑了。

有些人，甚至有一半以上的男孩在开始工作的时候都对工作不满，觉得工作的性质或工作的环境不适合自己。对业务不熟悉，他们把责任归咎于业务的种类和他们的职位，却意识不到什么工作都是一样的难做，其他职位的工作也同样不是很令人满意的。

按常理来说，男孩在他工作起步的地方会有更多的机会取得成功。自身的价值会逐年递增，所以在变动工作之前必须经过三思。当他们逐渐成熟，变得经验丰富的时候，他们可能会觉得凭自己的能力和经验值得更好的工作和待遇，这才是平等的。尽管如此，还是不如留在原地，因为那里的机会要多于其他的地方。除非自己和自己能力很强的父母，及有判断力的朋友一致认为应该变动工作，否则男孩最好留在原处，不要轻举妄动。

定律17：充分利用零散时间

零散时间对于成功人士来说是收获的时间，很多人都是通过适当利用零散时间一步步走向成功的。成功和有潜力的男孩在很大程度上或在某种程度上都会注意利用零散的时间，使空闲的时间像工作时间那样过得有价值。

成功的男孩和有潜力的男孩在很大程度上或在某种程度上都会注意利用零散的时间。

很多人都是通过适当利用零散时间一步步走向成功的。

无论一个人在公司或学校多么忙碌，都会有些许的零散时间。要么加以利用，要么就白白浪费掉。

没有人会一直处于学习或工作状态或者处于玩乐状态的。在学业和事业上取得的成功往往取决于有没有去合理分配工作、娱乐和休息的时间。

对于任何时间或东西我们都不应浪费。成功的男孩常常忙于学习，忙于工作，忙于娱乐，忙于休息。他所有空闲的时间都是忙碌的，他享受着每时每刻。每一时刻都有着特殊的意义。他分秒必争，要么是在做某事，要么是在为做某事做准备。

休息不等于虚度光阴，而娱乐与工作一样重要。

每天都会有足够的时间去完成每一项工作。一天对于一个成功的男人和守时的男孩来说已经足够了，因为他们会充分利用24小时里的每一分钟。

当他们工作的时候，他们就工作；当他们玩的时候，他们就玩；当他们休息的时候，他们就休息。每一分零散的时间都会被加以有效地利用。

成功的人永远都不会虚度光阴，他们不会浪费一分一秒。他们在做每一件事情的时候，无论是工作、娱乐或者是休息，都会全身心地投入进去。他们会利用所有的空闲时间去做点什么，使空闲的时间像工作时间那样过得有价值。

空闲的时间就是放松的时间，是行动完全自由的时间。它完全属于自己一个人，它不受任何责任的束缚。在这期间，人们可以工作也可以娱乐，可以利用它做更多的事。

当工薪阶层或学生在完成某些任务的时候，他们在工作时间并不是自己的主人；但是值得庆幸的是，闲散的时间是他们自己的，他们可以自由支配。如果他们发自内心地、适当地并且不断地利用时间，而且从不浪费，他们一定会有所成就，而没有适当地利用零散时间的人是不可能做到的。

零散时间对于成功人士来说是收获的时间。

定律18：成功的基石——诚信

诚信是成功的第一准则，是成功的一个基本因素。诚信是建立和维护事业、荣誉不可缺少的条件。虚假永远没有回报，任何有辱诚信的人都会受到诚信的惩罚。诚信会给人快乐、给人成功所需要的元素。

诚信是成功的第一准则。诚信对成功而言是首要的前提条件，诚信是建立和维护任何事业荣誉不可缺少的条件。

如果撒谎者没有被戳穿，谎言就奏效了，但是谎言最终总会被戳穿。相比之下，很少会有精明的人或者伟大的人用不诚实的方式取得成功，这些有能力的人往往不屑偷奸耍滑。

不诚实的人在事业上频繁地获得短暂的利益，但是他们却很少能够长久发展，也不会获得最终的成功。的确有好多公司在公司成立的初期采用了一些不诚信的做法，他们获得成功的现象也使人更加相信诚信不是取得成功的必然因素。但是从任何负责任的立场来说，不以诚实为基础的事业根本不能算作是成功。

金钱是可以通过虚假的手段而获得的。严格的诚信和正直常常都不是财富积累的必然因素，但是只获得金钱不能算是成功，并且通过虚假的手段去获取金钱的男人既不尊重自己，也不会受到别人的尊重。他的生活很奢侈，他以名誉和灵魂为代价换来了眼前的物质享受，但这不是真正的享受。

诚信是成功的一个基本因素。任何有辱诚信的人都会受到诚信的惩罚。如果你25年前，记录下生意兴隆的店牌，今天再一次观察店牌，那些坑蒙拐骗的不法店铺的招牌几乎都不见了，那些不法商贩靠这些手段快速起家，但最后是蒙羞辞世。而诚信的店铺依然屹立不倒。再看看那些不讲诚信的公司，看看它们是如何一个接一个地没落下去。虽然靠不法手段可能获利更快，但靠诚信赚来的钱要远远多于前者。

诚信或许不是敛财的最好方法，敛财者不凭良心办事，捞到了大把的钞票，但他们不会获得真正的成功。他把自己看得太过廉价，为了得到自己花不完的金钱，他抛弃了一个做好人的重要因素——名誉，他觉得自己是在享受生活，实际上他并不快乐。他是一个失败者，一个可怜的失败者。他没有朋友，没有家庭温情，找不到自身的价值，且令人厌恶。男孩们，如果你们想像他一样，那么你们将牺牲真善美以及无量的前途，然后你们会从你的词典里将诚信删去，用了无生气的金钱去取代你们所拥有的有价值的东西；如果你们这样做了，在今生今世，或者在来生来世，你们将会受到严厉的惩罚：你们将永远不会幸福，良知逐渐消失，一辈子都装腔作势地活着，永远都不会感到由衷的满意，你们将孑然一身孤单地死去，无亲无故。

纯粹的赚钱和诚信是矛盾的。有些时候取得金钱上的成功不需要诚信，但是虚假的作为，永远也不会取得永恒的成功。小偷可以偷到金钱，但他不是成功的；赌徒可能赢利，但他也不是成功的，即使那钱是他自己赢来的也不行。真正的成功是讲诚信的。

男人的性格是在孩童时期产生，在青年时期形成的。一个重名誉的男孩长大后就成了一个重名誉的男人。一个在学校作弊并且和自己的伙伴撒谎的男孩很可能会成为一个不诚实的男人，而最终成为一个失败者，这与他是否富有无关。

儿童身上的小毛病会在他长大以后成为严重的恶习。相对于让一个成年人改掉不诚实的习惯，似乎让一个孩子改掉不诚实的习惯更加容易。

学校和家庭仅用一点点的时间和精力去教男孩们要做诚信、正直的人。在课堂上背诵作弊或考试作弊就是男孩开始堕落的第一步。工作上的虚假手段和学校里的作弊行为没有什么不同，男孩从学校步入社会也并没有什么本质上的改变。

在教授诚信和正直的时候不需要任何的虚假方式。权宜之计也是一种虚假方式。许多父母和老师都知道不诚实的做法常常会快速获得金钱上的成功，因此会告诉学生不诚实永远都得不到回报，即使有也是暂时的。但当男孩带着这种信念进入社会中，发现不诚实也是可以得到回报的，不诚实的做法看起来是成功的，他开始怀疑之前所学到的是假的，并且也开始学着弄虚作假。

告诉孩子真相，他迟早都会意识到这点的，早发现要好于晚发现。让他们利用诚实的彩笔绘制生活的蓝图，让他们看到不诚实的结果和诚实的奖励。坦白地告诉他们，不诚实会带给他们什么，而诚实又会带给他们什么。让诚信围绕着他，在他想清楚以后，让他睁大眼睛自己选择。明辨是非的男孩，相比那些看事情片面的孩子，会更加坚决地抵制邪恶。

不诚信的人，只要有一点点良知就不会快乐。当然如果他一点良知都没有也就不能算作一个人了。他只能受着虚假的刺激，享受虚假的快乐。无论他是否富有，他都是失败的。不诚信的人看起来似乎很快乐，他可以沉醉在金钱的满足感中，但是他的人性的一面是不会幸福的。诚实正直的人无论是否有物质上的收获，常常会有所回报。

男孩们，你们正处在人格发展的起始期，面临着选择。你可以选择诚信和正直，因为这可以给予你永远的幸福。你们也可以选择虚假和不正直，那么你的人生将永远都不能享受到自然的快乐，并且这种虚假的快乐不会持久。为了文明的进步，为了自己的幸福，男孩们，请做个讲诚信的人吧。如果你之前不是一个诚实的人，就从现在开始讲诚信。让正直成为你今后人生道路上的启明星。现在你是一个男孩，将来你会成为一个男子汉。就在今天，你塑造了你的品格，明天将在今天的基础上持续发展。

诚信会给予你快乐，会给予你成功所需要的每一种元素。虚假会给予你假象，让你看起来更加富有，但是虚假的本质，无论它是否会带给人一座金山或是声誉之碑，都像小水坑那样浅显，既没有长度和宽度，也没有足够的深度来度过干旱的季节。

虚假永远没有回报。

定律19：自尊与自负

自尊和自负总是相伴而行。自尊是获得成功的一个很重要的因素。绝对有自尊而不自负的人是没有的，没有自尊的自负没有任何价值而且很危险，但是适当地自负并加以有效地利用是成功的一个因素。

自尊和自负总是相伴而行。自负的人很少缺少自尊。绝对有自尊而不自负的人是没有的。没有自尊的自负没有任何价值而且很危险，但是适当地自负是成功的一个因素。

相对而言，很少有人能准确地评价自己。谦虚的男人或男孩常常过于自卑，而自负的人常常认为他自己在某一个方面要比实际更加优秀，但在另一个方面却缺少自信。生活中绝对保持中庸的人根本不存在，如果他确实存在，他的中庸会阻碍他的前进。相对而言，很少有人会遇到比自己还要尊重自己的人。世界会像一个人审视自己那样去审视你，并且给予你客观的评价。

在谦虚的人中，有百分之五十的人并不是真的谦虚。他们当中大多数人只是不想成为别人的话柄而已。真正谦虚的人常常是过于内向，而缺少自尊或自负且没有霸道的性格。他们不会高估自己的能力，也不会给予自己应得的权利。

谦虚是一种美德，适当的谦虚是一种非凡的品质。自尊的人，虽然有一点点自负，但是与过度谦虚的人相比更可能取得成功。

自负本身会阻碍人取得成功。

过度自负的人很难胜过他人，他永远都是一个失败者，当然他自我感觉是强过他人的。

自尊是获得成功的一个很重要的因素。即使自尊中包含着一定程度的自负，也不会失去它原有的作用。

自信和自负两者之间常常是密切相关的。

能力、经验和忠诚是造就成功的三大基石。下一块基石就是自信或自尊，这可以让一个人充分发挥自己的才能。

如果不是过度自负的话，自负可以唤醒自尊，并且使自尊发挥出自己更大的潜力。

有自尊的男孩子无论是否自负，都必然会成功。

过于谦虚的男孩天生就很内向，长大亦是如此。我们若不及时予以纠正，很可能会成为失败者。自负可能是自尊的一种外在表现，是自然能力的一种流露。并不让人讨厌，但绝对的自负就很危险了。

我们不应当再鼓励自负的男孩继续自负下去，但是少量的自负是不会构成太大负面影响的。如果强行将这种自负从一个孩子身上剥离开，结果往往是弊大于利。

生活中几乎没有人不自负。也许没有自负就不能成功。无论如何，他总是伴随着成功。

据说不自负而有能力的人是根本不存在的。没有伤害性的自负以及自尊，肯定比百分百的谦虚更有益。

没有自负的自尊会凌驾于自负之上，是无价之宝；但是纯粹的自尊又不存在，或者似乎不存在，而且自负是成功不可缺少的因素，明智的做法就是我们要学会调节自负，与自尊适度结合，这对自尊也有好处。这会比消除自负的同时也消除了自尊的做法明智得多。

缺点常常会伴随优点，并且对于我们的优点是有利的。如果我们不能够摆脱自负，那就让我们控制自负，有效地加以利用。

自负本身是个麻烦，但不等于说它不能被妥善地利用。如果你没有办法抛弃自负，那就在以自尊为主的前提下尽其所用。

定律20：坚持就是胜利

成功的人一旦开始做一件有意义的事，就会一直坚持下去。能坚持将事情做到底不半途而废，对成功大有益处。成功的男孩，即便在年龄很小的时候，也会在一种连续的状态下学习和玩耍，这种良好的行为习惯会为将来的发展打下坚实的基础。

连续是一种力量，而间断则是一种失败。宇宙的创立者并不是在星期一建立世界，在星期二不做任何事情，也没有在星期三创造万物，在星期四休息，更没有在星期五再次开始，在星期六睡觉。他每天都在创造东西。他只会在他生命结束的那天停止一切。

运动的原则是永恒，自然的力量在于它力量的持续。

就如永远流淌的小溪也可以养出大鱼。

如果这个月溪流干涸，下个月洪水暴发。那这样的溪流流量是不正常，只是一个泄水管，没有太大的利用价值。

一个人在星期一喂了马，星期二什么也不喂，星期三马就会变得很虚弱，星期四就可能会是一匹死马了。

一个男孩星期一去上学，星期二逃课，并且希望通过星期三的学习弥补星期二的课程，这是不利于进步的。

这个世界是勤劳者的天下，懒人是无法蒙混过关的。有的人违背了成功法则但是看起来似乎是成功了，这正好比有的人跳下了大桥却仍旧活着。一个人违背了成功法则却获利了，因此他的个案成了人们争相模仿的榜样。这种逻辑脆弱得不堪一击，一气呵成比时断时续的效果要好。有的人学业和事业时断时续，但他却仍然很成功，有的人对学业采取敷衍态度，但明智的人绝不会这么做。

假设一个人滔滔不绝地说了半个小时，然后在一句话说到一半的时候停下了，一个星期之后，他又开始接着那句没说完的话继续他的演讲。无论前半部分的演讲多么地精彩，这仍是一个失败的演讲。

成功的人一旦开始做一件有意义的事，就会一直坚持做下去。

成功的男孩，即便在年龄很小的时候，也会在一种连续的状态下学习和玩耍，他会想办法坚持把某事做下去。他的喜好很明显。当然，当他还是一个孩子的时候，他处在一种未发育成熟的状态，但是他的良好行为习惯已为将来的发展打下了坚实的基础。

能坚持将事情做到底不半途而废，对成功大有益处，否则要么彻底失败，要么即使成功也会有缺憾。没有了这种持续性，势必会导致失败或不完整的成功。

定律21：专心致志才能成功

无论是做事业还是做其他的事，只有专注于一点，才能尽显其重要性和影响力。认为自己无所不能的人能骗得了自己，但骗不了别人。任何人做事时一心二用的效果都不如一心一意的好。

成功的力量在于一心一意致力于一件事。专一的好处就在于它本身的强大影响力。

一次只应做一件事，因为时间和空间不允许。

做事业也好，做其他的事也好，只有专注于一点，才能尽显其重要性和影响力。认为自己无所不能的人能骗得了自己，但骗不了别人。任何人做事时一心二用的效果都不如一心一意的好。就如在一本好的小说或一部好的戏剧里面，永远只能有一个主角。无论是在功劳簿上还是在战场上，英雄只有一个。日光再强，灯光再亮，若两者同时照明，光线也未必会亮到哪去。

钉钉子时，锤打钉子的侧面次数再多也不能将钉子钉入物体中。钉钉子只需捶打钉帽即可，且一个锤子就够了。

来福枪的子弹能射中靶心，散射的子弹命中率未必高。想射得精准，无论用什么枪也只能是一枪打一发子弹。

同样，生活中样样知晓但无一精通的人未必就能成功。最成功的人是那种样样在行，但有一样最精通的人。成功的买家会知晓一定的销售策略，而成功的卖家也会知道一些购买心理。但是最好的买家对购买更在行，而最好的卖家则对销售更在行。对任何事都提不起兴趣、没有明显偏好的孩子，成功的可能性很小。

成功的人都会精通某些特殊的事情，但也不会因此而忽视普通的事物。例如，即使是眼科专家也得通晓外科手术的基本原理，否则他根本无法实施眼科手术。不懂基本经商之道的人做什么生意也不会成功，反过来说，只懂基本经商之道却无专长的人也不能成功。

的确，有些了不起的金融家似乎做什么都能获利，他们似乎是全能的。但是，仔细研究一下他们的生活，最终会发现，他们的成功是源于他们在某一个领域超群的能力以及他们对基本商业规则的把握。

想当专家的男孩，如果不学好各门基础课程，是无法在某个领域里独占鳌头的。地理学家再了不起，如果不通晓其他方面的知识，也无法把地球的构造形象地描绘出来。

无论男孩将来想干什么，都不能忽视他的基础教育。他需要接受最基本的教育，了解常识，这样他才可以把自己的注意力和能力聚焦在他的选择上。

定律22：建立正确的金钱观

男孩应该明白金钱的价值、意义、用处及危害，应当学会如何正确对待金钱。奢侈浪费是事业成功的天敌。吝啬并不是节约，守财奴的行为也不等于节俭。真正的节约是要合理地管理好财产，兼顾自己和他人的利益。

奢侈浪费是事业成功的天敌，做哪行都怕铺张浪费，奢侈和成功是不能共存的。挥霍者既没有意识到自己的浪费又没有收获的能力，他永远都不成功。

吝啬并不是节约，守财奴的行为也不等于是节俭。守财奴和挥霍无度的人一样恶劣，都是傻瓜。真正的节约是要合理地管理我们的财产，兼顾自己和他人的利益。

吝啬的男孩只考虑自己的利益，从不为他人着想，他对赚钱有种特殊的狂热。他可能会发笔小财，但最终除了当个了无生气的守财奴外，他将是个彻头彻尾的失败者。

慷慨的男孩或许不会赚到很多钞票，但是他的慷慨不会使他成为失败者。

过于慷慨的人，过于为他人考虑却很少为自己着想，这种慷慨是不提倡的，但是由于这种情况非常少见，所以在这里就不做讨论了。

男孩应该明白什么才是金钱的价值、意义、用处及危害，这样他才能清楚什么是好的，什么是不好的。他应该研究金钱、分析金钱，如同做他每天必做的其他事一样。他应当学会如何正确对待金钱，发挥金钱的最大价值。

就像我们滥用了很多其他东西那样，金钱的消费观很大程度上被误导了，因为没有人从获利和节俭的角度来教授我们该如何处理它。

我们要仔细了解某事物才能知道该如何利用它，忽视一件事情就会导致对它的使用不当。

人们挥霍的秉性是从小养成的。如果一个男孩没有学会如何合理地花钱，他很可能做什么都赚不到钱。同样，商业的成功依赖于适当地积累和对收入和资本的有效利用。

无论现在还是在未来，金钱都有着自己的价值。因此，赚钱有两方面的价值，必须从现在和将来两处着眼予以考虑。

成功地获得金钱，或在其他任何事情上取得成功，都要求妥善处理物质财富。

所有的证据表明，节约是文明最重要的原则之一。不懂节俭的人根本无法发财致富。金钱是通过积少成多的办法获得的，要想获利就得节省。

浪费的科学家不珍惜实验设备，很少会获得顶级的成功。

歌手不注重保护自己的嗓子就会失去动听的歌喉。

浪费自己能量的人很快就会成为一个废人。

浪费是一切进步势力的天敌，对金钱以及其他财产的节约对于成功而言是完全必要的。

如果没有节制、没有计划地使用资源，那么世界将会很快进入资源枯竭状态。

大自然是慷慨无私的典范，它蓄积能源，再源源不断地提供给人类使用。如果大自然也挥霍无度，那么人类将无法在世上存活。

节约的价值在于它是为将来的需要而提前进行的准备。无论金钱还是其他方面的物资都应予以节约使用，这对整个人类的发展和文明的进步都是很必要的。

而吝啬是节约和进步的天敌。在急需某物时却存着不给就不是节约了。那是一种犯罪，是文明的天敌。

例如，在夏天就储存动物的草料，以备在冬天使用。储存部分食物，不是为了储存而储存，而是为了以备不时之需。在本能的驱使下慢慢地就成了一个真正节俭的人。

除非一个人运气好，突然飞来一笔横财，否则不知道有系统、有计划地储存自己的收入的人绝对不会生活充裕。

男孩越早节约——积攒金钱、储存能量、保存实力，他们就会越快取得有收益的结果。

攒钱虽然很重要，但也要学会如何管理好手中攒下的钱。孩子在开始手中有钱的那一刻起，就应该学会为自己建立一个储蓄银行账户，把手中每一分剩余的钱都积攒起来。孩子手中的第一笔钱就是原始的资本，他们会尽可能地让它像滚雪球一样不断变大。

如果孩子迫切想要某种东西，他需要仔细地考虑是否值得为这个东西而花掉手中的积蓄。

在银行里有存款的孩子，存款的数额再小，也算是个小资本家了，而且是经济有所保障的人。

积蓄是值得依靠的保障，它像军火库里的弹药一样，常常被安全地保存起来准备随时使用。

奢侈浪费是大多数人失败的原因，适当地节约是收获的开始。节约者若是站在安全的岩石上，浪费者则处在危险的沙地上。

节约，孩子，节约！适当、理智地节约。但不要吝啬，不要小气。要有主见，该花的花，不该花的就攒起来。要节约，无论价值大小，该省的就省下来。无论你的父母是穷是富都要节俭，要有主见地去花钱，要有计划地积攒。千万要节约！

定律23：天生我材必有用

要趁孩子小的时候及早唤醒他们，激发出他们的潜能。有些外表看起来无能的孩子，实际上并非如此。低估孩子的父母和老师应当仔细观察，通过各种试验努力唤醒孩子，让他们充分挖掘自己的能力。

有某些孩子，希望只是少数，很显然是一无是处的。他们似乎没有崇高的理想，思想空洞，没有任何特别的能力，他们懒惰、冷漠又粗心大意并且可能还有某些坏习惯。这些孩子被视为失败者，无一可取之处。他们有成功的可能，但也有可能无法取得任何进步。我们要趁孩子小的时候及早唤醒他们，激发出他们的潜能，否则等到他们长大了，就真的成为庸才一个了。他们开始显得一无是处，并且可能会平庸一生，除了能勉强糊口，别无其他的技能。那些天生本质坏且无能的孩子不会努力改正自己的错误，而且有可能锒铛入狱。如果他天生本质不错，具有常人的优点，一直遵纪守法，也许只能勉强维持生计。他很可能会成为亲属的负担，顶多也就是个凡夫俗子。他像劣质的马，除了拉车，没有任何用途。如果尝试将有价值的人和没有价值的人分离开来，那是既浪费时间又浪费精力的，甚至更糟，因为对于被淘汰的人来说是很残忍的。如果一个人连最基本的能力都没有，那就更不要说他精通什么了。

注意到了吗？我在用“一无是处”来形容智力低下的人。每个人都有自身的价值，都会有所专长，这里所谓的“一无是处”其实是指他擅长的技能太少，需要在他人的指导下来完成。

适合这类人的职位要有一定的规则限定他们，并且对他们要一视同仁，要让他们充分挖掘自己的能力，但要量力而为。如果他们身体条件好，可以让他们去参加海军或陆军。在工作中，需要有人为他们做好大致的框架，然后让他们去做框架里详细的内容，而且他们可以利用有限的智力为别人提供称心的服务。

他们是充满未知能量的发动机，他可以做体力活，但并不适合做管理工作。作为一个运转正常的机器零件，他是合格的。在陆军、海军和其他类似的领域里作为一个卖力气的帮手，他可以更好地为国家效命。试图打破他的能力底线的父母会对他造成很大的伤害。

那么孩子真的是一无是处吗？这样的怀疑事实上可能是不成立的，并且需要时间来验证它，因为外表看起来无能的孩子，实际上却并非如此。

那些低估孩子的父母和老师应当仔细观察孩子，并且通过各种试验努力唤醒他们。他们应当反复地试验，试着帮助他们摆脱这种无能的状态。如果这些尝试失败了，孩子们仍然很冷漠且懒惰，那么就让他们去从事体力劳动，让他们接受基本的教育，并且在别人的管理下工作。

定律24：不要偏离正轨

每一个成功的人都是严格地遵守纪律、服从命令的人。年轻人一定要从各方面培养锻炼自己，养成良好的行为习惯，不可懒惰涣散。作为新时代的年轻人，应遵守行为准则，不偏离自己坚守的轨迹。

在我年轻的时候，我曾参加过一次军训。我永远都忘不了当时的情景。我还记得那令人振奋的口令，就像是在尘土飞扬的路上走过，迎面吹来一股凉爽的小风一样："立定！枪放下！原地休息！"

只要还在队列里，人们就可以做自己想做的事。他可以和旁边的人交谈，他可以笑，他可以喝粉红色的柠檬水，他可以坐着或站着，他可以打呵欠或伸懒腰（如果他愿意），但是他必须使自己的一只脚一直留在队列上，这样当集合命令响起的时候，他身体的一部分还在原位，并且可以迅速让整个身体归回原位。

大家都应遵守军规。同样每一个成功的人都是严格地遵守纪律、服从命令的人。让人们高举手臂，凝视天空的云朵，仰望着蓝天去规划自己的事业，这样做对于他们来说是大有好处的。没有人在地球上可以长久地使双脚同时离开地面，但是可以允许他们把一只脚放在某处，只要另一只脚还踏在地上就足够了。

如果他愿意的话，他可以张开双臂，也可以再抬起一条腿，但至少要让一个部分留在原位，这样他会在听到集合口令时，迅速回到自己岗位上，保持原状。

年轻人一定要从各方面培养锻炼自己，养成良好的行为习惯，不可懒惰涣散。作为新时代的年轻人，要遵守行为准则，不偏离自己坚守的轨迹。

定律25：成功不能靠等运气

不管运气到底是什么，人都不能完全把希望寄托在运气上。如果运气能帮你，那就积极地利用它。如果运气没有帮助你，那就积极努力地去面对生活。凡事只需要尽自己最大的努力就可以了。

运气、能力和机遇，均有利于收获。我们常常听到失败的人在抱怨自己很不走运，怪自己运气不好，却不想想是不是自己能力不够或是因为自己缺乏毅力。

成功的人很少会相信运气，他相信的是实力，认为所有的一切，都是靠自己的努力换来的。

其实这两种观点都不完全正确，叫作“运气”的东西应该换个更好听的叫法，它能帮助人们走好运。

运气到底是什么，没有人知道，也没人能控制得了它。不知它从何处来，也不知它到何处去，就像流星一样一闪即逝。

不管运气到底是什么，人都不能完全把希望寄托在运气上。

等待运气的人几乎没有走运的。孩子，不要指望运气会帮你。你无法操纵运气，运气绝不会助人成才，因为它时断时续，不能长久，也不稳定。无论它是什么，都不会听从你的命令。不要期待它的出现，确切地说，不要依赖它。

运气既不公平也不公正。但是如果长时间地关注运气并把它通过统计表的形式表现出来，你会发现运气并不是偶然的。它常常会拜访那些在乎它的人。

许多人从来没有得到过运气，这是因为运气拜访他们的时候，他们睡着了。

运气不会强加于某个人。它来拜访某人，如果受到欢迎，它就来到他的身边，它并不在乎受到的待遇如何。

如果运气能帮你，那就积极地去利用它。如果运气没有帮助你，那你就积极努力地去面对生活吧。凡事只需要尽自己最大的努力就可以了。

悲叹自己走霉运不会带来好运，诅咒运气并不会使运气成为你的好朋友，羡慕其他人的运气也不会把运气带给你。

请准备好在没有运气的情况下好好生活，并在运气来临时好好利用它。

如果你已尽力，没有运气帮忙，你也能应付得了。如果你已尽力，运气突然来临的时候，你会好上加好。

寄希望于运气本身就是一种失败，等待运气更会使男人失去男子汉的气概，使男孩成为懦夫。

当你没有运气的时候你做得很好，拥有运气时可以做得更好。但是想等待它、依赖它的人，永远都不会得到它。所以不要总是想着运气，而要想想自己的职责，好好考虑自己的工作。

定律26：注重仪表

良好的外表可以提高事物本身的价值。如果想赢得成功，就要做最好的自己，尽最大的努力，展现出你最好的一面，但不要过分修饰。做事要像男子汉，外表看起来也要阳刚气十足。外表看起来像个绅士，实际上也要做个绅士。

我们的母亲常说，美丽是肤浅的。从清教徒的观点来看，母亲是对的。我们的母亲就住在老式的房子里，这就是她们的生活环境。在那时候，只有实在的东西才被认可。在母亲的那个年代，披着羊皮的狼装得再像小羊，也常常会被识破。事实就是事实，谎言就是谎言。那时的竞争比现在要光明磊落，要纯净得多。仿真科学和赝品的现代艺术在那时根本无法蒙混过关。

我们现在讨论的是目前的状况。外在的就是外在的，内在的就是内在的。因为外在的东西显露在外，人们先看到的往往是人的外在。大多数的人，无论正确与否，都会从外在的表面来判断一个人内在的东西。在取得成功的过程中，外观会产生一定的影响。内在的价值还需要有一个好的外表来装饰。食物就是食物，但食物的消化吸收还和食物的外观有关。若食物看着就能引起食欲，再被装在精美的餐具里，那吃它的时候一定消化得很好。同样的食物，同样的营养成分，但外观做得不好看，餐具也是普普通通，那吃起来的感觉肯定不如前者，正所谓“美味不如美器”。

不为人知的好有什么用？看不见、摸不着，也不为人知。这样的好没有机会展示其作用，而为人所知的好却可以做到。

良好的外表可以提高事物本身的价值。如果我们能将一件事情做好是很重要的。良好的外表，加之精心打理，不仅可以提高事物的价值，而且还可能成为一种典范。

一个人的能力被适当地表现出来，就好比适当表现出事物的内在价值，这对于成功的取得是很必要的。

事物本身有价值，但外表并无价值。但外表却可以增加事物本身的价值。男孩也好，男人也好，都无权去歪曲他人形象，更无权歪曲自己的形象。诚实的外表对成功来说是很重要的。不诚实的外表迟早都要误事。

展现出你最好的一面，但不要过分修饰。因为你干净，所以看起来干净。掸去衣服的尘土，擦亮你的皮鞋，梳理好你的头发，注意自己的脸部，手部和指甲的清洁，要看起来总是干净、整洁，千万不要不修边幅。做事要像个男子汉，外表看起来也阳刚气十足。外表看起来像个绅士，实际上也要做个绅士。把你最好的一面展示给别人，不要有过分的表现但也不要没有表现。

如果你想赢得成功的话，就要做最好的自己，尽最大的努力，展现出最好的外表。

定律27：健康是成功之本

孩子健康，民族才能强大。健康是成功的一个重要因素，没有健康就无法取得完全的成功。老师和家长应该共同教授孩子健康常识，告诉他们健康的价值是什么。孩子也有责任在足以自立的时候照顾自己，使自己保持健康。

健康既可以与生俱来，又可以后天获得。大自然没有把疾病和不健康列入考虑范围之内。根据自然的规律，通常人生来就很健康，并且可以一生都无病无灾，最后要么死于意外事故，要么就等到身体自然老化了，才会因衰老而死去。

健康是成功的一个重要因素，没有健康就无法取得完全的成功。的确，很多身体虚弱的人都已功成名就，但是倘若他们身体很健康，他们会更出名，成就也会更大。

疾病和衰弱影响了自然规律的运作，并且是对文明进步的重要妨碍。

人小的时候很健康——是的，从古至今俱是如此，且未来的健康也源于过去和今天。

儿时虚弱的身体可能会伴随一个人一生。人们若不有意地保持健康，天生健康的身体也会患上疾病。

遗传是很重要的因素，大多数的孩子，生来不健康或者遗传先天性疾病，可以通过后天的保养和照料享受健康。如果没有良好的环境，再好的遗传也无法保证身心健康。

父母有义务给予孩子健康的体魄，同样，父母也有义务像保持自己的健康那样去保持孩子的健康。孩子也有责任在他们足以自立的时候，去照顾自己，使自己保持健康。

许多孩子都违背自然规律，如果大自然不是那么宽容和仁慈，有一半的男孩可能早早就夭折了。无论年长还是年幼，很少有人懂得如何健康地生活，而有些人即使了解，也很少去那么做。

直到我们找到了灵魂的寄托并给予同样的关注，文明才会取得重大进步。如果我们打理我们的店铺、办公室和其他工作地点，就像我们对待自己的身心健康那样漠不关心、粗心大意，那么我们的生意就不会兴隆。我们很在意汽车发动机——给它上油、维修保养，使其保持良好的状态，然而我们对待我们的灵魂之窗所用的心思还不如对机器花的心思的一半。

百分之九十的孩子在吃饭的时候速度很快，咀嚼不充分会使他们患上慢性消化不良。很多孩子都缺乏运动或运动不当，他们要么运动过度要么运动不足。

同样，很多孩子没有合理的膳食。他们的饮食结构很单一，容易造成偏食。他们吃了太多的肉，过多的糕饼以及难以消化且没有营养的食物。年轻人经常食用的白面包，常作为“主食”来食用，其营养价值很低。小麦的营养物质有一半以上在加工过程中流失。全麦面粉富含许多营养物质，并且是最适合加工面包的小麦粉。

孩子需要食用多种食物，而不应该挑食或偏食。他们的膳食应该包含身体所需的所有营养成分。他们可以吃小麦以及其他的谷物、蔬菜、水果、牛奶、鸡蛋、鱼，以及适量肉类，或者不吃肉也可以。许多男孩不爱吃清淡的食物，因为他们已吃惯了大鱼大肉，还因为这些有营养的食物做得不合胃口。

如果一个母亲不善于烹饪、不会鉴定食物品质，那么这个母亲就是不称职的。所有的父母都应该用心研究食物，不仅要让他们的孩子吃得饱，还要让他们吃得好。

女人不懂膳食就不能做个称职的妻子、母亲和主妇。如果现在还不懂的，就应抓紧时间赶快去学。

每个家庭应该不只有一本烹饪的食谱，还要有一些权威易懂的食物“宝典”，并且父母双方及负责采买、料理的人一定要能够理解这些“宝典”的内容。

食物对身体像燃料对发动机一样重要。然而这个世界却给予铁锅和燃料更多的关注，忽略了食物的重要性。对食物的挑剔很大程度上是由于不合胃口。而不好的胃口常常是由食物不可口、准备不妥当和服务不周到引起的。

人们吃很多他们不该吃的东西，因为他们应该吃的东西没有被好好地准备。

从自然的角度说，人们不该暴饮暴食，也不该多吃难消化的食物。因为他们吃不到自己想要的，并且不知道自己需要吃什么，所以他们的口味变得怪异，想要一些特殊的刺激性饮料和食物。

有节制的饮食和有节制的饮酒一样重要。自然、快乐、健康和作息有规律的人从不暴饮暴食，做其他事亦是如此。

自然有节制饮食的良好习惯是需要从小养成的。坚持运动，保持一个健康的身体也是如此。

男孩子需要做户外活动，并且应尽可能多地从事户外运动。室内也应保证空气流通。呼吸大量的新鲜空气可以使身体更加强健，我们晚上不该在封闭的空间内睡觉，也不应该在不通风的地方学习、玩耍。

夜晚，新鲜的空气不会伤害身体，而不新鲜的空气对身体则是有害的，混浊的空气可以引起感冒和疾病。

每天坚持洗澡是很必要的。保持健康的皮肤会阻挡疾病的侵袭，不爱洗澡和穿得过多的男孩不会很健康。

男孩的学习负担不应过重，学习不应该影响正常的体育锻炼和良好的卫生习惯。但不学习会使他们无所事事。终日嬉戏玩耍没什么好处。强制性地过度学习很少会有所收获，会使他们得不偿失。孩子应该自然地生活，并且尽可能接近自然。保证食物摄取得充足，保证充足的睡眠，并且一年四季都应该到室外去活动，夜晚要保持室内通风，他们应该按照自然的规律去生活。

父母不仅应该了解如何喂养孩子，还应该懂得生理卫生知识。他们不应忽视人体的生理学，并且应该知道对孩子健康有益的每一件事情。他们可以从书本上学，凭经验办事，也可以从他人那里学到这样的知识。

人没有任何理由忽视健康。任何父母都没有任何理由去忽视健康，当孩子生病的时候，除非万不得已，否则自己救治是不被提倡的。因为不对症吃药确实是很危险的，并且几乎不会有显著的效果，常常会损害孩子的健康。

即使孩子只是偶感风寒，家长也不要予以诊治。正确的方法是给医生打电话，向医生求助。

为自己和孩子的安全着想，父母有责任与优秀的家庭医生保持联系，并且任何人，无论身体有多健壮，都应当定期去最好的医生那里做身体检查。

相对而言，保持健康要比治病省钱得多。

优秀的医生常常有着丰富的经验。他们客观地看待这个世界，并且他们对普通的事情以及健康和疾病，都能提出可靠、明智的建议。

孩子在父母的精心照顾下也有可能因病死亡或者患上严重的疾病，但是在患病早期，一个优秀的医生或许可以挽救他们的生命并且使他们健康起来。

没有医生的指导，我们不要随便乱服药。不管药品是好是坏，随便乱吃药是很危险的，应予以坚决制止。

当孩子生病的时候，粗心的父母会自己配点药或买点药给孩子吃。孩子的病好了，可能是药物起效了，也可能是天然免疫力起作用了。隔壁的孩子病了，病症与第一个孩子相同。无知的父母会给他吃同样的药物，认为药物对前一个孩子有效，对别的孩子也会有效。第二个孩子的病情或许与第一个孩子的病情相似，但是两个孩子体质不同，第二个孩子可能需要另外一种药物才能够痊愈。一个人的灵丹妙药可能是另一个人的毒药。治病应对症下药，因人而异。

只有受过教育和专业培训的医生才能够完全诊断出病因。这是医生的工作。尽管他们有时候也会误诊，但是大多时候，他们的诊断是正确的，并且他们开出的药方也是有效的。

有相当比例的小孩是死于父母的疏忽和无心的过失。我说得很直白，或许我不应该这样说，但是理智的父母会赞成我的说法。

孩子有权拥有健康，这是上帝和大自然赋予的权利，谁剥夺了他的健康，谁就是小偷，是谋杀犯。

健康课程应该成为学校教育的一部分，应该从小到大一直学。老师和家长应该共同教授孩子健康常识，告诉他们健康是什么，健康的价值是什么，这样他们才会注意保持健康。

孩子健康，民族才能强大。

定律28：虚心听取建议

在各行各业有许多出类拔萃的人能够提出准确的判断和预测，并且能够给出合理、明智而有实践意义的建议。聪明人会虚心接受有价值的建议，对自己知之甚少的部分，采取别人的信息作为自己的补充。

任何建议、提议、规则和经验都无法建立完全正确的法律。最好的意向、最丰富的经验和最强大的判断力也可能使孩子误入歧途，让他们走上不该走的道路。因为我们的世界充满了不确定，世上没有绝对确定的事。任何规则都会有例外。

孩子不清楚自己的价值所在，也无法决定自己未来的发展方向。父母、老师和其他人都不能保证自己的建议是绝对正确的。指南针也有不准的时候，但即使是指南针有偏差，它仍然是水手最安全的向导。因为相对来说，可能性最大的往往最接近正确的。

指导孩子四个重要的因素是：孩子本人、孩子的父母、孩子的老师、经验和外界公平的判断。心智成熟的孩子选择未来的权利，可被看作是他们主要的权利，其前提条件是他们的选择是合理的。

明智的家长对于自己的孩子是非常了解的，如果他们没有任何偏见和好高骛远的想法，孩子的意见是值得认真考虑的。

老师的观点通常是非常有益的。有时候，老师会比家长和学生本人还清楚孩子到底适合做什么。

在各行各业都有许多出类拔萃的人能够提出准确的判断和预测，并且能够给出合理、明智且有实践意义的建议。这些人的建议可能会拥有不可估量的价值，他们即使无法确切地告诉孩子该如何去做，至少可以给予孩子和家长准确的行业信息。他们所说的都是经验之谈，而不是书本上的理论。

建议并不需要很权威，但如果是有建设性的建议可以当作事实来接受。有价值的建议常常源于成功者的经验，这些人都曾经多多少少经历过失败。

建议本身似乎没有什么价值，有些建议的确是这样，取得成功的人通常都会听取合理建议。每个正直的人的成功心得都是值得人们参考的。

聪明人会虚心接受有价值的建议，并会一直如此。他经常和有判断力的人保持密切的联系，相互交换意见，这样做好的建议就会滚滚而来。他是自己的主宰者，因为他们了解自己。对于自己知之甚少的部分，他会采取别人的信息作为自己的补充。他是信息和经验的“交易所”，他有自尊，也有自信，因此他也尊重别人的观点。他清楚地知道靠自己一个人无法取得成功，所以他一直向他人学习。他有自己的想法和信念，总是与他人公开交换意见，验证自己的观点，所以他最终得出的结论都是几经推敲，具有一定的水准。

但是经常不假思索地采纳别人的建议的人是傻瓜。而固执己见的人比傻瓜还要傻，因为他的固执会伤害到所有的人，包括他自己在内。所以我们要学会虚心地听取建议，也要学会分辨对自己有用的建议。

一个人一意孤行是很危险的，闭门造车更成不了气候。

不经众人明智地判断，孤立的观点在任何地方都没有价值，群策群力才能成功。

给予建议和采纳建议是文明的最强大的两大支柱，并且是进步的基本环节。

定律29：守时是美德

“守时”是进步的呼喊，“迟到”是失败的感叹。成功的男孩是守时的，成功的男人也是守时的。在生活的每一个领域，守时都很重要，在商业领域中更是如此。守时无须任何代价，每个人都可以做到并保持。

“守时”是进步的呼喊，“迟到”是失败的感叹。成功的民族是守时的，成功的男孩是守时的，成功的男人也是守时的。

在生活的每一个领域，守时都很重要，在商业领域中，更是如此。

当你最需要某物时，适时出现的它最具价值。

对于大多将要步入商业领域的男孩来说，迟到是不可容忍的行为。没有人愿意长时间地等待，也没有人等得起。

守时只要做到不迟到就行。守时的习惯一旦养成了，是很容易保持的。“守时”无须任何代价，每个人都可以做到。除非遇到天灾人祸偶尔失约是可以理解的，但多数情况下还是应该守时。

守时的男孩长大后会成为守时的男人，并且守时的男人也不是在等待中获得成功的。

定律30：如何对待“坏习惯”

人应当远离不良习惯，再微不足道的坏习惯也会对自身的发展有一些影响，如果可以改掉这些坏习惯，应尽快改掉。但摆脱小的不良习惯不能付出过高的代价，否则就不值得了。

坏习惯，无论怎么掩饰，永远都是性格的污点，但是有些不良习惯在这个不完美的世界中还不足以算作坏习惯。

人应当远离不良习惯，但摆脱不良习惯不能付出过高的代价，否则就不值得了。

夸夸其谈的男孩和口若悬河的男人一样，可能成功，也可能失败。说得过多固然是不好，但不能算作致命的缺点。许多高智商的人会谈论一些不敏感的话题，许多善谈者都是失败者，许多愚蠢的人不会说话。每个人都有这样或那样的缺点，完美无缺的人是不存在的。如果是致命的缺点，那就会给人带来大麻烦，如果是微不足道的缺点，完全可以被优点掩盖，那它就不会给人带来伤害。

有时候为了改掉诸如信口开河之类的小缺点，往往要付出额外的代价。例如，一个人为了克服一个小缺点花费了大量心思，这样会阻碍他能力的发展。

孩子以及成年人都应该使自己的优点多于缺点。有的男孩所学的功课有一半以上都很优异，多数功课都不错，只有个别科目学得不好，有的男孩各门功课都一般，没有特别突出的地方，前者要比后者更容易成功。有的有能力的男孩有些缺点毛病，但只要不是犯罪或本质邪恶，且对身心健康没有太大影响，就比那些全面发展却毫无专长的孩子要好。

当然再微不足道的坏习惯也会对自身的发展有一些影响。如果可以改掉这些坏习惯，应尽快改掉。没有缺点无论怎样都是值得提倡的，如果任由这些刚开始只是觉得微不足道的坏习惯继续下去，那慢慢地它就会对你的影响越来越大，到最后想再改掉这些陋习的时候，付出的代价就会得不偿失。

无论是男孩还是男人都应该努力做些对他人和自己有益的事情，让自己的优势得到最大的体现。

人不可能是完美无缺的，任何人都会有些缺点，但是缺点少优点多的人要好于那些优缺点不明显的人。

一个孩子的书法可能不是很出色。书法差是一个“缺点”，尽管他写的字还看得过去，但不会成为知名的书法家。如果书法不是他事业的一部分，也找不出理由说明为什么非得写出一手好字，那么培养他成为一个书法家或艺术家就是一个完全愚蠢的做法，付出的代价一点都不值得。写字不好不要紧，千万不要把宝贵的时间都用在超出能力范围以外的事物上。培养一个人的能力是有好处的，但过度强调不擅长的方面有百害而无一利。

凡事都要全方位地、综合地来看，而不应该计较每一件事情的得失。

如果一个人的优点远远多于他的缺点，那么这个人是成功的。人应该发扬优点，克服缺点。但是为了克服自己的小缺点而耗费过多的精力却是非常不明智的。

定律31 成功的源泉——勇气

真正的勇气是成功的一个重要因素，勇气是让人做出正确事情的决心。有勇有谋才能赢得胜利，有勇无谋是莽夫，有谋无勇是懦夫。真正的勇气是平静的，它总是在需要的时候出现，在理智的驱使下，它是取得成功的有效且必要的武器。

心理承受能力差的孩子缺乏勇气，平时总是提心吊胆，这样他是不会取得成功的，充其量成为毫无男子气概的书呆子，只能学到一些看似有用而没有实践意义的东西。

真正的勇气是成功的一个重要因素，勇气是让人做出正确事情的决心。不理性的勇气是莽夫之勇，并不属于文明的一部分。如果做事付出的代价过大，那就不算是正确的事了。勇气真正的定义是克服万难去做正确的事情的意志力和努力。

当有机会反抗时，放弃反抗需要付出更大的勇气，除非做出有价值的反抗。

不敬畏生命，盲目地不畏死亡是一种纯粹的鲁莽，并不是真正的勇气。

经常寻求刺激并且受到挑衅就打架的孩子只能算是个恃强凌弱的人，是缺乏勇气的。他凭借自己人高马大，总是欺负弱小，在强大的对手面前却不敢还手。

对自己信念坚定不移的勇气对成功来说是很重要的。

一个不了解自己、缺乏自信、做事畏首畏尾的人，除了得到一份薪水和无足轻重的工作外，不会有任何收获。

嗜赌成性的人就是傻瓜，不会有任何好的前景。

不计后果的投机者只能算是个赌徒、懦夫，因为他缺乏正当地征服对手的勇气。

理性的忧虑和对不公平的机会的不屑同勇气一样重要，是获得成功的要素。

有勇有谋才能赢得胜利。

有勇无谋是莽夫。

有谋无勇是懦夫。

勇敢的孩子积极倡导和平，但不是为了和平而不惜一切代价，而是付出适当的代价换取和平。他们喜好和平，不喜欢冲突，也不喜欢打架，除非迫不得已或是为正当的利益而战。

真正的勇气是平静的，它总是在需要的时候出现。在理智的驱使下，它是取得成功最有效且最必要的武器。

勇敢，但不要鲁莽。

不能委以重任的男孩只会吹牛，不敢接受任何挑战。

有勇气去做自己认为正确的事的人才能成功。

定律32：和谐促进成功

事业和日常生活都离不开和谐。和谐是取得成功的方法，许多成功都是在和谐的状况中获得的。没有和谐，力量只是力量，而和谐的力量威力无穷。和谐能增加工作的乐趣，使工作变得轻松并获得更好的结果。

和谐是取得成功的方法。

舵手和帆配合不协调，船就没法行驶。如果火不够旺或者水量不够足那么蒸汽机就无法转动起来。

许多成功都是在和谐的状况中获得的。没有和谐，力量只是力量，而和谐的力量威力无穷。

能力一般的男孩在适合自己的岗位上工作，成功的概率更高；而能力出众却在不合适自己的环境里工作的男孩，成功概率相对较低。

很多生活和工作里的浪费现象都源于不和谐。

孩子在适合自己的领域里发展能够将成功的可能性最大化。

孩子在不适合的地方往往因找不到适当的方法而很难取得成功。

很多无法使自己融入和谐环境中的孩子常常会失败。这样的孩子常常对什么事情都不满意，并且他们不满的情绪会阻碍他们的前进。他们也无法和谐地处理任何事情。他们应该为此负责。

有理由的不满还情有可原。

不满反映的是某种事实真相。但是有相当一部分所谓的不满是源于生性懒惰、冷漠、不和谐或是其他更糟糕的事情。

懒惰的孩子与任何事情都不会协调一致的。他缺乏理想，不愿意付出努力，对任何事情都缺乏兴趣。

和谐往往就守候在我们的门口，只要有需要，它就会随时进来帮助我们。

不注重细节，欠缺缜密的心思，粗心大意是导致失和的原因。

事业的成功和日常生活都离不开和谐。没有理由的不满和不和谐是导致失败的主要原因。

如果孩子在工作中不顺利，并且又找不出原因，那么先别急着去改变，直到有理由证明错并不在男孩，而是由于人力无法控制的客观条件上造成的，再采取行动。

一般说来，男孩需要去适应环境，而不是让环境去适应男孩。

和谐是必要的，没有和谐，很难取得成功。

和谐能增加工作的乐趣，使工作变得轻松，和谐可以使人获得更好的结果。

定律33：为成功增色的礼仪

礼貌是商业黄金法则中的一条。孩子在小的时候就需要开始培养礼貌习惯，它会伴随人一生，是取得成功的重要因素。讲礼貌不必付任何代价，却可以受益良多，适度的礼貌会帮助男孩取得成功。

商务礼仪是一种商业的产物。在市场交易中，得体的举止可以给商品增值不少。质量差服务好的商品等值于质量好服务差的商品，这两者是一样的，都不是太正确，就如说话的方式和说话的内容同等重要，才会让人们更好地接受。

奉承是不诚实的，但是真正的礼貌不是奉承。不懂礼貌的人很少能够取得成功，适度的礼貌会帮助男孩取得成功。

礼貌是商业黄金法则中的一条。你怎么对待别人，别人也会以同样的态度对待你。当你走入公司或专业机构时，你会发现，在那里进步最大的男孩都是那些讲礼貌的孩子，而那些总是带有不满情绪的男孩，看起来就是在走向失败，他们对待别人总是一副粗暴的样子。

确实，有些学者可能会缺乏对礼貌的洞察力，他们的生活中只有科学。作为专家，他们是完全成功的，但这些人中的一部分行为古怪，不适合在商业领域发展自己。

在还是小孩的时候就开始培养礼貌的习惯，它会伴随人一生，是取得成功的重要因素。

讲礼貌不必付任何代价，但却可以受益良多。

定律34：农场的给予

万物皆产生于大地，最终又回归大地。农场是人类维持生存很重要的一个因素，世界需要更多、更优秀的农民。农民这个职业应该得到应有的认可，农业劳动应上升到本身应有的价值水平。对于成功的农民而言，他们和那些在城市里的人们拥有相等的机会。

万物皆产生于大地，最终又回归到大地上。自从有了人类，就有了农民这一职业。股市可能会关闭，但生活仍继续着。铁路可能会停止运行，但是民众仍继续生活着。生意可能全都终止，各行各业可能全部歇业，但是人类仍在繁衍后代，生生不息。但是当世上不再有农业劳动，人类将不复存在，因为整个人类将因饥饿而灭绝。

农场是人类维持生存很重要的一个因素，而农民则是必不可少的。你不会从贫瘠的土地上获得任何收获，因为它是贫瘠的。肥沃的土地只要合理加以利用，就会为你带来巨大的收获。

很多土地没有良好的收成，原因是这块土地没有经过良好的侍弄。很多农民不精心耕作，而是任其自行生长。客观条件取代农民成了主导因素。

在农场里工作是很辛苦的，但是所有的工作做起来都不那么容易。或许农场里的工作相比其他职业做起来更加辛苦。任何一种工作都会有一点单调、辛苦，但是过度的辛苦乏味就是由做工的人造成的了。

农民不应被认为是一种低级的劳动者。如果农民拥有属于自己的农场，那么他是在进行独立经营，独自经营自己的土地以及分配自己丰收的成果。相比那些商务人士，他的工作可能更加辛苦，工作时间可能更长，但是他没有过多的担心、焦虑，也没有过重的责任。他在健康的环境里劳动。他和都市里的工人也不相同，不必每天关在屋子里干活，他能够接近自然，享受乡村独有的快乐。如果想要在都市里享受相同的乐趣，就需要付出高昂的代价。

农民应该是上帝所赐予的神圣的职业。他在上帝的土地上工作，在上帝的蓝天下生活，合法地收获大自然的硕果，远离拥挤的都市、虚假的刺激和无法躲避的诱惑。

农民这个职业应该得到应有的认可，它是个高尚的职业。

如果人们将应用到其他事业上的精力应用到农场的经营上，辅以同等的教育和培训，那么，事情将会事半功倍，农场的收益也会更好。

许多对农场的看法是不正确的，因为农场也需要人们的苦心经营才能够收获丰硕的成果。

不喜欢农场的男孩绝不会喜欢种植和收割，他也不会成为一个称职的农民。如果强迫他从事农场里的劳动，那将是一个很糟糕的决定，而且是没有任何意义的。孩子有权利不喜欢农场，他也同样有权利不喜欢其他的工作。

许多男孩离开了农场，是因为他们认为农场的工作是很低级的，而且认为自己可以从事更好的工作。如果他们能够像父母那样尊重农业劳动，他们很可能会成为成功的农民。

不成功的辛苦劳作的农民只是个没有出息的掘地人，他只有长满杂草的园子和破旧的房屋，他不能指望孩子喜欢农场。因为父亲的失败，孩子有充足的理由认为经营农场不利于理想的实现，并且无法获得高质量的生活。

农业劳动应上升到本身应有的价值水平。

农业教育应该像其他的科学、艺术和专业那样得到同等的重视，而当今农业教育机构远远无法满足实际的需求。

应该出版更多农业方面的书籍，把农业真实的一面呈现给读者，书中不应该只有一些枯燥的统计数字，还应该有对生机盎然的土地的描述。

让农民的孩子大量地阅读，读农业类的报纸，看农业方面的书籍，让他用心钻研，这样不仅可以让孩子看到农场的表面，还可以看到农场的本质。

农场未来的发展掌握在当代孩子的手中。

农民的孩子与其将自己的命运寄托在陌生的都市里，还不如把自己的兴趣和精力投入农场的经营中，从而得到更好的机会。农场可能不会给他带来可观的收入，但是如果能够用心经营，他可以获得更多的满足和舒适，而这些都是都市不能给予的。

生活在农场里的孩子应当对农场情有独钟，并且显示出很强烈的兴趣，他不应该离开农场，除非经过仔细地考虑之后，他可以给出合理的理由说明自己更适合生活在其他的地方或从事其他的职业。

世界需要更多、更优秀的农民。对于成功的农民而言，他们和那些在陌生城市里苦苦挣扎的人们拥有相等的机会。农场给予人们的虽然不多，但却是有保障的。都市许诺给人们的很多，但却没有保障，人们可能随时随地会变得一无所有。

定律35：运动的好处

生命在于运动，适当的身体锻炼是保证身体健康的必要条件。身体的运动和思想的运动是密切相关的。良好的、享受的、合适的体育运动既没有危险性也不野蛮，不会伤害身体也不会影响思想的进步。

生命在于运动，缺乏运动很可能引起疾病或最终导致死亡。从不锻炼还要保持健康是不可能的。适当的身体锻炼是保证身体健康的必要条件。

人的身体就像机器引擎一样，锈蚀的速度要快于磨损的程度。

锻炼对于孩子保证身体健康是完全必要的，而且室外活动要好于室内活动。

幸好，孩子们并不反对积极的锻炼，而且也愿意锻炼。他们的问题不在于锻炼的主动性，而在于锻炼是否规范。

孩子们对体育锻炼缺乏了解，要么运动过度，要么运动不足，很少达到规范的标准。相对而言，父母对此也是知之甚少。

家庭和学校都应该有关于体育文化的书籍，而且应该变得像教科书一样重要。

父母应该了解自己和孩子的身体状况。如果他们不了解，他们就是太无知了，要为孩子的身体虚弱负大半的责任。

所有的父母都应该了解人体生理学和基本的卫生学，并且应当了解一定的体育文化。

关于体育文化的书籍有很多，医生也会很愿意去传授这方面的知识。

过度的运动能使强壮的孩子变得虚弱，而适度的运动能使虚弱的孩子变得强壮。

做哪类运动和运动量需要多大同样重要。

危险的因素应当被彻底排除。

绝不应该进行有伤害性的运动。有危险性的活动尽管很刺激也很有趣，但它是野蛮文化的遗风遗俗，是不会被老师和家长接受的，也不会被政府允许的。

人们不喜欢那些没有趣味的运动，但也决没有理由从事任何野蛮的运动。

在户外从事运动是极好的选择。大自然是进行体育运动的极好场所。

体育文化俱乐部的出现是个好现象，但俱乐部的数量不宜太多。

对体育运动的研究像研究其他知识一样重要。

身体的运动和思想的运动是密切相关的，而有趣的锻炼形式是值得提倡的。

体育运动应该是理性的、高雅的。

不加选择地进行运动是很危险的。

良好的、享受的、合适的体育运动既没有危险性，也不野蛮，不会伤害身体也不会影响思想的进步。

定律36：有作为的孩子和聪明的孩子

如果孩子身上出现了早熟的迹象，要让他摆脱早熟，通过正确的引导使它变成更好的品质，帮助他将这种聪明转化成有益的才能。不要只耍一时的小聪明，要做个有用的人，要经得起时间的考验。

在聪明和伟大之间有很大的差异。伟大是永恒的，但是聪明是瞬间的本质。伟大可以成就某事，但聪明也就是偶尔有点小作为。

早熟的孩子很少会有所成就。他只是比较聪明，经常是灵机一动，但却不会很好地用自己的能力有所作为。

小聪明只不过是空壳炮弹。它能够发出巨大且短暂的火光，但很快就会消散，并不会形成真正的热量或威力。

聪明的孩子不仅早熟，而且常常自负、莽撞且难以亲近。

如果孩子身上出现了早熟的迹象，无论如何也要让他摆脱早熟，通过正确的引导使它变成更好的品质，帮助他将这种聪明转化成有益的才能。

如果处理及时，早熟的孩子很容易变成意志坚强的孩子。但是如果对他的早熟不予制止，任其发展下去，这对于他取得成功是非常不利的。孩子，不必做个聪明人，顺其自然就可以。做个有用的人，要经得起时间的考验。不要只耍一时的小聪明，要胸怀大志，精力充沛，充满热情。

定律37：人不可能劳而无获

只要是有价值有意义的事都不会“劳而无获”。尽管表面上看来许多人似乎无法获得自己应得的东西，但是从事件的结局来看，任何事情都是在不停地循环发展、相互联系的，付出必然会有回报，没有付出就不会有收获。

只要是有价值有意义的事都不会“劳而无获”。事实的确如此，甚至给予朋友的礼物也不是“劳而无获”的。因为收到礼物的人会予以回礼，向你表达谢意或回赠点小礼物，对以往的交情予以肯定。

任何事物都在不停地循环发展着，周而复始。而其优点在于事物相互关联，给予的一方也会得到回报。这个世界是有补偿的，尽管表面上看来许多人似乎无法获得自己应得的东西，但是从事件的结局来看，这个世界里的任何事情都是相互联系的，付出必然会有回报，没有付出就不会有收获。

任何一家企业在最终许诺支付给应聘者的报酬都不会高于他自身的价值，他们会根据员工在日后工作中的表现给予员工相应的报酬。

刚刚步入社会的孩子会惊奇地发现自己干的活和别人一样多，但收入却比别人少，或者目前的收入比在原来的工作单位的收入还要少，他们对此常常感到不满。

在开始工作后的很长一段时间，男孩一边学一边干，他的雇主便是他的老师。尽管他的工作像他的前辈一样多，但是他却无法像前辈那样在工作中获得同样的报酬。

责任需要经验。而这些经验正是男孩所缺少的，直到他获得了这些经验，才能独立承担起自己的工作。男孩可能做了很多工作，但是在他成熟之前，他的雇主或者主管领导需要对他进行监督和指导，在此期间，男孩的工作价值就会大打折扣。

责任需要经验。在任何领域，承担责任的能力都比工作本身更有价值。

大型远洋货轮的总工程师很少去视察，工作也没有什么具体内容，他甚至很少到机房走动，他的助手几乎包揽了所有的工作。但是他所得到的报酬要远远高于忙碌的助手。总工程师得到报酬不是因为他做了什么，而是因为他有能力去做，而且他的能力能够承担重大的责任。

男孩在开始工作后必须不断积累自己的经验和知识。

在知名的机构工作，可以让男孩获得与价值相对应的收入。当他经验丰富足以承担相应责任的时候，职位的提升就是对他的能力的一种认可。

任何事业上的成功都依赖于利益的相互关系。刚刚开始工作的男孩不要认为赚到的工资就是对自己工作的酬劳，他赚到的钱可能还不到实际工作价值的四分之一。他正处于学习过程中，边学变干，学习所得同样是他的报酬。

第二部分

关于成功的讨论和名家之谏

众家之言

以下内容是对 319 位杰出男士的答案和观点的概括，他们就如何取得成功的话题回答了25个问题。

对众多权威性的回答进行分析，我们把分析结果以简单的表格形式罗列出来。

在这样的表格中，完全准确是不可能的，除非那些只有“是”或“不是”的答案。个别轻微的误差并不是那么重要，并且不会影响结论的正确性和价值。

问题1

你认为成功的要素是什么？

回答这一问题的总人数 …………283

如下内容将会简短地说明答案要点，那些选择少于5人的答案除外。要完整地阅读答案，否则即使有下表的说明，也无法完全理解其价值和意义。

坚定不移，有耐心，不屈不挠，等等	…………66
专注力	…………59
努力工作，有能力，有爱，等等	…………54
勤奋	…………28
诚实守信	…………25
热爱自己所从事的工作并且适应它，等等	…………23
忠诚	…………22
身体健康	…………22
良好的训练	…………21
专心	…………20
有真正渴望成功的决心、理想或明确的目标	…………19
迅速地抓住机遇	…………19
教育和准备充分	…………17
有责任心	…………16
无不良习惯	…………16
先天素质好	…………16
自力更生	…………15
勤勉	…………14
环境适宜、有朋友相助	…………13

充分利用已有的能力	…………11
节俭	…………10
深谋远虑	…………10
有崇高的理想	…………10
有决心	…………8
有精力	…………8
懂常识	…………6
有贤妻的支持	…………6
有贵人相助	…………5
良好的环境	…………5

“持之以恒”“有工作能力”“热爱工作”“投入”“努力工作”“坚定不移”“不屈不挠”“勤奋”“诚信”“适应性强”“健康”“良好的训练”“专注”“忠诚”“有成功的欲望”“有理想”以及“目标明确”总共被提到 359 次，并且还有许多类似的理由，这些便是成功的要素。当然还有其他的因素。尽管只有 25 人认为“诚信”作为成功的因素，但是这并不说明事业成功不需要“诚信”，在上述的各因素中几乎都包含了“诚信”的因素在里面。例如，不诚实的人是不可能忠诚的，也不可能有责任心，诚实是坚定不移的一个因素。只有 3 人提出运气是成功的因素。

问题2

在男孩择业时，你会建议他根据自己的喜好选择职业吗？

回答这一问题的总人数	…………312
是的	…………162
是的，并予以强调	…………16
相当于“是的”“绝对”“通常”，等等	…………37

是的，有限定条件的或予以说明的 …………74

倾向于“不”，但并不确定 …………9

态度不明，既不是“是的”也不是“不” …………14

完全反对 …………没有

部分反对 …………9

从以上的选择可以看出，大多数人都赞同允许孩子根据自己的喜好去为自己选择职业。

问题3

依你之见，对某行业的偏好是促使人在此行业成功的必备条件吗?

是的 …………56

没有说“是的”但意思等同于“是的”，如“完全如此”“绝对是”，等等 …………31

是的，带有某种说明和条件 …………28

持肯定态度，但没明确说“是的” …………16

不是 …………86

持否定态度，没说“不是”，但意思等同于“不是” …………38

持否定态度，“不是”有条件和说明，及“没必要，但有益”“偶尔”，等等 …………14

倾向于否定态度，但没明确说“不是” …………42

态度不明 …………3

131 人认为在任何领域对工作的偏好对取得成功都是必要的，有 180 人不倾向于这一观点，那么对工作的偏好可算是成功的“必要条件”，但可以理解为“建议如此”或“对成功有益”。可以看出这一问题的结论与问题 2 中的结论是不矛盾的；一个是有益的，另一个是必要的。

问题4

在明知男孩对某行业有偏爱或适合做某工作的情况下还强迫他违背意愿尽心择业，你认为父母这么做是明智之举吗？

是的 …………没有

承认有可能是明智的 …………7

态度不明 …………7

不是 …………202

“不是”强调“绝对不是” …………24

相当于说“不是” …………39

“不是”有条件和解释的 …………27

建议说服孩子 …………5

在孩子有自己的喜好、适合做其他某种工作的情况下，家长还强迫孩子违背自己的意愿选择职业的做法是不明智的。这可以被看作是一条“定律”。

问题5

如果男孩生长在偏远、贫穷的地区，发展事业的机会微乎其微，你建议他去大城市发展吗？

“是的” …………66

相当于“是的” …………10

倾向于“是的”“是的，除非孩子在乡村可以创造价值”“如果他具备成功的素质”“有能力的孩子可以”“如果他不喜欢农场”“如果孩子想去城市”“如果孩子有理想有能力”“如果孩子有能力开创自己的事业”“这是唯一成功的机会”“如果孩子既聪明又勤奋”“通常来说，是的”“为了取得成功，是的”“如果他能够勤奋工作和耐心等待，是的”“毕业以后”，等等

…………63

不是 …………5

倾向于“不”“除非他特别出色”“资质一般的乡村孩子，不”“通常来说，不”“只为赚钱，为了得到比事业更好的东西”“只要有机遇”“如果个性已经形成”“只要适合更大的领域”“只要他起步的时候有人援助他”“有时候可以，不是经常”“如果他渴望获得更大的成功”，等等 …………67

首先去小城市 …………16

首先去繁荣的小镇 …………11

“去最好的地方寻求发展”“成功与否主要还在于人本身，而不在于所处的环境”“或许吧，但远离城市是很明智的”“许多男孩在家乡会发展得更好”“是，但不一定去大城市”“如果城市竞争太激烈，孩子就应该去乡村”“在了解城市环境之前别轻举妄动”，等等 …………13

态度不明 …………13

在 264 人的回答中，有 5 人明确表示“不”，76 人完全赞同去大城市；63 人认为“如果孩子聪明，又有能力、有抱负，并且希望离开，有头脑又勤奋，不喜欢农场”等，建议男孩离开家乡。67 人不赞同去大城市，并且建议孩子：如果在某些特定的情况下，再选择到大城市去发展；16 个人建议首先到小城市去发展；11 个人建议到繁荣的小城镇；13 个人态度不明确 ；13 个人建议“到有发展机会的地方去发展”等。但并不一定是大城市。

看起来统一的意见是：如果家乡的发展机遇不是那么多，完全赞同男孩离开家乡，但是这个观点并不意味着男孩在没有仔细研究、确定在家乡的确没有机会之前，就冒然去大城市。如果孩子不是绝对不喜欢农场生活，这个结论也不是在暗示应该离开农场。美国除了在西部个别地区外，多数乡村地区都距离中心地带和小城市很近，当地的商业中心也并不像大都市那样拥挤，而且无论从事业起步阶段还是长远发展来看，提供的机会都比大城市要多。从人口稀少的乡下迁至拥挤不堪的大都市是一个完全的变化，许多孩子在适应城市的生活以前，身心健康受到了严重的影响。

唯一的问题就是生活在人烟稀少、发展机会也少的地区的男孩如果理由充分可以离开农场，去其他的地方寻找发展机会，但是大城市并不是孩子们的最佳去处。请看问题 6的答案。

问题6

如果男孩生长在一个繁荣的小镇或小城里，有发展事业的机会，你建议他去大城市发展吗?

回答这一问题的总人数 …………286

是的 …………4

相当于“是的” …………2

“是的，如果他愿意”“如果他已经做好了决定”

“暂时可以生活在大城市，但是以后要回到乡下来” …………8

不是 …………119

相当于“不” …………20

倾向于“不”“只有当他知道朝哪个方向走前景更好的时候”“在家乡再无法有进一步发展的时候再去”“如果家乡有很好的机会就不要去”“通常都不赞同”“通常来说，不”“除非特别合适”“在家乡起步”“只在例外的情况下”“长大了再走”“在家乡会更加开心”“只要能力出众，就可以走”，等等 …………105

“视机会而定”“哪里需要到哪里去”“三思而后行”“只要有机会，哪都一样”“首先在农场学习”“顺其自然”，等等 …………28

286 位成功且有实际经验的代表发表见解讨论，生长在繁荣的小镇或小城市里且有发展机会的男孩是否应该去大城市发展这一问题。其中只有4人建议孩子离开家乡到大城市去，有8人在有限定条件的前提下建议孩子这样做，139人建议孩子待在他本来的地方，105人似乎有这种打算，28人态度不明确。又有一个法则被确定了下来：生活在繁荣小镇或小城市的孩子，在家乡拥有很好的机会的时候，比起前往城市里寻找发展机会，留在家乡是更加明智的选择，除非孩子有明确的理由离开自己的家乡。

问题7

若男孩是个农民的儿子，但他却不喜欢务农，依你之见，他应该留在农场吗？

回答这一问题的总人数…………290

“是的”…………3

倾向于“是的”“对大多数人而言是最好的职业”“或许男孩需要在农场磨炼一下”“农场对于男孩子来说是个适合发展的好地方”“小时候不喜欢可能只是一时的顽皮”“通常来说，是的”“农场应在适当的指导下变得有吸引力”，等等…………19

否定的态度“不”…………147

相当于“不”…………11

倾向于“不”“如果真的不喜欢，不应该”“如果从农业大学毕业后或在科技培训后仍不喜欢乡村生活，那就不要留下了”“除非他知道自己想要做什么”“不要强迫他留下”“通常来说，不应该”“不应该，如果自己的职责不在那里”“除非他更胜任其他工作”“如果生性懒惰，农场是不适合他的”“除非他有能力、有理想还勤奋”“等个性形成再走”“除非在其他的地方能取得成功”“是，除非他确定自己很讨厌这种生活”“遇到其他好机遇再走”，等等…………89

态度不明确的…………247

“看机遇和能力而定”“让他们试着喜欢它”“不喜欢并不是一个改变的好理由”“让他们选择自己的生活和履行自己的职责”，等等 …………17

态度不明确 …………4

排除“态度不明”的，其余人的观点是：

如果孩子不喜欢农场，不赞成他们留在农场 …………158

有同样的想法，但是却有一些限定条件 …………89

如果孩子不喜欢农场，赞同让他们留在农场的 …………3人

如果孩子不喜欢农场，倾向于将他们留在农场的 …………19人

大家几乎一致的观点是，如果孩子不喜欢农场，就不赞成将孩子留在农场。而在 290 人中，只有 3 人除外，他们主张让孩子留在农场。所以，这样看来，任何父母、监护人或其他人都不该让不喜欢农场的孩子留在农场。

问题 8

你认为诚实守信是事业成功的要素吗？

回答这一问题的总人数 …………312

肯定的态度

“是的” …………115

“当然”“我是这样想的”“完全正确”“非常肯定”其他的答案也表示“是的” …………99

“是的，为了取得最大的成功”“真正地成功”“诚实还要机智”“做个合格的公民”“金钱并不意味着成功”，等等 …………26

“是的，为了寻求永远的成功” …………18

“不仅是在赚钱的时候，做任何事都应如此” …………12

否定的的态度

“不是” …………7

“没有诚信可以发财，但是诚信对于真正的成功来说是很必要的”
…………3

“不仅是为了赚钱” …………4

“严格的诚信对于做生意的成功来说不是很必要，但生意的成功不是必要的，而诚信确实是必要的”“不是，但是诚信是最好的手段”“不，但雇员除外”“不是，但对于自尊来说是必要的”“我认为不是这样”“不是，但是不诚信的人是不会被尊重的”“不是，但诚信应当是准则”，等等 …………20

态度不明确的 …………34

“小事上，是的；大事上，不常是”“不经常”“应该是这样”“难说”“事业上的成功常常来源于不诚实”“是的，商业范围内的诚信” …………8

除去那些“态度不明的”其余人的观点是：

认为严格的成功对于事业来说是有必要的 …………214

同意，但在特殊的限定条件下 …………56

认为严格的诚信对事业的成功没有必要 …………7

好像有这样的想法，但是有限定条件 …………27

因为有这么多人认为严格的诚信对事业的成功来说是有必要的，那么事实似乎是这样的，不诚实的生意手段，如果不是意外的（命中注定的），对事业上的成功来说是不利的。还有少部分人认为，诚信对于事业的成功来说不是必要的，那么这部分人的观点值得进行更加深入的思考。值得注意的是，大家共同认为诚信对“成功”很必要。他们看起来似乎感觉诚信对于“事业的成功”不是很重要，那只是对于赚钱来说不是很重要。但是这些人强调的是，诚信对于任何值得做的事来说是必要的，没有诚信的成功不是真正的、永恒的成功或是值得为之奋斗的成功。

问题 9

你认为锲而不舍的精神是成功的要素吗?

回答这一问题的总人数 …………313

肯定的态度

“是的” …………181

相当于“是的”“极其重要的要素”“通常是这样”“明智的做法”“99%是这样的”“为了取得巨大的成功”,等等 …………125

否定的态度

“不是” …………1

态度不明确的或者有条件的,“成功会随着时间的流逝而取得”,等等 …………6

除去“态度不明确的或者有条件的”,其余人的观点是:

锲而不舍对于成功是必要的,回答“是的”“等同于是的”,等等 …………306

反对 …………1

态度不明确的或有限定条件的 …………6

313 人中 306 人投了赞同票,认为锲而不舍的精神对于成功的取得是必要的,只有 1 人不赞同,还有 6 人态度不明确,因此“锲而不舍对于成功是必要的”可以被认为是取得成功的法则。

问题 10

你认为一个人只有热爱自己的工作才能取得事业上的成功吗?

回答这一问题的总人数 …………314

肯定的态度

“是的” …………126

相当于“是的” …………18

“在最大的意义上(为了最大的成功)” …………26

“99% 是这样的”“是的，通常来说是” …………19

“必须热爱自己的工作，或者学着去热爱它” …………11

“是的，或者意识到它的有效性”“值得的” …………4

否定的态度

“不是” …………20

“不是，除非是有益的事业”“不是，只要适应他即可”“除非勤奋且有才华”，等等 …………4

有限定条件的

“不必要” …………25

“不是，但是成功可能性会更大，更容易或更好” …………16

“不一定”“不是，但对于孩子来说，他必须热爱自己的工作才能成功”“是重要的，但不是必要的”“他可以把他最喜欢的做到最好”“如果不是特别热爱但是感兴趣，也可以成功”“成功可能性会更大”“在一定程度上是”“有益于成功”“如果尽职，不一定非得热爱”，等等 …………45

一致的观点

完全赞同，一个人必须热爱自己的工作才会取得成功 …………126

与之相同的观点 …………18

倾向于肯定态度 …………60

“不是必要条件”“但是成功的可能性会更大，更容易或更好”，等等 …………41

有条件的 …………45

一个人不热爱自己的工作也会取得成功 …………20

倾向于否定态度 …………4

204人赞同或大致赞同一个人热爱自己的工作才可以取得成功。只有20人反对。25人认为“不必要”。61人在特定条件下赞同。看来一个人必须热爱自己的工作或者应该喜欢自己的工作才可以取得成功，并且如果不热爱自己的工作，想实现最大限度上的成功是不可能的。

问题 11

依你之见，能力和经验，哪个对成功更有帮助、更重要？

回答这一问题的总人数 …………289

能力

“能力” …………105

相当于“能力” …………29

“有能力，经验也有益”“通常是能力” …………9

“能力很快会获得经验” …………11

“都重要，能力更重要” …………9

经验和能力都重要

“两者都重要” …………9

相当于“两者都重要” …………50

“初期是能力重要，后期是经验重要” …………1

经验

“经验” …………30

相当于“经验” …………4

“两者都重要，经验更重要”，等等 …………15

“经验可以促进能力的形成” …………8

态度不明确的或模棱两可的 …………9

除去“态度不明确的”“模棱两可的”，以及“两者都重要”，其余人的观点是：

完全赞成“能力” …………105

类似的观点 …………29

倾向于赞同“能力” …………29

完全赞同“经验” …………30

类似的观点 …………27

163 人赞同能力比经验更加重要，57 人认为经验更加重要，从中可以明显看出，能力更加重要。大多数人赞同能力，但并不意味着经验就不重要。问题问的就是两者比较，哪个相对更重要些，多数人认为“能力”相比经验更加重要，但并不是低估经验的重要性。毫无疑问，两者都重要，并且成功依赖于两者的相辅相成。下一个问题的答案就与这个问题有关。

问题 12

你认为只有能力没有经验的人会成功吗？

回答这一问题的人数 …………294

肯定的态度

“是的” …………60

“是的，有能力很快会获得经验” …………33

相当于“是的” …………9

“是的”并附加了解释 …………25

“是的，尽管经验也很重要”，等等 …………24

否定的态度“不” …………37

相当于“不” …………5

"不常见""很少""难说"，等等 …………17

"成功伴随经验而来"，等等 …………11

"两者都重要" …………23

"能成功，但不会很大" …………13

"偶尔""有时候"，等等 …………16

"必须有经验"，等等 …………21

观点如下：

有能力而没有经验能取得成功 …………151

持相反的意见 …………70

两者都重要 …………23

能成功，但不会很大 …………13

偶尔，等等 …………37

可以看出有能力但没有经验可以取得成功，但是两者对于取得完全性的成功来说是很必要的。有能力自然会积累经验，然后在取得成功的过程中经验会成为能力的合作者与之相辅相成。然而大多数人的观点认为，两者孤立来看，单一的能力要比单一的经验更加重要，经验对能力有补充作用，也就是说注意能力的培养和提高。显然，没有能力的经验只能做出一般的成绩。

问题 13

如果孩子想经商，你会建议他去上大学吗？

回答这一问题的总人数 …………300

肯定的态度

"是的" …………87

相当于"是的" …………25

"是的，如果可能，如果他有时间、金钱"，等等 …………53

“如果他能够适应” …………13

“如果他愿意且喜欢学习” …………12

“如果他有能力”“是的，通常来说是这样”“学院或技术学校”，等等 …………33

否定的态度

“不” …………38

相当于“不” …………5

“不一定非得这样做”并且“没必要” …………10

“商务课程”或者“高中就足够了” …………6

模棱两可

态度不明确 …………7

“除非在他毕业后，有人能够帮助他”“获得了良好教育” …………11

除去那些“模棱两可”其余人的观点是：

绝对赞同想经商的男孩去上大学 …………112

基本赞同 …………111

完全反对 …………43

部分反对 …………16

300人中，有223人建议孩子去上大学，59人反对，看起来建议孩子上大学是无可争议的，除非有充分的理由予以反对。对于必要性的问题不需要讨论；要考虑的是应该建议他去上大学还是不应该。大学课程对于经商来说不是非有不可，但很显然的是，人们还是建议他去上大学。

问题14

如果孩子想从事技工行业，你会建议他去上大学吗？

回答这一问题的总人数 …………294

肯定的态度

“是的” …………50

相当于“是的” …………22

“是的”“如果可能”“如果他有时间”“如果他有金钱”，等等 …………69

否定的态度

“不” …………80

相当于“不” …………6

“通常来说，不”“没必要”，等等 …………24

“科技学校”（而不是大学） …………38

态度不明确的 …………5

除去“态度不明确的”，其余人的观点是：

赞成想学技术的男孩去上大学 …………141

反对的 …………148

反对的人多于赞同的人。然而很多人都赞同想要从事技工行业的孩子应该接受高等教育。而在持否定态度的人群中，38人赞同孩子去技术学校学习，而非高等院校，并且完全反对的人并不是反对大学教育本身。在问题15中，大家几乎意见一致地赞同技术院校。因此，大家比较能接受的观点就是，建议那些想学技工的男孩去上大学，最好是技术院校。

问题 15

如果男孩想从事技工行业，你会建议他去技工学校学习吗？

回答这一问题的总人数 …………305

肯定的态度

“是的” …………186

相当于“是的” …………45

“通常来说，是的”“如果他有能力”，等等 …………58

否定的态度

“不” …………8

倾向于否定态度 …………2

“有时候” …………3

不确定的 …………3

除去那些“不确定的”，其余人的观点是：

如果孩子想要从事技术行业，同意他去技工学校学习 …………289

反对 …………10

部分赞同或不确定 …………6

观点几乎一致地认为，对于那些想要从事技术行业的孩子来说，应该去技工学校学习。

问题16

如果男孩想从事某专业，你会建议他去上大学吗？

回答这一问题的总人数 …………309

肯定的态度

“是的” …………198

相当于“是的” …………38

“是的”（并予以强调），“绝对必要的”，等等 …………46

“是的，如果可能”“几乎总是”“如果他有能力”“大学教育是有益的”，等等 …………24

否定的态度

"不" …………1

"不"有限定条件 …………2

除去那两个有限定条件的"不"，其余人的观点是：

赞同孩子去上大学 …………306

完全反对 …………1

毫无疑问，对于想要从事某专业的男孩来说，选择到大学接受教育是明智的。

问题 17

你认为违背男孩意愿强迫他上大学是明智之举吗？

回答这一问题的总人数 …………301

肯定的态度

"是的" …………10

相当于"是的" …………6

"如果孩子懒惰，是的""很有可能是"，等等 …………10

"有时候" …………11

否定的态度

"不是" …………161

相当于"不是" …………44

"通常来说不是"，等等 …………13

有限定条件的

"劝说，影响，施加压力，指导" …………23

"让他理解家长的意图，并且让他自己做选择""他将永远都不会后悔"，等等 …………23

除去那些"有限定条件的"，其余人的观点是：

完全赞同"违背男孩意愿，强迫他上大学" …………10

有几分赞成 …………27

反对 …………218

只有10个人同意违背男孩的意愿强迫孩子去上大学，看来强迫孩子、违背孩子的意愿是不明智的做法。然而，不反对诚心的劝告，适当的影响和建议。

问题18

如果男孩只是个普通人，既无特殊喜好，又无雄心大志，你建议他是学手艺、经商还是从事某专业呢？

回答这一问题的总人数 …………278

“学手艺” …………97

相当于“学手艺”有限定条件 …………37

“经商”毫无疑问地 …………13

相当于“经商”有限定条件和解释 …………7

“学手艺或者经商” …………14

“学手艺或者经商”有限定条件 …………18

“从事某专业” …………3

“学手艺或从事某专业” …………1

“唤醒他们，唤起他们的野心” …………13

“从事农业和到农场去” …………6

“陆军或者海军”“体力劳动者”，等等 …………49

态度不明确的 …………20

人们的观点是：

赞同学手艺 …………134

赞同经商 …………20

赞同学手艺或经商 …………32

赞同从事某专业 …………3

看来，学手艺最适合资质一般、没有抱负的孩子。

问题 19

假设一个年轻人能力强，经验丰富，手中资金充足，目前薪水待遇也不错，你建议他在熟知的领域开创自己的事业吗？

回答这一问题的总人数有 284 位。大部分都持肯定的态度，但年轻人一定要脚踏实地的做事，不要疏忽细节，更不应该有不良的嗜好、赌博挥霍无度。交友更要谨慎，一生要诚信，刻苦努力。

肯定的态度

“是的” …………141

相当于“是的” …………39

“一般来说，是的” …………4

“如果他有能力、有抱负、环境有利” …………56

“前提是他自己想去做” …………5

“否定的态度”

“不” …………3

“通常说来，不” …………4

“给大公司打工获利更多，也更可靠” …………7

态度不明确的或模棱两可的 …………25

问题 20

假设一个年轻人能力强、经验丰富，目前薪水待遇不错，你建议他在熟知的领域借钱开创自己的事业吗？

回答这一问题的总人数有 273位。其中 52人完全赞同，85人对这一行为持完全反对的态度，129人有条件或无条件地赞同，117人有条件或无条件地反对。正方和反方的人数基本持平，但是所提出的前提条件、解释和建议表明借来的资金有安全和不安全之分，可取和不可取之处，经常伴有风险。

因此，通常可以看作是开创事业的资金不应当向别人借，除非借钱者有财产作担保或者前景大好，并且有能力、够稳重，只有这样，这一行为才是安全的。

肯定的态度	
“是的”	…………40
相当于“是的”	…………12
“在特殊的环境下”	…………24
“自己有一定资金再做”	…………11
“只要他能力出众”	…………8
“债务有时候是动力”	…………7
“是的，如果条件优厚”	…………6
“如果他自己有很好的理由”	…………6
“如果他有勇气、健康和能力”	…………15
“否定的态度”	
“不”	…………58
相当于“不”	…………27
“一般不要”	…………16
“除非他有很高的收入、愿意冒大风险”	…………16
“不确定的态度”	
“看情况而定”	…………27

问题 21

什么是导致失败的最重要的因素？

回答这一问题的人数有 287 位。由于观点差异极大，用完全精准的摘要或表格来回答这一问题是不可能的。很显然回答这一问题不能使用“是”或“不是”，并且这些回答也不会用华丽的辞藻表达出来。以下的要点重述基本概括了主要的回答内容。在编辑整理过程中，类似的内容被合并在一起，例如：“缺乏持续性”和“不够持之以恒”都被合并到后者的说法中去；类似于不良习惯的表达，都被划分到“不良习惯”这一组；一些“缺乏诚信”和“不诚实的表现”，等等，都被划分到“缺乏诚信”或者“不诚实”这一组。每组词后面的数字表示理由出现的次数，理由或是用某个词或是用具体话语来表述的。

不良习惯…………18

霉运…………1

不守时…………1

借来的资金…………1

粗心…………11

环境…………2

竞争…………3

信誉…………3

债务…………5

依赖运气…………2

急功近利…………11

炫耀成就…………5

缺乏诚信…………10

铺张浪费…………33

妄自尊大	…………2
愚昧无知	…………7
轻率	…………1
效仿他人	…………2
不注重细节	…………5
无能力	…………7
优柔寡断	…………2
冷漠	…………2
虚伪	…………1
放纵	…………9
缺乏能力	…………23
适应性差	…………1
没有包袱	…………6
不够投入	…………54
没有头脑	…………2
缺乏业务能力	…………1
资金不足	…………9
不够谨慎	…………1
没有个性	…………5
缺乏专注	…………4
不够谨慎	…………2
缺乏勇气	…………6
缺乏鼓励	…………1
缺乏精力	…………12
缺乏经验	…………14

缺乏远见 …………4
缺乏良好的建议 …………1
缺乏健康 …………2
不够正直 …………12
缺乏兴趣 …………1
缺乏判断力 …………36
缺乏耐心 …………4
不够持之以恒 …………18
缺乏礼貌 …………1
缺乏自控能力 …………1
缺乏独立 …………3
缺乏理性 …………4
缺乏责任感 …………2
缺乏稳定性 …………4
不能坚持到底 …………5
缺乏机智 …………1
缺乏严密性 …………4
缺乏节俭 …………1
缺乏训练 …………12
懒惰 …………27
说谎 …………1
管理不善 …………2
母亲的溺爱 …………1
不注重经营 …………8
不适合 …………1

好高骛远 …………1
自负 …………7
缺乏系统性 …………1
自私 …………3
缺乏谋略 …………2
不团结 …………1
投机 …………14
愚蠢 …………1
朝三暮四 …………2
欠考虑 …………1
发展过快 …………1
不忠诚 …………3
不愿为了成功付出 …………1
虚荣 …………3
误入歧途 …………2

问题 22

你认为最适合男孩读的六本书是什么书？

回答这一问题的总人数有 191 位。在每一本书名或人名后面的数字是推荐这本书或作者的人数。下面的书目是根据推荐的频率来进行排列的。书名和作家名是按照推荐者的叫法列出来的，如果推荐者没有提及作者名，作品的后面就没有标示其作者是谁。

《圣经》 …………125
莎士比亚 …………81
美国历史 …………43

诗歌佳作	…………5
萨克雷	…………6
《论说文集》（培根）	…………4
《宾虚》	…………4
《论习惯法》（布莱克史通）	…………4
《伊利亚特》和《奥德赛》（翻译版本）	…………4
《约翰·哈利法克斯先生》	…………4
查尔斯·金斯利的作品	…………4
《奋力向前》（马登）	…………4
关于科学的一些好书	…………4
《汤姆叔叔的小屋》	…………4
《超越奴役》(布克·T. 华盛顿)	…………4
《男孩必读》（斯托）	…………4
《大卫·科波菲尔》	…………3
《唐吉诃德》	…………3
《傻子国外旅行记》	…………3
哲学著作	…………3
《箴言录》	…………3
《罗马帝国衰亡史》	…………3
罗马史	…………3
《坏男孩的故事》（奥尔德里奇）	…………3
《双城记》	…………3
旅游丛书	…………3
《我眼中的野生动物》（西顿）	…………3
《伊索寓言》	…………2

社会学著作	…………2
《英语语法原理》	…………2
《乔治 · 史蒂文森传》	…………2
《学生手则》（约翰 · 托德）	…………2
《海角乐园》（罗宾逊）	…………2
《沉思录》（马可 · 奥勒留）	…………2
《节俭》（斯迈尔斯）	…………2
《船上的两年生活》（达纳）	…………2
丹尼尔 · 韦伯斯特的演讲	…………2
阿博特的历史著作	…………1
《亚当 · 彼德》	…………1
农业著作	…………1
《爱丽丝梦游仙境》	…………1
《美国国会》（摩尔）	…………1
《美国人的历史》（麦克马斯特）	…………1
美国	…………1
美国政治家的传记	…………1
《托马斯 · 阿奎那传》	…………1
《改变千万人生的一堂课》	…………1
《本杰明的销售技巧》	…………1
幽默大师的作品	…………1
《黑骏马》	…………1
《清教徒诗集》	…………1
里普利和达纳的诗	…………1
《势利小人集》	…………1

《戈德史密斯》（欧文）…………1
《高夫自传》…………1
语法…………1
《希腊英雄》…………1
《格列弗游记》…………1
《亚历山大传》…………1
霍桑的作品…………1
《亨利·埃斯蒙德》…………1
《帕特里克亨利传》…………1
自己的记账本…………1
美国的历史…………1
《美国人的历史》（吉尔曼）…………1
《家庭的影响》…………1
《如何在世界上与人相处得好》（马修斯）…………1
《我能，我愿意》…………1
《论想象力的培养》（戈申）…………1
罗伯特·英格索尔的作品…………1
《异教审判的历史》（利）…………1
《知性人生》（汉默顿）…………1
《约翰逊传》（博斯韦尔）…………1
《地心游记》（凡尔纳）…………1
《开宁·齐林莱》…………1
吉普林的作品…………1
《凯特·特拉斯特》…………1
《知识就是力量》…………1

《可兰经》 …………1
法律 …………1
《最后的男爵》 …………1
《大卫·利文斯敦传》 …………1
《父母的忠告》 …………1
《路易·朗贝尔》（巴尔扎克） …………1
《作为男人的基督》 …………1
《玛丽埃塔》 …………1
《约翰·马歇尔传》 …………1
《太平洋中的沉船》 …………1
《钢铁男人》（佩立） …………1
默顿 …………1
《当代画家》（罗斯金） …………1
蒙田的作品 …………1
神话故事 …………1
任意六本关于自然的书 …………1
《佳木邻居》 …………1
19 世纪的历史 …………1
《地球以外的世界》（普罗克特） …………1
《我们的祖国》（约西亚·斯特朗） …………1
帕克曼的历史著作 …………1
《帕森斯论合约》 …………1
《信仰从儿时开始》 …………1
体育文化 …………1
物理学 …………1

《对话》（柏拉图）	…………1
《理想国》（柏拉图）	…………1
《生活的乐趣》（卢伯克）	…………1
《政治经济学》（米尔）	…………1
《穷查理年鉴》	…………1
亚历山大·蒲柏的作品	…………1
《美国总统传》（麦克卢尔）	…………1
拉伯雷作品（贝赞特译）	…………1
贝赞特的作品	…………1
宗教方面的著作	…………1
《芬尼谈复兴》	…………1
修辞学	…………1
《南部邦联的兴衰》（戴维斯）	…………1
《荷兰的崛起》	…………1
《罗宾汉》（赖尔）	…………1
罗默拉	…………1
桑福德	…………1
《改衣服的裁缝》	…………1
校园读物	…………1
《苏格兰领袖传》	…………1
《自我修养》（布莱基）	…………1
《织工马南传》	…………1
斯宾塞的作品	…………1
史蒂文森的散文	…………1
《猩猩的故乡》（杜夏路）	…………1

问题 23

你认为男孩有必要养成每天读日报的习惯吗?

回答这一问题的总人数有 310 位。大多数人建议孩子每天阅读报纸，几乎完全一致地认为“这是一个积极且必要的建议”。好的报纸指的是那些“进步的报纸”。养成这个习惯，人们将向进步的方向发展，并且人们可以交换信息。好的报纸，无论是否完美，都代表着大众的观点，是人类强大影响力的体现。

肯定的态度

“是的 ” …………185

相当于“是的” …………90

“略读” …………13

否定的态度

“不” ………… 6

相当于“不” …………2

“15岁以前不用” …………14

问题 24

按常理来说，你建议男孩参与父亲的事业吗?

回答这一问题的总人数有 275位。其中 136人完全赞同，51人对这一行为持完全反对的态度，189人有条件或无条件地赞同，86人有条件或无条件地反对。结果表明，人们大部分都会赞同孩子参与父亲的事业，但这并不说明孩子就一定会取得成功，而且父母应该要尊重孩子自己的意见。

肯定的态度

“是的” …………79

相当于“是的” …………57

问题 25

假设有人请你致电给在校男生，为他们提供些建议，你会说些什么？

这不是一个问题，无法予以归纳总结，以表格的形式体现出来。然而这些回答从各个方面来看都是最有价值的，并且这些回答都是深思熟虑的结果。每个回答都全面或部分地对于成功的取得进行了指导，总之，他们是经验的浓缩和精华。

名家之谏：经验胜于臆断

明智的人会博采众长，与别人互通有无，选择做对人对已都有好处的事。

置身于群体当中，我们才能生存，才能发展。如果保持孤立的个体不与外界沟通交流，我们就会回归原始状态，与动物毫无差异了。阅历丰富的人提供的建议主张相当宝贵，这些都是他在实践中学来的经验之谈，所以如果多与外面沟通，我们就能够从中吸取到很多有用的知识，这是我们通往成功之路的指明灯。

集众家之长得出来的主张几乎可以被当作真理来看待。比如说，如果大多数学识渊博、阅历丰富的专家认为某个理论是正确的，那么社会群体就会予以认可。若各界精英中有一半以上的人认为某种因素是成功的要素之一，那么它就会成为人们认可的真理。

许多专家在经过多年反复试验后，认为某种方法可行，此时若谁对此提出质疑，那他就是不明智的。个人观点可能是错的，好几个人的观点可能与真理相距甚远。但对相当多的人在反复研究、实验探索后得出的结论，人们就不用再持怀疑态度。

我向得到世人公认的成功人士提出了若干切中要害的问题，接下来我会尽量列举实例、不再空谈理论，向所有孩子及其父母展示一下他们是如何回答这些问题的。

这些成功人士之中，有的是社会各界的精英分子，有的富可敌国，有的手握重权，有的学识渊博，有的阅历丰富，有的见多识广，有的家世显赫，有的白手起家，有的一帆风顺，有的历尽沧桑，有的善于思考，有的侧重实践，有的是各层面的专家，有的是从工矿企业到政府委员、各界的代表。大家都根据自身的经历各抒己见，每个人的答案都是对他本人成功的最真实的写照，也是对世界杰出人物的全景概述。

各位成功之士知无不言，句句都是中肯之语。他们自己已然获得成功，所以他们完全有资格对别人提出有关成功的建议。

每个人的答案都值得人们深思，都是有关成功的经验之谈。

这些人士都是照规律办事，很多人都把成功归因于某一特殊因素，因此每个人的答案各不相同。例如，没有哪两个飞行员会沿着一模一样的航线飞过水面，但优秀的飞行员会沿着以往的航线飞行，或沿着中线飞过；如果远离中线会更安全，那他就会远离中线飞行；但无论怎么飞他都会避开障碍物。他们飞行的路程、方向基本一致，但不会绝对相同。

本书涉及的成功人士所遵循的都是大家公认的发展规律。他们的肺腑之言值得大家借鉴，以便早日驶向成功的彼岸。

我们根据下面的问题向社会公认的部分成功人士发出了问卷，大家根据自己的成功经验，描述了对年轻人的一些建议。

1. 你认为成功的要素是什么？

2. 在男孩择业时，你会建议他根据自己的爱好选择职业吗？

3. 依你之见，对某行业的偏好是促使人在此行业成功的必备条件吗？

4. 在明知男孩对某行业有偏爱或适合做某工作的情况下还强迫他违背意愿进行择业，你认为父母这么做是明智之举吗？

5. 如果男孩生长在偏远、贫穷的地区，发展事业的机会微乎其微，你建议他去大城市发展吗？

6. 如果男孩生长在一个繁荣的小镇或小城市里，有发展事业的机会，你建议他去大城市发展吗？

7. 若男孩是个农民的儿子，但他却不喜欢务农，依你之见，他应该留在农场吗？

8. 你认为诚实守信是事业成功的要素吗？

9. 你认为锲而不舍的精神是成功的要素吗？

10. 你认为一个人只有热爱自己的工作才能取得事业上的成功吗？

11. 依你之见，能力和经验，哪个对成功更有帮助、更重要？

12. 你认为只有能力没有经验的人会成功吗？

13. 如果男孩想经商，你会建议他去上大学吗？

14. 如果男孩想从事技工行业，你会建议他去上大学吗？

15. 如果男孩想从事技工行业，你会建议他去技工学校学习吗？

16. 如果男孩想从事某专业，你会建议他去上大学吗？

17. 你认为违背男孩意愿强迫他上大学是明智之举吗？

18. 如果男孩只是个普通人，既无特殊喜好，又无雄心大志，你建议他是学手艺、经商还是从事某专业呢？

19. 假设一个年轻人能力强、经验丰富，手中资金充足，目前的薪水待遇也不错，你建议他在熟知的领域开创自己的事业吗？

20. 假设一个年轻人能力强、经验丰富，目前薪水待遇也不错，你建议他在熟知的领域借钱开创自己的事业吗？

21. 什么是导致失败的最重要的因素？

22. 你认为最适合男孩读的六本书是什么书？

23. 你认为男孩有必要养成每天读日报的习惯吗？

24. 按常理来说，你建议男孩参与父亲的事业吗？

25. 假设有人请你致电给在校男生，为他们提供些建议，你会说些什么？

●约翰·韦斯顿——华盛顿。美国海军华盛顿特区司令官

约翰·韦斯顿认为成功的要素源于一个人能否正确地认识并了解自己的本职工作，且为之坚持不懈地努力奋斗，在为人处世方面，要能做到诚实守信。

年轻人择业时，他们最好根据自己的兴趣爱好选择，兴趣是最好的导师，也是最能激发人潜质的。父母最好不要过多地干涉，因为你认为好的职业不一定就适合他们。此外，环境对人的成长或成功也起着至关重要的作用，选择适合自己的学习环境，努力地积累经验，提升自己的能力，才能在熟知的领域里开创自己的事业。约翰·韦斯顿强调，一个人不管最终能否取得成功，都要秉承做人的基本准则：诚实，真诚，爱国。要学着豁达，不自私，对不如自己的人要宽容。

●威廉·克拉克——俄亥俄州。教育委员会前任会长、美国退伍军人委员会会长

威廉·克拉克认为成功的要素是坚持不懈，待人诚恳，而母亲这个角色的教育方式也起着决定性作用。他认为，父母是最了解孩子的脾气、秉性的人，无论在孩子择业还是其他选择上，都能给出最好的判断以及准确的指导，但同时父母也要尊重孩子自己的喜好。

在通往成功之路上，能力很重要，而受过高等教育的年轻人，结局通常会较好。因为独立是取得成功的最佳动力，失败的原因有很多，但不外乎急于求富、缺少平常心。无论是做人还是创业，都要保持平常心、诚实守信以及锲而不舍的精神。最重要的还要有一颗感恩的心，要永远爱自己的父母，当父母衰老了以后，不要嫌弃他们。

他建议年轻人平日里一定要多读点书，《圣经》《苏格兰领袖传》《汤姆叔叔的小屋》《鲁滨逊漂流记》、狄更斯的《英国历史》、《林肯传》和《华盛顿传》等这些作品都是年轻人不可不读的书籍，并能从中得到相应的启发。

●詹姆斯·摩尔——明尼苏达州。外科医生、西北医院外科医师

詹姆斯·摩尔认为成功的要素就是在逆境中成长，明确自己的目标，并且坚持不懈地为之奋斗。对于奋斗的环境，我们不必太在意所处的城市大小，一个人若有能力，有胆识，即便在乡下也能开创一番天地，能力比什么都重要。而经验，一个人要是有了能力，自然而然也就会有经验的。

对于既无特殊喜好，又无雄心大志的普通年轻人而言，只要有自己的目标，不管做什么，要相信天生我材必有用，一定能找到适合自己的位置。所以请尊重任何一个行业，尤其是父母，更应该鼓励并正确引导孩子，要让他们知道没有理想，很难甚至不能取得巨大的成就。在他们没有经验和失败时，告诉他们不要迷茫，无论在任何情况下，都要尽力做到最好，保持身心纯洁。

●威廉·克罗泽——华盛顿。美国陆军军需总长、发明家、海牙和平会议代表

威廉·克罗泽将军认为取得事业成功的要素在于对自己的工作感兴趣。所以在择业时一定要根据自己的兴趣爱好选择，兴趣是最好的源动力。作为父母，最好也尊重自己的儿女的兴趣爱好。

不管你生长在何种环境下，偏远、贫穷地区或者是大城市，待在家中会相对比较安全，除非你有足够的能力、毅力去外面闯荡。

凡成就大事业者，必须热爱自己的本职工作，尤其是在要获得巨大成功或是面临困难时，更要有锲而不舍的精神。如果你能力，经验都有了，记得要抓住时机，即便借钱也要去尝试。我们要铭记这一生中没有什么能代替绝对的正直，也没有什么能像活力那样对成功起着巨大的作用，活力来源于对工作的热爱。

●爱德华·比格劳——康涅狄格州。《圣尼古拉斯》杂志自然和科学版编辑

爱德华·比格劳博士认为成功的要素是怀有远大志向，并带着满腔热忱不懈地努力工作。生活就像是在爬山，陡峭、多曲折又湿滑。每往上走一步都需要热忱、机警、小心及用脑、用心、认真的态度。尽管再小心，也会有些小失误，但这些小失误都是正常的，不可避免的。那些小道上的危险，路边上的障碍都要比自己退缩更容易战胜。路途上不可避免的落后，可以用时间来弥补，让人吃惊的是故意倒退会使人落后一大截，还会有摔伤、划破衣服甚至骨折出现。

年轻人要适应环境，适应所在的圈子，这比能力经验更为重要。平日要多努力，不管所处何种环境，做什么工作，都要竭尽全力，生活是现场直播，没有重拍的可能。

●吉尔伯特·菲利普斯——普罗维登斯存款机构主席

吉尔伯特·菲利普斯认为成功的要素在于坚持不懈，永不放弃。一个人的能力很重要，但拥有诚实、坚持，好的品格更为重要。能力可以慢慢培养，而好的品格则是打通人脉的关键所在。假使一个人很平庸，也无远大理想，那他也可以学好一门手艺，同样可以为社会服务。只要他喜欢，他也可以凭借一门手艺，远走他乡，开创属于自己的事业。父母应该相信自己的孩子，并不一定要上大学接受高等教育，才能走上成功之旅，也不要逼着下一代，子承父业，应该多咨询他们的意见，做好引导工作，不要用自己的眼光抹杀孩子特有的天赋。但不管做什么事，都贵在坚持、发现自我。年轻人应该多出去闯闯，增长见识，不要做井底之蛙。要有远大的理想和职业规划，才能更轻松地走向成功，而不是草草了事。

●弗雷德里克·普拉特——纽约布鲁克林、普拉特学会会员

弗雷德里克·普拉特认为成功的要素在于拥有顽强的毅力，以及对其的兴趣及热爱之情。如果一个年轻人，拥有超凡的能力，就应该去更好的环境寻找机会，而不应该留在一个他不感兴趣，或者局限他发展的地方。弗雷德里克·普拉特虽然赞成年轻人应该根据自己的喜好择业，但也声明，热爱自己的工作并不是取得事业成功的最重要因素，很多事情，只要坚持下去，必定能逐渐产生兴趣以及热爱之情。另外，无论年轻人是否想经商或从事技工行业等，都不应该只让人家去念大学，要知道培养一个人的能力是有很多地方的，但有一点是肯定的，要想从事技工行业的，可以去技术学院，但不要去工程设计学校。倘若你拥有了一定能力，且又有一定的经验基础，如果你在小城镇，就赞同支持你借钱去开创自己的事业领域；反之，则不赞同。

●波特——纽约长岛铁路局总监

波特认为成功的要素就是能在任何条件下，都能坚持不懈。很多父母明知自己孩子喜欢或擅长某个行业，但却固执地否定说没前途，而强迫他们违背意愿进行择业，几乎都是不明智的行为。年轻人应该坚持自己的信仰，以及自己的兴趣爱好。努力提升自身水平，寻求好的发展机会。而且，年轻人应该具备探险精神，要早点独立，多到社会闯闯，以便更好地找到自己的目标，不可画地为牢，一辈子碌碌无为。出去社会闯事业，记得诚实守信为基本原则，离开这个前提，其他事都是空想。做事不可三分钟热度，要有耐心，要坚持不懈，对待伙伴或客户等要真实、忠诚，遇到苦难，要不知疲倦，及时处理，不可拖沓。平日多看报纸书籍，了解市场行情，不可孤陋寡闻。

●埃尔南多·马尼——密西西比州卡罗顿的参议员、律师

埃尔南多·马尼认为成功的要素在于自信，并通过一切合法的手段取得最佳成绩。诚实守信是一切行为的前提，一些人可能用不诚实的手段取得了成绩，但那并非是真正的成功。无论在生活还是事业上，父母不要强迫孩子去干什么，也

不要过多地干涉他们的选择，尤其是上大学跟择业这两个认知转折点上。但如果孩子有想法，有谋划，应该做些指导建议，年轻人如果已经生长在一个繁荣的小镇或小城市里，即便大城市有更好的发展机会，还是希望他能留在自己的家乡，知根知底总比瞎摸索要好，机会有时候也是把双刃剑，把握眼前，做好本职工作尤为重要。年轻时可以没有远大的理想抱负，但不可碌碌无为，至少要有门能养活自己的手艺。

●詹姆斯 · 巴顿博士——美国对外传教委员会会长

詹姆斯 · 巴顿博士认为成功的要素是不做无意义的事，但一旦做了就不要虎头蛇尾。如果一个人的兴趣有广阔的发展空间，就可以根据自己的爱好择业。而家长的干涉则是非常不明智的做法，要知道从事一个完全陌生且不感兴趣的行业，无论是工作还是生活都将会变得枯燥无味。关于成功，诚实守信是一切行动的前提，也是行为准则之一。能力比经验重要，经验可以由能力掌控的。此外获取能力虽然很多，但詹姆斯 · 巴顿博士还是建议去上大学，如果条件允许的话，很多东西都要尝试，有好机会要把握。平日里，年轻人最好多看点书，如《圣经》《天路历程》《鲁滨逊漂流记》《林肯传》、美国历史都应该详读，此外，最好备一本好的外国旅游书籍，阅历很重要。要保持高尚的情操，不要试图欺骗任何人，尤其是不要自欺欺人，凡事尽力而为。

●丹尼尔 · 普拉特 · 鲍德温——印第安纳州洛根斯波特的法学博士

丹尼尔 · 普拉特 · 鲍德温认为成功的因素是坚持不懈，即便天生很笨，但都不能放弃工作中的任何一样事情。此外成功的另一个因素则是诚信，生活中成功需要“绝对的诚实”，但很难做到“绝对”，因为我们得经常和狡猾的人打交道，不敢以诚相待，害怕会被反咬一口。害人之心不可有，防人之心不可无。对于经验跟能力两者哪个重要，丹尼尔 · 普拉特 · 鲍德温通过一分为二的方式来评析，有能力可以获得经验，但经验不一定能够积累能力。要想成功，不可一心二用，应该一门心思地专注于某件事情上。年轻人要懂得如何给自己充电，除了看报纸外，应该多读书，如《新约全书》、莎士比亚、爱默生的《论文集》、富兰克林的《穷查理年鉴》、格林的《英国人的历史》、布莱斯的《美国共和体》都应该细读，年轻人应该从中学习胆量、礼貌，懂得知足者常乐。

●贝克——纽约曼哈顿铁路局主管

贝克认为想要成功，首先得有健康的身体为前提，经过严格的训练，培养一定能力后，努力地工作。在择业方面，贝克尊重年轻人自己的择业观，假使在其不成熟下做选择，父母也不应该强迫孩子，应试图去说服他，而非武力解决。对于年轻人发展的场地，贝克认为留在家乡发展会比较好，除非城市里有更好的机会等着他。开创事业时，时刻铭记诚信，同时也要机智点，冷静点。做任何事情都要坚持，要有锲而不舍的精神，切忌粗心大意。此外，年轻人不一定要坚持每日看报，但却不可以不读书，《鲁滨逊漂流记》《罗宾汉》《艾凡赫》《太平洋中的沉船》《奇书》《约翰·哈利法克斯先生》，这些书籍，作为新时代的年轻人，一定要细读，品味其中要领精髓。还应该多与见多识广的人聊天，取长补短。古言说得好，听君一席话胜读十年书，就是这个道理。

●查尔斯·法韦尔——法韦尔公司董事长

查尔斯·法韦尔觉得成功的要素是拥有准确的判断力。判断力体现着一个人的能力。所有年轻人若想在事业取得更大的成就，就得有敏锐的观察力、准确的判断力以及果断的决策力。所以有能力很重要，至于经验，可以随着年龄的增长而增长，但能力却不会。缺乏判断力，往往是导致一个人事业终结的重要因素。查尔斯·法韦尔发现，很多家长都希望子女能子承父业，这也未尝不是一个好办法，至少能在一定程度上少走弯路，但父母还是得尊重孩子的选择，特别别去强迫年轻人做他们不感兴趣的事，尤其是强迫其上大学、择业等行为。此外，如果年轻人有能力、有经验，应该鼓励他去创业，即便资金急需外借，也应该支持，因为机会错过了，就可能永远不会再来的。

●沃尔特·伯格——纽约勒亥谷铁路局总工程师

沃尔特·伯格认为成功的要素是接受良好的教育后，勤奋努力地工作，不断学习新技术跟上时代发展的步伐。年轻人如果有条件应该多出去闯闯，长长见识，但前提是一定要先接受良好的教育，上大学不失为一个好办法，要是想学点手艺，就去技工学校学习，要是想了解机械专业知识，就去有关的技术学院。他认为经验跟能力同等重要，经验使人具有了一定的能力。非凡的能力很快就能在工作中显现出来，并可以在短期内获取经验。刚开始时，能力差经验丰富的人会表现得更出色；到了后期，有能力的人一旦获得了经验就会遥遥领先。所以对于刚入行的年轻人来说，要时刻保持平常心，刚接触工作时，能力都很差，但无论你的工作看起来有多么微不足道，都要做到最好。这会使你的老板见识到你的才干，机遇来临时，你才能更进一步。说得再多一些，不要吝惜花在工作上的时间，如果加班可以使你圆满完成当天的工作，何乐而不为呢。

●詹姆斯·鲍德温——医学博士

詹姆斯·鲍德温认为成功的要素是拥有一双灵巧的手，然后不断努力，辛勤地工作。他觉得，现今年轻人最大的障碍就是联合垄断即托拉斯。巨大的财富掌握在少数人的手里，导致群众中产生不安和不满的情绪，激起他们的不平等感，导致了公开抗议和骚乱。更为严重的是托拉斯是个人奋斗不可逾越的障碍，他们会毫不留情地将小企业排挤出局。在一个大的集体里，每个员工都是单一的个体，通常是不重要的元素，除非他们有不寻常的才能，否则不会有什么晋级的空间，他们还要看着那些不如自己或是自己的手下因为得宠，而往上爬。现今的财富垄断就像个人成长道路上的蛇怪一样难缠，这使大家都虔诚地祈祷珀斯神来降妖除魔，拯救自己。所以年轻人应该谨慎择业，一旦选定就勇往直前地冲吧。

●布拉德伯里博士——美国教育协会会长、24本教科书的作者

布拉德伯里博士认为成功的要素是拥有远大的理想，并且为之坚持，努力地工作。早期的贫穷，能让年轻人过早地学会生存之道，拉德伯里认为贫穷不可怕，可怕的是没有智慧。当太多数人反对强迫孩子通过上大学接受高等教育时，他毅然替孩子做选择去上大学。实践已经证明，上大学后，人的行为思想会改变很多，那将是受益一生的财富，几乎不会有人后悔的。年轻人学习，可以通过阅读适合自己的读本，每日阅读，尤其是日报，当然一些有文化底蕴的书籍更应该学习，丰富自己的内涵，如可以选择《圣经》、莎士比亚、麦考利的《英格兰历史》、雨果的《悲惨世界》，还有狄更斯或卡莱尔的作品。多阅读，多用脑思考，不要在世俗下变得庸俗与愚蠢，要知道缺少魄力的人是不会取得成功的，人一定要善用自己的聪明才智，拥有好的理解力，好好地工作，成功其实不难。

●弗雷德里克·邓恩斯——菲奇堡的加尔文主义公理会牧师

弗雷德里克·邓恩斯认为成功的要素是要努力学习身边所有的知识，并学以致用，努力工作，并要相信没有什么物质上的成功能和拥有最完美的品格相比。关于前程，个人的想法很重要，无论是最初的择业还是上大学等，都要有自己的想法，但要想拥有更大的成就，就应该接受更好的教育，不然，假使你在短时间内事业能取得成功，或者积累了一定财富，但事实上跟暴发户没啥区别，因为层次内涵的东西没有跟上。平日里我们都应该多看头版头条新闻，不能通晓天下事，至少重大事情要略知一二，读书很重要，好书有很多，关键是要挑到适合自己的书籍，只要你觉得能有所收获，并能乐在其中的话，就是很不错且非常有益的书籍，当然这也视乎你的视觉水平以及所涉及的领域。

●约翰·谢波德——诺维尔丝织品公司负责人

约翰·谢波德认为成功的取得归功于平日的勤奋和早年节约，当然诚实与真诚也很重要，无论在生活还是事业上，都占据了主导作用。能力跟经验在成功的道路上都是缺一不可的，没有经验只有能力也可以成功，但是会走很多弯路。约翰·谢波德不建议年轻人为了学某种技能而去上大学，上大学是为了学习更全面的知识，以及培养全方位的人才，而不是某项技能，那些违背年轻人的意愿强迫他上大学的行为非常不明智。而关于子承父业的想法和行为，都是极不理智的。要知道即便只是个普通的年轻人，既无特殊喜好，又无雄心大志，也可以去学门手艺，通过自身的努力取得成功。一定要勤奋、节俭，如果你还没成功，就得考问自己，是否足够勤奋努力了。要想过得很幸福快乐，一定要保持真诚与无私的精神。

●威廉·鲍德温——纽约长岛铁路局局长

威廉·鲍德温认为成功的要素是要有坚忍不拔的精神与胆量。对于工作一定要感兴趣并且热爱，有了兴趣才能乐此不疲地坚持，热爱工作，才能做得更好，并从中获得快乐。如果不是，那就找个自己最喜欢的事情做。任何情况下都不要勉强自己或别人做不喜欢的事，那是对天赋最残忍的扼杀。城市大小不能决定一个人自己的成功与否，关键要看是否能让自己成长，经验很重要，也许通过能力可以获得成功，但都是暂时的。一个普通的年轻人，既无特殊喜好，如果他有足够的胆识，可以学着去经商。但无论你要做什么，教育程度如何，都要从底层做起，忠于职守。记住挫折只是对自己的考验。加油吧，超越那些踌躇不前轻易放弃的家伙。一定要诚实，尤其是要一视同仁。

●约翰·亨利·查普曼——伊利诺伊州芝加哥浸礼会青年社团长

约翰·亨利·查普曼认为成功的要素是耐心、用功以及持之以恒。年轻人在择业时，除了根据自己的喜好，还应具备其他的条件，尤其是应该参考下父母的意见。无论最终选择什么职业，都应该以成为一个对社会有贡献的人为出发点。一个拥有巨大财富的人并不代表就拥有什么成就，但讲诚信，却是真正的成功。鲁莽、武断是成功之大忌。年轻人有时间应该花在学习上，尤其是看书上，而不是去外面厮混，《圣经》是指导生活与事业最好的书籍，每个人都必须备一本常年翻阅，此外《约翰·哈利法克斯先生》、约翰·斯图亚特·米尔的《政治经济学》《大卫·科波菲尔》《怒海余生》都是很不错的经典书籍，对于准备开创事业的年轻人来说，更应该细读揣摩。记得告诉自己，无论何时都要洁身自爱，正直地生活，认准方向，一直朝前，永不停息地走下去你就会成功。

●米尔顿·布拉德利——布拉德利公司董事长、布拉德利色彩教学系统创始人

米尔顿·布拉德利认为成功的要素，是先经过贫困的洗礼以及具有过人的胆识。年轻人应该对自身的发展以及所处环境有个正确的认识，该怎么做，不该怎么做，自己心里都应该有个底，无须别人的建议也能去实施。年轻时，最好先在自己的家乡发展，等待时机，即使不能有巨大的成就，但至少在家乡能过得好。不要过于执着，某行业的偏好并不是促使人在此行业成功的必备条件，但它对结果会有很大的影响，每个人对成功的标准都不同，但都必须先有自己的目标，切忌好高骛远，不切实际，不管做什么事，都要尽力去做到最好，永远不要说不，说不可能，也不要等明天。自己想学什么，就要大胆动手去学，有机会就要去学习，学校是个很好的学习场所，不光是大学，技校也能学到很好的知识，永远记得学习。

●贺瑞斯·塔贝尔——罗得岛州普罗维登斯公立学校的督导

贺瑞斯·塔贝尔认为成功的要素是拥有好父母，好家庭，好妻子。一个人做什么工作不要紧，重要的是要根据喜好选择，平日里要多读些好书，培养自己的内在，做人要坚持诚实准则，要知道诚实是道德之首。做事要脚踏实地，先从小事做起，从小范围开始努力拼搏。能力很重要，所以除了先天一些优异条件外，一定要多努力提升自己。生长在偏远、贫穷的地区的年轻人，当发展事业的机会微乎其微时，不要一口气就跑去大城市发展，可适当在小城市先打拼，积累经验。相信金子总会发光的，不要急于求成，容易物极必反。没雄心大志的年轻人，可以试着经商，但不要同诸如标准石油公司这类的大公司竞争，应该从小本生意做起，激发自身的潜力，运行稳定，再慢慢扩大队伍。家庭很重要，不管你做什么，都应该重视自己的家庭，他们会是强有力的后盾。

●波比——缅因州班戈土木工程师

波比认为成功的要素是生长的环境以及父母对自己的影响。一个人的信仰很重要，它能支持人们勇敢地迎接挑战。波比觉得一个人的成功很大程度取决于自身的父母，都说父母是第一任教师，其实从小在他们身上学习的行为习惯，对未来是有很深的影响的。此外养成坚持每天看报纸的习惯很重要，了解时事动态，能及时知道形势局面，挖掘到市场商机。一个人如果把全部心思放在一件事上，他一定会成功。要时刻听从上帝的教诲，做人要诚实、真诚。年轻人并不一定非要去上大学，但如果想从事某个专业方面的工作，最好去上大学。而没有什么特长的年轻人，至少应该学门手艺，这也是种能力。平时生活作风要好，不奢侈浪费，注意细节。不因生长环境好坏而变得有所差异，应该做到出淤泥而不染，濯清涟而不妖，洁身自爱。更要尊重父母，时刻谨记他们的教导。

●约瑟夫 · 拉尼德——美国图书馆协会前会长

约瑟夫 · 拉尼德认为成功的要素在于养成良好的习惯，明确自己的目标。要知道形成坏习惯要比得了天花和瘟疫还可怕，而养成适合自己的好习惯会比穿新衣服还要开心。时刻提醒自己想要成为什么样的人，你的后半生或者人生剩下的三分之二的时间完全取决于你年轻时形成的习惯。思考问题是细心还是粗心，看待问题是片面还是全面，自己判断还是听从别人的意见，态度是亲切还是冷漠、慷慨还是自私，说话时是语法严谨的还是漏洞百出，态度是谦恭还是粗鲁，这些都是绅士与市井小民的差别，这些差别是由他们年轻时形成的不同习惯造成的。另外也不要强迫性地去学什么，那样很可能学不到真正的东西，即使做了也是没有意义的。平日也要养成看报的习惯，但要适度地看，可以从每天的新闻中找到一些重要的消息和知识，但不要把时间浪费在花边新闻上。

●约翰·摩尔——哥伦比亚大学国际法与外交学教授

约翰·摩尔认为成功的要素是忠于职守、不懈的努力。年轻人无论做何选择，选择职业，或者生活奋斗环境都好，都不要过于干涉，除非能证明他的选择是错误的，否则就要尊重他的想法，以及认可他的能力。在商场上，诚信很重要，当然，如果你所指的成功仅仅是能够挣到钱的话，那就不需要坚守这些准则了。能力跟经验都重要，但能力经过反复操练即可获得经验，所以一个人不可能先有经验，一定是先有能力的，大学是个学习的好地方，那里有很多很好的技术专业，如果不想从事专业技术类的工作，可以试着学点手艺或经商，这些前景都蛮乐观的。不管做什么事，一定要先对它有足够的兴趣，人若想成功就得对本职工作有兴趣，有了兴趣，才能喜欢它，千万不要漫不经心，三天打鱼两天晒网，做事情要讲究效率。

●路德·伯班克——种植新品种水果、花朵、蔬菜的自然学家

路德·伯班克认为成功的要素是生活有节制，在失望和挫折中依然要兼顾自己和他人的利益。关注事业，像关心自己一样关心他人。抛开那些迷信，虚心听取大自然的教诲。选择教育场所时，要视人、学校以及从事的职业而定，年轻人应该把宝贵的时间用来学习更重要的东西，而不是一味地盲从跟风。多看些优秀作品，如拉尔夫·沃尔多·爱默生和罗伯特·英格索尔的，他们的文章能开拓视野，让思想与自然和谐统一，让人更好地做自己。要正确地运用经验的能力，没有经验的能力是很少能达到稳固的成功的。此外，年轻人无论在什么情形下，都要为了健康而有所节制。做到诚实、真诚、无私，这样你才会在这个世界上拥有更多的朋友，更多的财富和更多的幸福。

●罗立夫·布林克霍夫——美国慈善和改造委员会前主席

罗立夫·布林克霍夫认为成功的要素是深思熟虑，出其不意。他不赞同年轻人根据自己的喜好择业，也许对于自己不热爱的工作，要想成功会很费力的。但一般来说，起初年轻人是不太知道什么行业更适合他，与其让他匆忙做出决定，不如给他最大的空间让他学习。完成这些后，让他想想他有什么事情可做，哪些事情能做得更好。平时工作要专心，有时为了老板的利益着想，当情况紧急时，需要加班。老板不是冷酷无情的，他会欣赏给他带来效益的年轻人并提拔他。如果坚持下去，他会很快发现自己到底适合做什么工作。一旦这样，他就应该不停地往前走，除非是因为环境发生了巨大的改变，迫不得已才改行。不论如何，年轻人都应该按照十大戒律的指导去生活，行事之前一定要在很好的条件下且深思熟虑后才能去做。相信自己一定会有所成就，而且所期望的生活也会来到。

●斯密斯——西雅图公共图书馆管理员

斯密斯认为成功的要素是拥有坚定的志向。我们要坚持自我，忠于自己，身体的每一处功能都是神圣的，每个想法都会对你的习惯、个性乃至命运产生影响，因此一定要保持身心健康。做任何事情都有规律可循，幸福是你所有的动力，所以不要剥夺身体、思想、精神的功能，充分利用它们。成功可以让世界变得更好，因此尽你所能做到比别人更好，一直坚持下去。自私是恶中之恶，不要做损人利己的事情，尽量设身处地为他人着想。每天最好能读10分钟左右的日报，坚持看书，《圣经》《天路历程》、莎士比亚的作品世界史、斯迈尔斯的《自己拯救自己》和哈里特·比彻·斯托的《男孩必读》都是必须备在书桌上的，随时翻阅下。不要强迫自己或孩子做不喜欢的事，记得多学门手艺，认为有必要的事就要认真去做。

●乔治·迪科——太平洋沿岸技术协会前会长、加州科学学会董事、科技专题作家

乔治·迪科认为成功的要素源于自身不断努力，持之以恒。年轻人一定要让他做一些他能看得到希望的事情，如果能这样长时间地磨炼，他就会想做你说的这些事情了。他建议人们要下定决心去寻找一个喜欢的地方，不要惧怕那是个高起点，然后努力工作，无论这个工作离你所期望的有多大的差距，只要方向正确，那就坚持做下去。多花点时间和你的朋友讨论未来的前景，或是想方设法结识能人，希望他能助你一臂之力。但一定要有个亲密的工作伙伴，他会给你带来更棒的建议。工作中一定要有方向，通过细致的观察去积累经验，总有一天这些不可或缺的经验会有用武之地的。你不需要寻寻觅觅，需要你的人会自己找上门来。在人生的战场中，你的位置就是你所选择的工作岗位，你有权拥有它，因为这个权利是上帝对你勤奋的嘉奖。

●塞缪尔·卡达曼——纽约布鲁克林中央公理会牧师

塞缪尔·卡达曼认为成功的要素是找到目标并坚持不懈地努力。要相信自己，相信伙伴，相信上帝。热爱自己的工作，才能在其中找到更大的乐趣，多学习一些有意义的东西，比如多看书，笛福的《鲁滨逊漂流记》、班扬的《天路历程》、金斯利的《向西方》、休斯的《汤姆·布朗求学记》、吉卜林的《丛林之书》以及《圣经》都是年轻人必修的。漠视和厌倦引发的粗心会是人最大的障碍。年轻人要有主见，不要随声附和，随波逐流。要了解自己的个性，这样在做决定时才能扬长避短，人们往往只注意外在的保养却忽视了对内在的了解。不要让偏见蒙蔽双眼，每天做一些身边分外的事情。做到每天早上醒来，都能发现自己又有一个新的进步。不要抱怨你的人生，不要误以为成功就是指物质上的收获，品格才是人一生的财富。

●马文·文森特博士——联合神学院《新约全书》阐述、评论教授

马文·文森特博士认为成功的要素是拥有平稳、规律的生活，努力工作，做任何事都尽力而为，多与比自己博学的人交流。信仰上帝、履行承诺、保持思想纯洁，杜绝比如去偷盗或者抢劫的肮脏念头。要格外爱惜自己的身体，多看好书多向成功人士学习。当受到别人的认可，不要自满。培养最简单、最好的生活习惯。就算还没有成功、没有智力上的优势，也要让自己像个绅士。善待他人，绝不向罪恶妥协。不努力工作的人，是没有可能成功的。工作时需要全神贯注，不能把爱好直接当职业，要知道有很多人成功不是来源于他有明显的爱好。导致失败的原因多种多样，如缺乏能力、坏习惯、不够专注等，其实这些都是因为自身水平还没提升上去。一定要想办法杜绝这些恶习，提升自己的修养。

●约瑟夫·德博尔——佛蒙特州蒙彼利埃人寿保险公司董事长

约瑟夫·德博尔认为成功需要向自己的奋斗目标努力，不断地工作，从事实中获取真相，让自己具备的能力在工作中有所体现，在工作中取得成果。年轻人应该保证自己无论做什么事，都能遵守摩西十诫，并以公民身份看看你的行为有没有损害国家利益。记住生活的终点是幸福，而最大的幸福是在任何时候都能够诚信工作，正如罗斯福所说的“要坚持到底”。坚信这条真理去努力，诚实的劳动无论在哪里都会得到尊重，使你更具竞争力，特别是在我们这个强调个人权利与义务的国家，更是如此。同时，要有一定的积蓄，不要势利，在工作和生活中要坚持真理。《圣经》《美国国会》这两本书分别是关于道德和公共教育的，每个年轻人都应该阅读，至于其他书籍，要看年轻人自己的爱好去选择了。

●约翰·怀特——纽约市怀德莱特高中校长

约翰·怀特先生认为成功的要素有责任感、自律、正确的思考方式和谦恭。年轻人要是想学习某种技能，最好去技术学校，而不是大学。一个人能否取得成功，除了外在条件充裕，开拓者自身条件，能力跟经验也很重要，只有能力没有经验是不能成功的。经营事业，要讲究信用，居心叵测的人是不会成功的。倘若年轻人在已有的环境中，有发展事业的机会，那就没必要去跳槽换环境，每个人都有自己所处的最适合的位置，找准便是方向。约翰·怀特不太赞同年轻人每日读报的习惯，而对于阅读书籍，则是相当地支持，尤其是《圣经》、欧文的《华盛顿传》《希腊罗马名人传》、雨果的《悲惨世界》、惠蒂尔的诗以及《鲁滨逊漂流记》，他认为这是每个年轻人都应该详读的书籍，对提高自身能力有很大帮助。

●贾森·尼科尔斯——密歇根州教育委员会主席

贾森·尼科尔斯认为成功的要素就是工作。想要成功，必须有个平台。工作是获取成功的最好平台，此外，诚信是事业成功的重要因素，每个人都应该将它视为行为准则，朝自己的目标奋斗，相信有朝一日定能有所成功。他建议每个年轻人如果有机会，最好都把握住上大学的机会，学习更多的知识。大学除了学习知识外，同样也可以学习如何工作。有时间一定要认真阅读《拿破仑传》，学习拿破仑的精神，同时为成功找个更好的立足点。职业规划中，必须选择自己喜欢的工作，并坚持到底，从工作中学习，在学习中成长，不要粗心大意。懒惰是成功最大的敌人，有时间勤看报，了解时事新闻，不要无所事事地混日子。假使你一无是处，起码也得学精一门手艺，自己能养活自己，能在这个社会立足。

●伯吉斯——佛蒙特州伯灵顿教育委员会主席、霍雷木材公司董事长

伯吉斯先生认为成功的要素是决定好自己想要干什么，并坚持下去，不给失败任何机会。成功路上，能力跟经验缺一不可，即便没有经验有些人也依然能取得成功，但几乎都存在侥幸。很多事情，要视个人情况才能做出具体定论。如果一个人格外聪明，那么他可以考虑往外面发展，假使年轻人生活在安逸的环境中，并取得一定成绩，且有相当好的发展前景，就不要盲目地随波逐流抛弃小城镇的生活而去大城市。有时候，什么宁做鸡头不做凤尾的想法是很滑稽的，找准位置比什么都重要，好高骛远有可能令你摔得更惨。也许你做不了成功的企业家，或者其他的成功人士，但行行出状元嘛，假使没远大的理想，也可以学习其他手艺，相信自己是可以的，决定的事就要付之行动，坚持不懈地奋斗下去。

●亚历山大·艾博特——宾夕法尼亚医疗卫生委员会实验室导师

亚历山大·艾博特博士认为成功的要素是凡事靠自己，结交能力出众的人。年轻人若想取得完全成功，就必须先热爱自己的工作，当然这不是说择业时一定要根据自己的喜好选择，总之，只要你选择了这份工作，不管喜欢与否，你都必须热爱它，因为那是你自己的选择。年轻人做事之前都需深思熟虑，衡量好自己的能力，不能急于求成，在风险面前要保持冷静。年轻人一定要学会一技之长，并坚持下去，把基础打好，当然这需要从小就培养锻炼。访谈中亚历山大·艾博特博士建议所有的年轻人应该在13—17岁养成学习的习惯，如找份好报纸，偶尔读一读，但在这个阶段，一定要多看书学习，吉卜林的《丛林之书》、史蒂文森的《金银岛》、金斯利的《向西方》、斯迈尔斯的《自己拯救自己》，这些都必须在这个年龄阶段学习好，并能正确读懂其中的思想所在。

●艾默里·布拉德福德——《展望》杂志副主编、美国基督教哲学学会会长

艾默里·布拉德福德认为成功的要素是以拥有良好的遗传基因为基础，以及成长的家庭的环境和儿时的理想，还有就是不懈的努力。年轻人最重要的是能评估好自己的水平，选择适合自己的位置，如果适合做农民，就应该让他留在乡下，而不是盲目跟风去大城市寻找什么机会，适合做银行家或从事某专业，可以出去闯闯。能力很重要，没有经验通过不懈的努力，也可以成功，反之亦然。很多事情，没有绝对的对错之分，看待事物都要用一分为二的眼光，必须视当时具体条件而言。但有一点是必需的，年轻人应该从小养成节俭的生活品质，不奢侈浪费。做人要纯洁、诚实，追求真理，敢于冒险，忠诚，团结友爱，要做正确的事。

●雅各布·格林——康涅狄格州人寿保险公司董事长

雅各布·格林认为成功的要素是清楚自己想要什么，或者应该做什么，把自己的责任放在第一位，然后，快准稳地把它做好。环境对成功起着很关键的作用，不同的环境能培养不同水平的人，大部分年轻人都认为大城市是最好的，那里有最先进的科学水平，发展的机会也比较多，于是便一窝蜂地奔往大城市。也许有些人会成功，但不是全部，这些往往要因人而异。每个人都应该追求自己的理想，一个人只有把身边的事做好才是最基本的准则，其他地方需要你的时候，机会自然会向你靠近。谈及能力跟经验哪个重要时，雅各布·格林认为这两方面是很难去找到平衡点的，每个人的工作过程也是学习的过程。能力是上天赐给我们的礼物，没人能去改变，但是经验是后天的培养，是对能力的应用。要知道能力是硬件，经验有利于硬件更合理的应用。

●马克思·托尔斯——圣保罗大北方铁路局机械工程师

马克思·托尔斯认为成功的要素是保持一颗平常心，受过良好的教育，而且有能力领导他人，同时也能懂得服从命令。一个人只有热爱自己的工作才能取得事业上的成功，热爱也就意味着要坚持到底，持之以恒。年轻人应该要自信，相信自己是能行的，可以去尝试，但不要一意孤行，前提是你得有一定的能力，路是自己走的，也要自己去选择。即便只是一位普通人，没有雄心大志，但至少要会做抉择，知道自己能干什么，可以做什么。不要独断自闭，一定要广开视听，对一些不该说的事，一定要守口如瓶。做人要稳重，能顾全大局，懂得服从上级的命令，不要刚开始就想着回报，多想想，你可以创造多少价值，从小事做起，从基础做起，积累经验。

●斯宾塞——安泰国家银行行长

斯宾塞认为成功的要素是找到自己的位置并为之努力。虽然对某行业的偏好并不是促使人在此行业成功的必备条件，一个人并非只有热爱自己的工作才能取得事业上的成功，但还是要根据自己的喜好选择工作，兴趣是最好的老师，对于一个普通的年轻人，无特殊喜好或无雄心大志，都不是什么大事，天生我材必有用，总有适合他做的事，只要他不自甘堕落，学手艺或经商，还是做其他的，都无所谓。但在此种情况下，最好不要去大城市闯荡，留在家乡会比较好，除非毫无发展的机会。能力很重要，经验可以慢慢积累，没有经验能力强的人也可以成功，但没有能力，再多经验也没用。创新很重要，找到自我更重要，只要是有可能的，一切都要去尝试。

●约翰·弗莱彻——德国国家银行行长

约翰·弗莱彻认为成功的要素是严格遵守诚信原则，积极认真地履行合约。年轻人刚开始择业时难免会有些迷茫，父母可以有选择性地帮他，这样或许他能更容易成功。很多人都是被迫从事了自己不喜欢的职业，但是之后他们对待工作都能应付自如，而且都能取得巨大的成就。良好的教育对人的影响是贯彻终身的，如果你想做生意，或成为优秀的技术人员、专家，大学都是很不错的选择，也特别重要，它会增长你的才智，让你成为更优秀的人。假设一个年轻人能力强、经验丰富，目前薪水待遇也不错，要支持他按自己的计划在熟知的领域借钱开创自己的事业。没有哪个人是领着固定工资去成就大事的，有足够的能力，借钱取得成功或许要比领取固定工资好得多。但年轻人一定要脚踏实地地做事，不要疏忽细节，更不能有赌博、挥霍等不良嗜好。交友更要谨慎，一生要诚信，刻苦努力。

●威廉·贝克——伊利诺伊州芝加哥的资本家、金融家

威廉·贝克认为成功需要有足够的干劲和毅力。一般来说年轻人可以根据自己的喜好择业，但是要在正确的引导下。年轻人的喜好是易变的，有时会发展成优势。怎样择业并不重要，关键是看你在工作中表现如何。无论你的职业是什么，只要做到诚实、忠诚、勤勉，你就会取得成功，获得幸福。知识对职业的发展起着决定性的作用，无论最终选择何种职业，学校的任何一门课程对你都会有所帮助，如果有机会，一定要去学校接受教育。很多年轻人都会通过阅读来获取知识，但千万别矫枉过正，读的太多比根本不读还糟糕。访谈中，威廉·贝克对成千上万的年轻人涌进大城市寻找工作这一选题，并不是很支持他们进城打工，除非他们能非常适应城市的氛围。出生在农家的年轻人，看起来也没有喜欢务农的，但我坚信对于多数人来说，能留在自己家乡发展，无疑是最好的选择。

●查尔斯·普拉特——北美保险公司董事长、海洋保险业全国委员会主席

查尔斯·普拉特认为成功的要素是勤奋，随时准备接受任何工作，即使是不在计划之内的也可以，永远保持礼貌谦恭，热爱运动，喜欢娱乐活动。每个年轻人都必须诚实、勤奋。要有理想目标，没有目标又不勤奋，急于暴富往往使人平庸世俗，最终导致失败。好的起点很重要，但只要选择了，就要始终热爱自己的工作，并付诸百分之百的努力。平日多看报，知晓时事，也要广泛地阅读其他有益的书籍。年轻人不应该局限在一个小城市里，应该走出去发展，看看世界，寻找更多的发展机会。如若时间允许，应该去上大学，接受更高等的教育。没远大目标的，也要学好一门手艺，但重点还是要有目标，没目标就如乱撞的苍蝇，找不着北，成功需要好好地规划。

●威廉·科迪——布法罗市比尔西部节目的主管

威廉·科迪认为成功的因素是听从父母的建议。做决定时，一定要听从父母的意见，而不是单方面地依据喜好做选择，父母是最了解自己的人，如果父辈的事业已经有所成就，可以试着接受子承父业，这种做法一定程度上可以提高起点，把成功更大化。帮人打工是很难有巨大的突破的，年轻人要自己去拼搏，自己去感知那份工作，允许偶尔小憩一下，但一定要专注你的工作。人活着总有一些事情是自己可以做的，所以对于还在迷茫的年轻人，应该要自信，相信自己，愿意去做新的尝试。相信父辈都会希望年轻人多接受点教育，但学任何东西之前，一定要确信他能学到东西，并学以致用。年轻人应该多读书，这是无可厚非的事情，《圣经》以及历史书籍都是必看的，另外《知识就是力量》《我能，我愿意》《最后的了不起的侦察兵》等优秀的书籍，年轻人都应该知道。

●威廉·吉福德——马萨诸塞州剑桥公共图书馆图书管理员

威廉·吉福德认为成功的要素是诚实、勤奋、守时，同时争取超额完成任务。每个年轻人，都应该抓紧时间多学习，《富兰克林自传》、休斯的《汤姆·布朗求学记》、笛福的《鲁滨逊漂流记》、司各特的《艾凡赫》、欧文的《见闻札记》和库柏的《皮袜子故事集》都是很不错的，书籍很难说哪本最好，只要适合自己看的书都应该了解。此外，年轻人应该从小养成良好的行为习惯，把诚实守信作为第一行为准则。有机会上大学，一定要把握好，没有什么人读完大学会后悔的，相信自己也一样。能力对于一个年轻人来说很重要，对于现在的企业严格要求只招收经验丰富的员工的做法，一定程度上是不可取的，经验可以慢慢积累，要知道有人经验一大堆，却是平庸之辈，没有过人之处，工作上很难有突破。

●爱德华·杰弗瑞——纽约市里奥格兰铁路局局长、巴黎博览会负责人

爱德华·杰弗瑞认为成功的要素是拥有健康的身体、勤奋地工作、高度的责任心、持久的努力、对专业的专注、每件事都做到最好、诚信和适度的慷慨、尊重上司。此外还要热爱和尊重父母，听取他们的意见。学到老，工作到老，即便只是学门手艺，也要用心去学，不要贪图享受，懒惰是成功最大的对手。要自重，不贪慕虚荣，诚实，正直，不做作，如此方能赢得他人的尊重。要尊重权威，懂得自制，遇到困难永远不要灰心，积极乐观地面对人生的挑战。要有耐力，做事不半途而废。要有感恩的心，爱自己的家乡，如果能在家乡取得一定的成功，就不要离开。要是不满足现状，想寻求更好的工作，可以离开，但一样要脚踏实地，实实在在地努力，不投机取巧。

●本杰明·惠勒——加州大学校长

本杰明·惠勒认为成功的要素是相信这个世界上还有好人。不用因为某件事或某个人，对这个世界失去信心，努力为自己的前程奋斗，如果你不热爱自己的工作，应该试着去做些改变让自己喜欢。总之，做了就要全力以赴，不要半途而废，三分钟热度，要么就直接不做，要做就做到最好。多学习，这是硬道理，在空闲时，可以看一本好的杂志周刊，比如《展望》。年轻人想经商或从事某专业，可以去上大学，那是人才聚集的地方，也是学习新知识的最佳场所。要勇争上游，不要安于现状，要居安思危。想什么就要有计划地去做，当然要有耐心。锲而不舍的精神是成功的要领，努力工作，不可吊儿郎当，要一丝不苟。衣着整洁，不邋遢，做诚实的人，待人亲切。

●小柯蒂斯·吉尔德——《商业快讯》杂志编辑、演说家

小柯蒂斯·吉尔德认为成功的要素是毫不松懈地努力工作。每个人的理想不同，出发点也会有所不同，不过家乡都会是所有年轻人事业成功的最好出发点。此外，小柯蒂斯·吉尔德认为诚信不是成功的要素，经验比能力重要，有能力没经验能获得成功的屈指可数。年轻人不能满足现状，要有所作为，上大学不是绝对必要的，但若想从事某种专业，还是得读大学。假使年轻人没有什么专长喜好，最好让他去参军。这样，即使他没有足够的能力发展自己，也可以报效祖国，也可以适当考虑让他继承父母的事业。多读些内容健康的书，《新约全书》、莎士比亚、狄更斯、美国历史、《希腊罗马名人传》、奥尔德里奇的《坏男孩的故事》，以及一些报纸都应该时常翻阅。年轻人的精神样貌要保持好，衣着要整洁，每天最好能坚持在户外锻炼身体，身体是革命的本钱，做事要三思而后行，不要没有想法就去做，做了总比不做强。

●亨利·威廉·布莱尔——美国前参议员、劳工部宪法修正案和法案起草组成员

亨利·威廉·布莱尔律师认为成功的要素是帮助他人和对工作的热爱之情不能熄减。一定要从事自己喜欢的职业，要知道即使是强烈的责任感也替代不了对工作的热爱之情。做任何事情，都要全力以赴，了解自己的状况，用未来的眼光去衡量自己。这样会及早地得到锻炼，获取知识，取得进步。同时也要谨慎、诚信，看准时机选好位置，还要审时度势，什么时候该做，什么时候不该做某事都要把握拿捏准，有时间读一读《圣经》、莎士比亚的作品、《希腊罗马名人传》。一定要看看美国史，对其他国家的历史也要有所了解，看一些顶级的杂志和一流的日报，提高自己的修养。确信自己是对的那就前进吧，永远为自己的国家而奋斗，不要倒下，除非为祖国而亡。要充分认识到：这个世界是属于你的。

●埃尔布里奇·基思——银行家俱乐部主席

埃尔布里奇·基思认为成功的要素是较强的能力以及丰富的经验。虽然能力跟经验都是成功必不可少的因素，但相比之下，能力比经验重要得多。经验是靠积累的，任何人花上几年的时间都会或多或少地积累出经验，而如果没有能力，你所谓的那些经验也只是最简单的，不能达到一定的高度。而有能力，还怕不能积累经验吗？经验是结果，能力是可持续发展的基础。此外，埃尔布里奇·基思认为年轻人没有专业知识没什么关系，只要正确认识成功，要知道不同的人有着不同的经历，处于不同的环境，对成功的理解也不同。所以，即便你只是个小门徒，也有可能成功，要知道你有足够的能力，当积累到一定经验时，你自己也可以开辟新战场，获取成功。要相信自己，即便现在你只是在学习一门不起眼的手艺，或做小本生意，也要坚定信念，坚持，并为之努力奋斗下去。

●何西·阿米诺尔顿——马萨诸塞州总检察长

何西·阿米诺尔顿认为成功的要素是努力工作，以及必要的节制和身心健康。他认为导致失败的原因是懒惰跟坏习惯。要知道不努力就成功的事是不可能发生的。所以，当懒惰摧毁你之前，你要先摧毁懒惰！何西·阿米诺尔顿建议年轻人应该多学习新的知识。在知识经济时代，知识是你成功发展的基本条件，无知就等于无能！所以我们应该在已有的知识基础之上，不断地给自己充电，尽可能地多学点本领，否则就会成为社会的弃儿。通过学习充实自己，寻觅合适的平台，努力工作，注重实干，保持健康，志存高远，但不要好高骛远，要从小事做起，从基层做起，一步一个脚印，不可急于求成。此外，要热爱自己的家乡，相信那是最好的起步点。

●斯开福特——宾夕法尼亚州医务委员会主席

斯开福特认为成功的要素是真实，而事业成功的要素在于诚信以及锲而不舍的精神。一个人只有热爱自己的工作才能取得事业上的成功。成功的路上，能力比经验更为重要，经验可以日积月累，但能力却很难一朝一夕培养出来。年轻人如果想从事某个专业，只要他有时间，有头脑，有足够的钱，就可以考虑上大学。假使违背意愿强迫他去上大学，是非常不理智的做法，即便今后他不会后悔。成功的概念很广，并非只有干出一番轰轰烈烈的事业才算成功，斯开福特在访谈中，鼓励那些既无特殊爱好，又无雄心大志的普通年轻人，可是学门手艺，正所谓，三百六十行，行行出状元，只要肯下苦心，努力去做，相信也可以凭自己的一技之长获得属于自己的成功。

●德福雷斯特·理查兹——怀俄明州州长、道格拉斯第一国家银行行长

德福雷斯特·理查兹认为成功的要素是要有毅力，合法经营，坚持到底，不屈不挠。对某行业的偏好不一定能促使人在此行业获得成功，但要想取得事业上的成功，热爱自己的工作是非常必要的，通往成功之路，理想跟能力很重要，没有理想，将寸步难行，没有能力，诸事不顺。年轻人若想经商或从事某个专业，可以去上大学，但不能学传统的课程，应该学习对将来事业有帮助的课程。德福雷斯特·理查兹觉得开创事业的方式一定要合法，不违规操作，要知道不合适的运作方式不会有什么成效，更重要的是会毁掉自己的声誉，连累身边的人。所以年轻人一定要信守合同，办事有效率。今日事今日毕，不要拖到明天。这样会使你博得美誉。

●查尔斯·琼斯——联合鞋业公司董事长

查尔斯·琼斯认为成功的因素是要有健康的体魄以及辛勤的工作。一个人并不是只有热爱自己的工作才能取得事业上的成功，任何行业，只要你用心，下苦心去经营，都是可以的，当然，热爱自己的工作会是你的优势，却不是成功的必要条件。查尔斯·琼斯认为诚信并不是事业成功的必要因素，但坚持不懈却一定是。一个无所长也没多大抱负的很普通的年轻人，可以找自己身边的工作，哪一个都可以，如果家里人都是技工，那他也可以去做技工。很多家长或年轻人都想通过上大学，学习知识以此来改变命运，这其中有很大的盲点误区。每个人都应视自身情况考虑，来定方案。但要想在事业上取得更大的成功，就一定要有敏锐的观察力以及商业洞察力，能及时准确地挖到商机。

●约翰·伦道夫——纽约采矿顾问工程师、技术类专题作家

约翰·伦道夫认为成功的因素是要有良好的教育。对某行业的偏好不是促使人在此行业成功的必备条件，但却是自己的优势，25岁以前，年轻人最好留在自己的小城镇寻找机会，除非所处环境发展事业的机会微乎其微，那时可以试着去大城市发展，但必须在家乡学完基础教育。对于持久的成功，诚信是毋庸置疑的。发展事业，能力是根本基础，而经验是上层建筑，经验取决于对细节的处理，而成功取决于能力和经验。若想成功，光有能力是不够的。几乎没有孩子会主动愿意上学的，对于不愿上学的孩子来说，学到16岁就可以，无论他今后是想经商，还是从事某个专业，都没必要强迫他继续上学。谈及事业失败的原因，约翰·伦道夫认为选择的事业不适合自己，缺少专业知识，失败的可能性高达百分之九十九。约翰·伦道夫忠告那些想成功的年轻人，做人一定要诚实、坦荡。要找准定位，机会到来时要好好地把握它，一定要拿出自己的智慧，超常发挥。

●约翰·坎贝尔——莱星顿大道浸礼会牧师

约翰·坎贝尔博士认为成功的要素是上帝的保佑和个人的努力。择业时，如果那是个非常有潜力且有发展机会的工作，就要义无反顾地按照自己的意愿选择。事业成功离不开诚信，也离不开挫折以及坚持不懈的精神。比起能力，经验对发展事业更有帮助、更为重要，有能力没经验，成功便无从谈起。天生我材必有用，相信自己是个有用的人，即便没有伟大的理想，也没特殊专长，那就物尽其用吧，总会有适合自己的地方。缺乏专注，是导致失败的最重要的原因，要知道商机往往是靠敏锐的观察力挖掘的。很多年轻人都没有看报、读书的习惯，每天只要花少数的时间，选择一份适合自己的报纸翻阅，了解下时事动态。有空闲时翻阅下《圣经》和《天路历程》，读它们只需你一点点的时间，但受益却是终身的。新一代的年轻人，就应该清白做人，豁达乐观。怀着崇高的理想，懂得用自己聪慧的天资去做那些值得自己拼搏的事。

●乔治·麦克贝思——宾夕法尼亚州匹兹堡灯罩制造商

乔治·麦克贝思认为成功的要素是要有敏锐的洞察力和不懈的努力，再加上在专业方面的天赋及对知识的精通。要想事业取得成功，一定要先热爱自己的工作。对某行业的偏好是促使人在此行业成功的必备条件。假使年轻人向往大城市，而不管自己所处的小城镇有没发展的机会，这没什么不可以的。获取钱财的方式可以通过其他方法获取积累，但诚信绝对是事业成功的必要因素。通往成功之路，能力跟经验同等重要，二者相辅而成，缺一不可。上大学，是为了吸取更多更全面的知识，如果只是单纯地想以后经商或从事某个专业而去上大学是非常不明智的。乔治·麦克贝思觉得导致事业失败的原因有很多，但不能全方位地考虑周遭的状况是直接的因素。开创事业时，年轻人应该谨记，做人要诚信、勇敢、刻苦。

●艾伯特·怀特——西弗吉尼亚州州长

艾伯特·怀特先生认为成功的因素是努力工作并坚持下去。年轻人选择职业时最好根据自己的喜好，但前提是确定哪个喜好是理智的。要知道有时候我们往往都要在若干年后才明白自己的职责所在。生长在偏远、贫穷的地区，即便是发展事业的机会微乎其微，年轻人也没必要去“大城市”，小城市或者兴盛的城镇会经常为人们提供好机会的。如果你已经生长在一个繁荣的小镇或小城市里，有发展事业的机会，偶尔换下环境也是件好事。但不管你选择在何处发展，能力跟经验都是很重要的，能力和经验对于卓越的成功来说都是不可或缺的。只有能力没有经验是不可能成功的，没有经验就没有成功的保证。另外诚实、有活力、忠诚、信守诺言、勇于挑战以及应有的判断力，对年轻人来说都是很重要的品行，它们会给你带来更大收益的。

●甘诺·邓恩——美国电机工程师协会副会长

甘诺·邓恩认为成功的要素除了天赋之外，还有对事业的专注及别人对自己的信任。对某行业的偏好是促使人在此行业成功的必备条件，所以年轻人在择业时最好根据自己的喜好选择。家长可以适当地施加点压力给孩子，但不能干涉孩子明智的选择。此外，通往成功的道路，诚实守信是基本原则，能力是根本，经验可以慢慢积累，要知道没有能力，经验也就无用武之地。年轻人若想继承父业，以父母的职业为终身职业，最好先在别的地方积累经验，然后再参与父亲的事业，这样会有事半功倍的效果。凡事要量力而行，开创事业时也一样，要充分考虑自己的条件，天时地利人和，缺一不可。此外，个性的培养很重要，在漫长的道路上，个性决定你能达到什么程度。

●米洛·伯克——俄亥俄州辛辛那提的土木工程师、铁路建设者

米洛·伯克认为成功的要素是坚忍不拔，条理分明，专心致志。某行业的偏好虽不是促使人在此行业成功的必备条件，但年轻人择业时，只要他的判断力足够成熟，可以根据自己的爱好择业，明知孩子对某行业有偏爱或适合做某工作的情况下，还强迫他违背意愿进行择业，是非常不理智且愚蠢的行为。诚信跟经验是获取成功的关键因素，没有经验，就不会有能力，没有诚信，你将寸步难行。

米洛·伯克觉得现在喜欢阅读浏览书籍、报刊的年轻人越来越少，有也是读那些花边新闻，要知道竞争激烈的社会，知识很重要，商机也很重要，所以要懂得给自己充电，读一些和工作有关的新闻书籍是必要的。此外，对细节的漠视将是你失败的最直接因素。所以年轻人要努力做到为人诚实，拥有智慧，坚定意志，彬彬有礼，那样才能赢得尊重，取得成功。

●查理·斯莱克——伊利诺伊州芝加哥的杂货批发零售商

查理·斯莱克认为成功的要素是拥有健康的身体，认真地履行职责，勤俭持家，仔细阅读和职业有关的书籍。《圣经》、莎士比亚的作品、《荷马史诗》、柏拉图的《对话》、韦伯的演讲精选以及达尔文的《人类的由来》都是年轻人应该阅读的。年轻人应该尊重父母，待人诚恳，对每个遇见的人都彬彬有礼，用优秀的教育去武装自己。假使你有理想，最好去上大学接受高等教育。若想从事技工行业，则不需要去大学，去技能培训班学习或许会更好，假设你想做的工作跟父亲的事业有关，而且基础较好，可以考虑子承父业。若没任何挂钩，而孩子的选择也是令人信服的，这种情况下还强迫他违背意愿进行择业的，就是不明智的。

●布鲁斯特——康涅狄格州主教

布鲁斯特认为成功的要素就是能做到持之以恒。对某行业的偏好是促使人在此行业成功的必备条件，除非他是个天才，能胜任任何一项工作。现今，父母帮忙择业的现象，是极不理智的行为，他们在一定程度上扼杀了孩子的天赋。年轻人倘若生长在偏远、贫穷的地区，发展事业的机会微乎其微，可以试着去大城市发展，反之，最好不要离开，自己的家乡会是最好的起步点。能力很重要，年轻人要是有想法，除了工作还想过得更好，最好趁着年轻去上大学。不可贪图享乐，惰性和放纵是导致失败的重要因素，要知道我们每一人，只要不是“寄生虫”，是个辛勤的劳作者，就要记住最重要的是体现自己的人生价值。坚强，坚持不懈地用实力去证明，展现出年轻人应有的风采。

●乔治·金柏——马萨诸塞州萨魔维尔土木工程师、波士顿协会会长

乔治·金柏认为成功的要素是坚持不懈。事业成功离不开诚实守信、锲而不舍的精神，年轻人应该把全部精力都放到工作上，抓紧时间学习，如果你有目标，有理想，就应该多争取机会去学习，上大学是一种很不错的选择。大学里不仅可以培养技能，对人格塑造等也有巨大的帮助。对于父母违背孩子意愿强迫他上大学之举，乔治·金柏认为这无所谓明智与否，关键得把孩子放在能培养他理想的地方，要不他将一事无成。对于年轻人创业，如果能力强、经验丰富，手中资金又充足的话，在熟知的领域开创自己的事业是行得通的。工作之余，别忘记抽空学习、充电。名人传记，尤其是所从事的行业里的名人传记应该多揣摩学习，阿博特写的历史书也应该熟读。

●霍华德·富勒——南达科他州最高法院首席大法官

霍华德·富勒认为成功是靠精力与本能的判断力。倘若农民的儿子，但他不喜欢务农，最好不要强留他在农场干活，应该让他选择自己感兴趣且做得来的工作。所以孩子在择业时，我们理应建议他根据自己的喜好选择职业，一个人只有热爱自己的工作才能取得事业上的成功。因为只有自己喜欢的、擅长的职业，他才能做出更好的成绩。父母最好尊重他们的选择，不要强迫孩子上大学什么的，爱他们就给他们自由空间吧。在通往成功的道路上，能力固然可贵，但经验更加重要。如果一个年轻人能力强、经验丰富，手中资金充足，即便是目前的薪水待遇也不错，都应该在熟知的领域开创自己的事业，给别人打工，是很难能取得巨大成就的。霍华德·富勒建议年轻人最好养成每日看报的习惯，了解时事，挖掘商机。

●奥斯卡·奥斯丁——美国财政部统计局局长、作家

奥斯卡·奥斯丁认为成功的要素是对自己选择的事业充满兴趣，全身心地投入。年轻人对自己选择的事业充满兴趣，就必将全身心投入，心思花在工作上自然会增加成功的可能性。即使没兴趣，只要你选择了，适应了那工作并用心，相信兴趣也会增加的，坚持下去，一样可以成功的。对于年轻人涌进大城市工作的现象，奥斯卡·奥斯丁表示，除非所处的环境真的没任何发展机会，而且有着良好的教育和品行，并且对工作有明确的目标，还得等清楚明白自己到底喜欢什么再离开，否则最好别离开。可以试着继承父辈的事业，要知道父亲的事业既可为他提供丰富的经验，又可以提供较成熟的事业基础，何乐而不为呢。此外年轻人对自己，对朋友，对家人，对上帝都要诚实。人凭借聪明头脑可以获得成功，若凭借不懈的辛勤工作可以获得百倍的成功。如果你很聪明，努力工作会使你更加成功，如果你不是很聪明的话，努力工作会为你带来成功的机会。

●乔治·莫哈菲——波士顿全国青年基督徒联合会秘书

乔治·莫哈菲认为成功的要素是持续的努力，加上对自己工作的热爱。一个年轻人若想成功，能力必须强，经验要足，天然的能力是成功的基础，经验是成功的构架。如果二者都具备，且手中资金充足，即便目前的薪水待遇也不错，都应该试着在熟知的领域开创自己的事业，有时拥有自己的公司，对自己的事业一直持有浓厚的兴趣，对他来说不能说不是件好事。当然这也可以包含继承父辈的事业，但若想锻炼自己，在别人的公司、商店、办公室工作会更好。若是工作，可以去父亲的公司。有空应该多读书，培养自己的内在素质，《圣经》《走向成功》《奋力向前》（马登）、《男孩必读》《男青年必读》（斯托）、《勤奋的生活》（罗斯福）、《超越奴役》（华盛顿）都很适合年轻人看，书中所写的内容，你不必读出声，但你要用心去揣摩，然后根据书中的道路去做事，你的前途会变得分外光明，你也会获得巨大的成功。

●邓恩——芝加哥海滩酒店经理

邓恩认为成功的要素是诚实、谨慎，注重工作细节。而投机取巧、不够谨慎是导致失败的重要因素。做任何事都不要冲动，要诚实做人。每个人都应该热爱自己的工作，只有热爱自己的工作才能取得事业上的成功。如果对自己的工作不满意，那就不会对工作倾注心血，也就不能取得成功了。一个人若想经商或者从事某项技工行业，是不一定要上大学的，要知道生意上的成功，不一定需要大学教育，想从事技工行业，可以考虑上技工学院，有针对性地学习，学艺会较精，所以开创事业时，能力跟经验二者缺一不可，每个人都应该找准自己的方向。同时邓恩建议年轻人坚持每天读日报，抽空读读《双诚记》《宾虚》、麦考利的《英格兰历史》、美国历史、古代史和近代史以及《最后的男爵》等作品，这些书中的历史知识、成功历程都可以给年轻人带来诸多启迪。

●威廉·考克斯——北卡罗来纳州农业协会会长

威廉·考克斯认为成功的要素是正直，有目标。高等的教育以及良好的素质对事业成功至关重要，年轻人有机会有条件最好都要去上大学，选个自己想学的课程，趁着年轻，多吸取新的知识，顺便也摆脱家长的管制，到外面世界看一看，不要做井底之蛙。创业时，如果资金不足最好在原有的工作中继续拼搏，积蓄财富，而不是想着借钱，理想需要靠自己一步步实现。要知道想一夜暴富的思想，毒害了多少有志青年。要知道一分耕耘，一分收获，切忌急于求成。作为一名成功人士，除了独特的见解、敏锐的观察力外，更重要的是知识丰富，《圣经》、布莱克史通的《论习惯法》、莎士比亚的作品、《约翰·马歇尔传》、休姆的《英格兰历史》、弥尔顿的《失乐园》这些书籍，年轻人应该在上学时就看完，这些对你以后的影响是非常大的。它们会教你在上帝面前做个公正、仁慈、勇往直前的人。

●艾米尔·伯利娜——留声机和麦克风的发明者、电话和电报的倡导者

艾米尔·伯利娜认为成功的要素是要有极大的耐心和节约。缺少耐心和指导，生活奢侈是导致失败的重要因素。诚实守信虽不是事业成功的重要因素，却是对整个社会非常有利的准则。而百分之九十九的成功都需要锲而不舍的精神。若所处的环境，没有发展机会，可以去些有发展空间的小城镇，如果自己家乡有发展机会的，最好留在家乡。有条件，经济能负担得起的年轻人，建议去念大学，它能提供你更广泛的发展空间。最好养成读日报的习惯，但时间不宜过长，每天15分钟，周日两个小时为宜。关于书籍，只要你有足够的耐心，读关于自然的任何几本书都行。做任何事情不要停留在功劳簿上，要为下一个成功努力着。

●保罗·麦仑·张伯伦——路易斯学院机械工程学教授

保罗·麦仑·张伯伦认为成功的要素是先要有个适宜的工作，其次要和一些优秀的伙伴共事，最后就是要勇于坚持不懈地承担和完成任务。对大城市的盲目向往是人年轻时的通病，但要实际点，相信没有任何地方会比你的家乡对你的发展更有益。此外，大家都认为不诚信的人会比较富有，实则不然，要知道那些财富都是短暂的，长久的成功，需要以诚信为支撑点。若是你想今后经商，可以考虑上大学，培养你的能力，丰富自己的知识面，养成良好的习惯，保持思想健康、纯洁。但不用把全部课程学下来，也不用说一定要修满四年，但要有选择性、有针对性地学。经商是激发一个人抱负的最好方式，保罗·麦仑·张伯伦建议那些无专长的年轻人可以试着去经商，但必须从小本生意做起。

●拉尔夫·普拉特——巴克斯特公司粮食经销商

拉尔夫·普拉特认为成功的要素是努力工作，以及对事业付出巨大的关注。年轻人择业时，最好尊重并支持他们的想法，除非那个孩子逆反心理强。在想放弃原有的基础去大城市打拼之前，最好先把基础打好，也许在其他地方，未必有更好的机会和更适合你的工作，所以能留下就尽量别离开。事业的成功，离不开以诚信为准则，不讲诚信也是可以赚到钱的，可成功永远不会通过非法手段获得。一个人成功之前，他一定会先有经验，所以经验比能力重要。要是有好的想法，条件允许的话，且做好合理的筹划，可以尝试开创自己的事业，要知道，给别人打工是很难有更大的突破、取得更巨大的成就。拉尔夫·普拉特建议年轻人，值得做的事情要好好去做，一直做下去，坚持下去会让你收获颇丰，但别忘了手脑并用。相信自己不会失败，要知道人生的字典里是没有“失败”这个词。

●罗素·康韦尔——浸礼会牧师、神殿学院的创立者

罗素·康韦尔认为成功的要素是拥有永不动摇的决心，要想在某行业取得较大的成功，必须保持高度的喜爱和热情。很多年轻人总觉得自己所生活的城市没多大的发展机会，老想着去大城市大展拳脚，却不明白，多数的经验都是在自家小镇获得的。此外年轻人的想法在不同时间段不同，思考的方向也会有所差距。但无论如何，做任何决定前都要三思而后行。对于真正意义上的成功来说，诚信是必然的，经验跟能力同等重要，缺一不可。年轻人在经验丰富、能力很强的情况下，可以试着自己创业，面对资金不足的情况，要衡量好自身的能力，如果不用借太多，且能控制在自己有能力偿还范围内，可以通过借贷方式创业。年轻人倘若既无特殊喜好，又无雄心大志，可以试着去做个体力劳动者，但不管选择做什么，都要培养自己在学习与工作上快速精准的思考能力。

●艾什顿——芝加哥西北铁路局总监

艾什顿认为成功的要素是有健康与体力并专注于事业。对某行业的偏好不是促使人在此行业成功的必备条件，因为喜好可以由经验而来。但对于自己选择的工作，一定要努力，要坚持，如果你得不到你想要的，那就争取你能得到的吧。为老板的利益着想，然后努力去做。年轻人有意经商或从事技工行业的，不一定要通过上大学这条途径，但若是想从事某专业的，最好去上大学，学习更全面的专业知识。创业时，最好是在资金充裕的情况下，要知道，债台高筑，入不敷出是导致年轻人事业失败的主要因素。若无心创业且无特殊喜好，又无雄心大志的年轻人，干手艺活会是很不错的选择。一个合格的年轻人，至少要读一本畅销书，另外《节俭》《林肯传》、培根的《论说文集》、《乔治·史蒂芬逊传》、罗默拉的作品都应该列入年轻人必读课本里，里面有成功典范或良好的生活方式，年轻人激情澎湃的心一定能从中受到启发的。

●约翰·盖茨——芝加哥的资本家

约翰·盖茨认为成功的要素是时刻关注自己的事业。年轻人应该重视自己的事业，如果可能的话，就为自己打工吧。生活事业都忌讳粗心与无知，粗心大意的人往往会忽略很多成功的细节，无知是成功最大的天敌，所以时刻都不要忘记学习，用知识武装自己。要跟自己的对手交流，知己知彼，百战百胜，与对手竞争不如与他们合作；居安思危，不要安于现状，除非你过的很满意，注意收入状况，要做好规划，要懂得节俭，注意不要入不敷出；做个有信誉的人，诚实守信也是事业成功的要素，永远不要因贪图享乐而耽误工作。不要做啃老族，除非父辈的工作还有很大的发展空间，可以考虑接手父辈的事业，否则还是自己奋斗，年轻人就应该趁年轻有活力时，好好工作，为成功铺好路。

●约翰·博伊尔——全国雕刻协会执行委员会会员

约翰·博伊尔认为成功的要素是具有不屈不挠的精神。年轻人最可贵的就是做真实的自己，不做作。不真诚是导致失败的重要因素，一个人要想在社会上立足，需要真诚的品格，漂亮的伪装虽然能帮你取得暂时的成功，却帮不了你取得永远的成功。拥有真诚的品质，会让你交到更多知心朋友，你的人脉也会发展得越来越广。对于以后想经商的年轻人，约翰·博伊尔认为没多大必要去念大学，通过相关行业的实践经验以及其他的方式获得在这方面的知识和能力，会来得便捷且高效些。做人不能太好高骛远，尤其对事业，最好先不要放弃目前良好的发展空间而鲁莽地创业，必须等时机都成熟了，才可以行动。对于那些没专长的年轻人，做生意或是学门手艺会是他们最好的出路。有空翻翻《圣经》、莎士比亚的作品、美国史、法国革命史、科学发明和文学艺术逸事。相信你能从中领悟到很多道理，得到很多启迪的。

●亨利·巴特利特——波士顿缅因州铁路局动力能源部负责人

亨利·巴特利特认为成功的要素是拥有健康的体魄、良好的教育、普通的智力以及辛勤的工作。一般来说对某行业的偏好是促使人在此行业成功的必备条件，但并不全是。要谨慎地选择未来的职业，为工作做好准备。能力很重要，但只有能力也很难有所成就。诚信是事业成功的重要因素，它会随着开拓者的脚步延伸积累。一个人若有理想抱负，最好先去大学接受高等教育，然后再去一些技工学校，学自己想要的技能。学好一门技能或手艺很重要，至少不会成为别人的负担，还能为社会做一份贡献。不要做啃老族一心想着继承父辈的事业，倘若你的能力跟不上，便可能败家，若真有能力，与其在父亲的庇佑下成长，还不如出去多锻炼，多实践。

●汤普森·兰登——博登敦镇军事学院院长

汤普森·兰登博士认为成功的要素是不管你在做什么，都要对自己的工作用心、负责。对某行业的偏好也许不是促使人在此行业成功的必备条件，不热爱自己的工作也能成功，但绝对不会达到顶峰。假使一个年轻人为人正直，能抵住诱惑，在自身所处的城镇确实没发展机会，可以试着走出去。倘若能在自己生活的小镇上找到发展空间，即便只能取得小小的成功，还是等有足够经验再去繁华的大城市闯荡。诚信、锲而不舍的精神都是通往成功必备的品质，但很多时候也要靠运气。年轻人有机会最好都去念大学，凡是念过大学的人，没听过有后悔的，相信都是有所收获。身边很多事随时都在变化着，有机会能在熟知的领域开创自己的事业时，如果要外借的资金不是很多，且自己经营的生意很有特色的话，就应该抓住时机，决不能懈怠，要好好把握。

●亨利·柯丹——美国众议院牧师

亨利·柯丹博士认为成功的要素是勤奋与毅力。工作和事业，是影响人生的重大事项。他可以造就一个人，也能毁灭一个人。导致这种差别的关键，除了知识的多少，素质的高低，还有就是细节的关注。细节决定成败，要知道我们的工作都是由很多细节构成的，许多人在工作中轻视小隐患，认为这些都是小事，无关紧要。懒得去做去弄，但时长日久小隐患也会变成大隐患。一个人并不一定只有热爱自己的工作才能取得事业上的成功，事业的成功，能力是关键，诚信跟坚持不懈的精神是必需的。学手艺或做生意对于没有伟大理想且无特殊专长的年轻人来说，是个非常不错的选择，年轻人不要琢磨着子承父业，要靠自己的双手打拼一片属于自己的天地，只要用心，够努力，没什么不行的。

●莱特——玛奇诺铁路局局长

莱特认为成功的要素是节俭和对事业的投入。一个人只有热爱自己的工作才能取得事业上的成功，要知道人经过长期的努力获得成功后自然会爱上这份事业。所以对于年轻人择业，只要爱好是合理明智的，都应该尊重并支持。能否取得事业成功，经验占很大的比例。关于创业，能力经验有了，可以先攒钱再创业，迫不得已可以借点钱。如果是想从事某专业，条件允许下可以先上大学，国家需要受过良好教育的人才。除非你有非常聪玥的头脑，或者有可依赖的亲朋好友，否则，别选择独自在异乡奋斗，留在自己的家乡，相信那里会是你最好的起步点。年轻人应该从小养成勤俭节约、诚实、对工作高度用心、爱惜自己的名誉、做事讲究效率、今日事今日毕的习惯。

●戈德诺——圣保罗铁路芝加哥总负责人

戈德诺认为成功的要素是精通本专业的知识，目标明确，坚定不移的追求。一般来说对某行业的偏好是促使人在此行业成功的必备条件，但不总是。相比能力，经验对事业取得成功起着更为重要的作用，有能力的人一年中获得的经验相当于有经验没能力的人在几年中积累的经验。什么事情都不是一蹴而就的，有能力就能获得丰富的经验。如果一个年轻人雄心勃勃并有清晰的目标，认为他有必要去大地方看一看，那他就去吧。强迫孩子做他不喜欢做的事是不可取的行为，而应该让孩子意识到如果不那样，他将会错过什么。戈德诺认为缺少经验和缺少资金是导致失败的重要因素。他建议年轻人应该广泛地阅读，尤其是那些告诉我们怎样从小事做起，坚持不懈而达到成功的书。还要读一些狄更斯、萨克雷、艾略特的作品，塑造自己的品格。

●尤金·布莱特福德——布鲁克林科学艺术学院院长

尤金·布莱特福德认为成功的要素是把每件事做到最好，要引领而不是追随，结交那些对自己的品行、社交有帮助的人。成功最重要的元素之一是诚信，挥霍跟无节制是导致失败的最直接因素。假设年轻人创业缺乏资金，这时候要根据自己做的生意以及一些其他外在因素，再考虑是否要借资金。尤金·布莱特福德不支持年轻人往大城市跑，即便是生长在偏远、贫穷地区且发展事业的机会微乎其微的人。除非你是农民的儿子，而且确定自己不喜欢且不适合务农。多花点时间去学习，《圣经》、美国历史、莎士比亚的作品都是年轻人必读的经典书籍，从书中，你可以学习到很多为人处世的方法，另外做人一定诚实、节俭、勤奋、珍惜时间、做好事业、竭尽全力、尊重别人的工作、多花点心思去打通自己的人脉网。

●乔治·科茨·阿什姆——西部预备大学药学院教务主任

乔治·科茨·阿什姆博士认为成功的要素是有良好的遗传和非凡的能力。年轻人若有成熟的判断力，在他择业时，尽可能地支持他自己的意愿。此外，对于环境的选择要慎重考虑，除非大城市能让他大展拳脚，否则即便是没有发展机会也不要离开家乡。尽量等到知道自己喜欢什么、不喜欢什么的年龄，才能决定。对于创业，只要不需要借钱，其他条件充足时，可以考虑。年轻人要学聪明，让人信赖，每次机会都要好好把握，既是为了自己，也是为了别人。要获得成功，诚实守信是关键，能力跟经验一样重要，二者缺一不可，如果你只是个普通人，既无特殊喜好，又无雄心大志，也不要灰心，可以考虑学门手艺。

●弗兰克·希尔——纽约布鲁克林公共图书馆主管

弗兰克·希尔认为成功的要素是教育、用心。一个人热爱自己的工作并且全心全意地工作，那就一定会取得更大的成功。对于成功，能力跟经验都很重要，二者缺一不可，只有二者有机地结合在一起，成功的概率才更大。弗兰克·希尔在访谈中说，缺乏自信是失败的根源，但不可骄傲自大，一定要虚心请教，最好每天都可以读份好的报纸，另外《富兰克林传》《艾凡赫》《鲁滨逊漂流记》《汤姆·布朗求学记》《天路历程》《圣经》这六本书籍都是年轻人平日必须读的书籍。关于子承父业，弗兰克·希尔认为只要父子双方都认可，就没什么问题。而对于年轻人能否在熟知的领域开创自己的事业，都要视具体情况而定，假使能力强，经验又丰富，且资金足够，是应该支持的。

●查尔斯·达尼——农业部前副部长

查尔斯·达尼认为成功的要素是源于他虔诚的母亲和博学的父亲对他的谆谆教导。年轻人择业时，最好根据自己的爱好选择职业，对某行业的偏好是促使人在此行业成功的必备条件，也许开始时不会很明显，但后来会很有帮助的。年轻人生长的环境若落后贫穷，发展事业的机会微乎其微，就先不要急着跑去大城市发展，应该先找个地方求学，然后再选择合适的地方安定下来，若有机会发展，就不要想着离开自己的家乡，除非他家里或环境有什么特别的原因。有理想有天赋的，最好要去上大学，学点实在的知识。《圣经》、莎士比亚的作品，是每个年轻人都应该读过的书籍，至于其他的书籍，最好能从卢贝克的100本书里选，这些书籍，当别人问起，你至少要知道，不要做那个滥竽充数的人，每个人都应该爱上帝，爱人如爱己。

●达德利·布克——风琴演奏家

达德利·布克认为成功在很大程度上取决于“天赋”，这种天赋是靠日积月累得来的。对于父母在明知孩子对某行业有偏爱或适合做某工作的情况下，还强迫他违背意愿进行择业的行为，是非常不理智且愚蠢的行为。通向成功之路，能力固然重要，但只有能力没有经验，顶多只能成功一半。对想从事技工行业的人，达德利·布克不赞成他们直接去上大学，而是认为应该去技工学校有针对性地学习。但想从事某专业的，最好要去念大学，学习更专业更全面的知识技能。对于那些既无特殊喜好，又无雄心大志的年轻人，可以去学门手艺或从事某专业，但千万别去经商，商场如战场，没有过人之处，很难跻身在商界中。一个能力强、经验丰富的年轻人，要想在熟知的领域里开创事业，一定要了解其手中资金的充裕度后再做决定。

●华莱士·拉德克里夫——纽约大道长老教会牧师

华莱士·拉德克里夫博士认为成功的要素是信仰、努力以及有份适宜的工作。他认为一般来说，某行业的偏好是促使人在此行业成功的必备条件，对于身为农民儿子的年轻人，假使他不喜欢务农，可以考虑外出打工，但对于已经生活在有所发展城市里的年轻人，建议最好留在家乡。已经在外创业的工作者，要时刻遵守诚信守则。作为新一代年轻人，除了要养成每日看报了解时事外，还要抽空多读书，《圣经》《天路历程》《希腊罗马名人传》、斯迈尔斯的《自己拯救自己》《我眼中的野生动物》《爱丽丝梦游仙境》，还有关于大自然的书籍。这些都是不得不读的书，其他的可以选择性地读。华莱士·拉德克里夫最后提及年轻人为人处世都要忠诚、诚实、勤勉，同时都要遵守第五戒律。

●约翰·坎贝尔——科罗拉多州最高法院首席大法、科罗拉多大学法律讲师

约翰·坎贝尔认为成功的要素是勤奋、正直、公平。另外年轻人要懂得自律，放纵是导致失败的最根本原因。在最初择业时，要根据自己的喜欢选择，父母在给建议时，不可强迫孩子，除非他们的“意愿”是固执己见。假使一个年轻人一无所长，也都可以试着学手艺或做些小生意，这些都要视他们的天资具体在哪个方面比较有优势。此外，约翰·坎贝尔认为年轻人多读书是毋庸置疑的硬道理，《圣经》、莎士比亚的作品、柯尔律治的作品、爱默生的《论文集》、格林的《英国历史》以及弥尔顿的作品在少年时应该全部阅读过。学习的目的是要让自己能更诚实、勤勉、仁慈、勇敢，有同情心。最后，约翰·坎贝尔忠告年轻人在事业稳定之前最好不要涉足政治。

●尤金·盖瑞——南卡罗来纳最高法院法官

尤金·盖瑞认为成功的要素是忠诚，对生意的迅速反应，在财政上一丝不苟。对年轻人来说，挥霍无度，不懂得节制是导致失败的重要原因。获取成功的方式有很多，但很多事业的成功都不是靠讲诚信换来的，对此尤金·盖瑞感到很遗憾，他认为诚信是做人的根本准则。在这个社会，诚信跟知识都很重要，成功的道路需要用诚信护航，用知识铺垫，所以我们都必须保持学习的热情和求知探索的精神。一个人能否成功，决定作用在于你的品质和学习态度。人的一生都处在一个学习的环境里，知识的来源很广泛，最简易的方法就是阅读，《圣经》《吉尔·布拉斯》《堂吉诃德》《天方夜谭》《鲁滨逊漂流记》以及莎士比亚的作品，它们启迪了一代又一代的年轻人，这六本书都是年轻人早期必须读懂的书籍，尤金·盖瑞建议所有年轻人都要稳步前进，忠诚可信，成为家中的顶梁柱和国家的栋梁。

●约翰·狄龙——密苏里州太平洋铁路局首席律师

约翰·狄龙认为成功的要素是忠诚、努力。忠诚应该是职场中最值得重视的美德，它能够很好地约束我们，使我们更加懂得自重，并能带来一种自我满足感，使我们努力去做一个有益于他人的好人。保持忠诚的美德，让它成为你工作的一个准则，并在此基础上逐步建立正确的道德观，培养自己良好的品格。此外，诚实跟真实也是必不可少的，诚实守信是事业成功的要素，倘若你经常失信于人，你所失去的不只是成功，还有自己的人格。年轻人不管做什么都要勤奋，认真，全心全意，切忌三心二意。当谈及年轻人创业的硬件时，约翰·狄龙认为年轻人只有在能力强、经验丰富、手中资金充足的情况下，才可以尝试在自己熟知的领域里创建自己的事业。

●丹尼尔·莫尔斯——林肯俱乐部前财务主管

丹尼尔·莫尔斯认为成功的要素是努力努力再努力地工作。只有不断努力，才能让自己更上一层楼。此外年轻人做事最好三思而后行，不要冲动，冲动是魔鬼，它会泯灭我们很多理智。访谈中，丹尼尔·莫尔斯认为不管什么情况，分析判断一件事都要视人而定，如年轻人未来想经商，是否可以送他去上大学，还是通过其他的途径学习相关知识，都要先充分考虑这个年轻人的自身条件。对于子承父业，无所谓赞不赞同，有的人以此成就了事业，而有的人却荒废了事业。所以，能否成功，关键还是靠自己。工作是成功的桥梁、平台，年轻人必须专注于自己的工作，努力工作，多思考，要有探索精神。懂得及时给自己充电，能力很重要，能力的匮乏将是导致失败的最重要的因素。

●威廉 · 塔克——达特茅斯学院院长

威廉·塔克认为成功的要素是创新和意志力。坚强的意志不是一夜之间产生的，它是在逐渐积累过程中一步步形成的，中间不可避免会遇到挫折和失败，这时必须坚持自己的信念。起点也很重要，倘若第一步的选择信念是不明智，那么之后便可能输得一败涂地。年轻人在选择自己未来所走的路时，父母最好不要加以干涉，只有在他们缺少主见，而且其他职业都做不好的情况下才可以适当地给予建议。威廉·塔克博士在访谈中谈及成功最基本的要素时，重点说到诚信跟能力，诚信是立足之本和一切行为的基本准则。年轻人若生长在一个优越的环境下，有发展事业的机会，即便只是个小城镇，都应该留在那里工作，积累经验，除非他有足够的能力证明自己具有超凡的能力，要知道想成功的人很多，但最终能站在象牙塔上的人少之又少，所以年轻人创业除了要有创新的意识和坚强的意志力外，最好也要找到自己的方向，给自己一个定位。

●约翰 · 麦考尔——纽约人寿保险公司董事长

约翰·麦考尔认为成功的要素在于决心，而事业成功的要素是诚实守信、锲而不舍的精神。一个人只有热爱自己的工作才能取得事业上的成功，在通往成功的道路上，能力固然可贵，但经验更加重要。“一个年轻人希望从事某个行业，如果他能上大学，他还是应该先上大学。”约翰·麦考尔发现多数年轻人都不喜欢读太长时间的书，但凡是上过大学的年轻人很少有后悔的。谈到导致失败的重要因素，约翰·麦考尔觉得是胸无大志，没有志向才是失败的源泉。因此他建议年轻人坚持每天读日报，建议年轻人不妨读读《圣经》、美国历史、莎士比亚的作品、《希腊罗马名人传》《萨特·瑞萨托传》《托马斯·阿奎那传》等作品，这些书中的历史知识、成功历程都可以给年轻人带来诸多宝贵的成功经验。

●查尔斯·史密斯——美国前邮政局局长

查尔斯·史密斯认为成功的要素是专注、坚韧不拔。年轻人择业时，我们理应建议他根据自己的喜好选择职业，因为只有自己喜欢的、擅长的职业，他才能做出更好的成绩。而一个年轻人如果生长在偏远的、贫穷的地区，发展事业的机会微乎其微，有机会到大城市发展的话还是应该好好把握机会。机会固然重要，能力与经验也是非常重要的。能力与经验两者，能力显然更加重要，有能力者可以获得更多经验，但有经验者未必能获得更多能力。谈到导致失败的重要因素，查尔斯·史密斯觉得是不能专心致志工作，无法用心从事事业，事业才会滑铁卢。所以年轻人必须在工作中专注、认真。

●奥利弗·巴恩斯——纽约联合铁路局局长兼总工程师

奥利弗·巴恩斯谈到自己的成功时，他这样分析道："首先无论做什么事，都要雄心勃勃。另外，在洞悉了数学的本质、发现土木工程学是在此基础上发展起来的学科后，我选择此专业。现在的工作无论从哪个方面而言对我来说都是最好的选择。"他建议根据年轻人的喜好进行择业，强迫年轻人意愿给其指定人生发展路线是不明智的、野蛮的行为。谈到年轻人若是生长在一个偏远、贫穷的地区，是否该选择到大城市发展，奥利弗·巴恩斯倒不大赞成，他觉得对于一个人来说在自己家乡达到成功总会更好些。他支持年轻人在熟知的领域开创自己的事业，但不支持年轻人借钱创业，"因为打工时他对于他的老板来说，是很有价值的；但一旦做生意没有本钱，就必须得和同伴合作了"。新时代的年轻人应该环顾四周，看看自己最擅长做什么工作，一旦选定，就一如既往地做下去，刚起步的时候别太计较薪酬的高低，等你站稳脚跟后，自然会得到等值的回报。

●弗雷德里克 · 布斯 · 塔克——美国救世军司令官

弗雷德里克·布斯·塔克是个信仰上帝的人，他认为成功的主要因素是为人正直，按照上帝的旨意做事，同时还要富有同情心，把“人乐所以己乐”作为自己的座右铭。弗雷德里克·布斯·塔克的生活离不开手表、钢笔和本子，谈到年轻人怎样择业的问题，他倒是认为年轻人应该虚心听取有经验、有智慧、有判断力的人的建议，“通常来说，年轻人缺少经验和判断力，不能做出明智的选择；即使是再优秀的父母也可能是一知半解，因此他们需要听取内行的见解”。他推荐年轻人阅读《圣经》《查尔斯·芬尼传》《日常的信仰》等著作，报纸的话读一份就够了，用不着每天都读，但每周的宗教性报纸不妨看看，还有《基督教先驱报》或《独立报》也很好，它会提供世界各地的新闻。

●威廉 · 德威特 · 海德——鲍登学院院长

威廉·德威特·海德坚持依据年轻人的喜好助其择业，强迫年轻人违背意愿的都是不明智之举，父母应该支持与尊重孩子的选择。他认为一个年轻人若是不满足自己所处的城镇，希望到大城市发展，也是可以的，坚定自己的目标才是最最重要的。诚实守信、锲而不舍的精神是成功的要素，一个人只有热爱自己的工作才能取得事业上的成功。威廉·德威特·海德认为经验比能力更加重要，也不认为一个只有能力没有经验的人能获得成功的垂青。一个年轻人如果既无特殊喜好，又无雄心大志，他建议从事手艺工作，正所谓行行出状元，从事手艺工作一样可以迈向成功的。而年轻人是否参与父亲的事业，他觉得如果父亲尊重孩子的个性，就可以子承父业，否则就不要。

●查尔斯 · 达德利——国家历史学会秘书

查尔斯·达德利认为成功的要素在于毅力，毅力过人的人必然可以取得不菲的成绩。谈到年轻人是否可以根据爱好进行择业，查尔斯·达德利认为偶尔可以这样做，因为年轻人的想法总是在不断变化，所以他们的爱好也未必可以持久。年轻人若是生长在偏远的、贫穷的地区，发展事业的机会微乎其微，查尔斯·达德利倒是不支持他们前往大城市的试炼场，他建议可以考虑在小点儿的城市或者更大的城镇寻求发展，一步步地提高自身能力。他认为诚实守信、锲而不舍的精神固然可贵，但未必就是成功的要素，能力与经验相比较，能力显然更加重要，有能力者才能获得成功。他建议年轻人有机会多读读周刊，吸收更丰富的知识，充实自己，让自己具备成功的种种潜质。

●西奥多·布莱特利——蒙大拿州最高法院首席大法官

西奥多·布莱特利认为努力工作才是成功的要素，因为努力了必然会获得成果。他赞成年轻人根据自身爱好选择职业，不赞成父母强迫孩子们意愿为其指明方向，但西奥多·布莱特利也指出，对某个行业有着爱好是件好事，但这个爱好未必就是促使成功的必备条件。西奥多·布莱特利认为年轻人应该踏踏实实工作，不一定非得进入大城市寻找人生新道路，只要给自己定好方向，即使身处城镇地区依然可以获得成功的。谈到能力与经验两者，西奥多·布莱特利更加推崇能力，有能力者才能获得成功、才能获得更多机会。他认为许多年轻人的失败，主要原因是缺乏诚信，对事业漠不关心。因此他建议年轻人在工作上务必诚实勤勉，保持生活检点，遵循黄金定律，同时也要遵从自己的兴趣，不要做自己不喜欢的事情或工作。

●亨利·厄特利——美国图书馆联合会前主席

亨利·厄特利全心全意关注自己的事业，做好每一个工作细节，这是他走向成功的秘诀。他认为年轻人理应根据自己的喜好选择职业，但对某行业的喜好未必就是促使其成功的必备条件，喜好只能是喜好，欲获得成功还需要更多的努力与坚持，才能茁壮成长起来。热爱自己的事业是成功的前提条件，强迫自己的意愿从事不喜欢的行业是不明智的。亨利·厄特利认为能力比经验更加重要，“没有能力就能取得成功，你能想象得到吗？能力才是最主要的。缺乏能力是导致失败的最重要因素”。当然，如果一个人极其普通，既无特殊喜好，又无雄心壮志，最普通的工作应该也是很适合他的。亨利·厄特利以自己的成功经验，也给予年轻人一个小建议，“要是能掌控环境的话，就虔诚地选择你的工作，尽你所能做到最好”。

●威尔考斯——皮奥里亚公共图书馆管理员

威尔考斯有着诚实、勤勉的父母良好血统的遗传，早年的乡下生活历练了自身的意志，接受大学教育，树起在更广阔的领域遨游的理想，艰苦奋斗，这些都是威尔考斯成功的要素。看得出来，威尔考斯虽然出身乡下，但他凭着自己的不懈努力达到成功的巅峰，实在是不容易的。谈到年轻人是否根据自身喜好选择职业，威尔考斯倒有着与众不同的见解，“一个年轻人能预先知道他未来的生活是怎样的吗？让他自己去实践，再大胆地做出决定吧”。是的，实践才是最好的证明，证明自己是否真的热爱这个行业、是否真的适合这个行业，每份工作都充满着对未知事物的挑战，因此具备优秀潜质的人才能取得成功。威尔考斯认为能力与经验二者是一体的，谁也离不开谁，他建议年轻人应该上大学，可以学习到更多东西，为将来步入社会打下良好的基础，“年轻人最好多读读报纸，进入工作的年轻人不要急于创业，最好先积累经验、提高能力，待而立之年后再考虑创业的事情”。显而易见，威尔考斯是一个追求稳扎稳打的人，这种精神是每个年轻人必须学习的。

●乔治·巴伯——底特律商会会长

乔治·巴伯对事业保持高度的关注，与默契的伙伴工作、与最棒的商人结交，给身边所有的人都留下好的印象，这是他迈向成功的主要原因。他建议年轻人根据自己的爱好选择职业，而长辈强迫孩子违背意愿进行择业，是极其不理智的，“如果孩子选择的是正经的工作，我觉得没有什么比强迫孩子违背自己的意愿更糟糕的事情了”。针对年轻人是否该前往繁荣的城市发展，乔治·巴伯认为这完全取决于自己，有些人可以适应城市里的生活，而有些人则被城市所吞噬，但我们应该鼓励他，并协助他去做他想做的事情。如果热爱工作，必然可以渐渐取得成功，经验与能力是缺一不可的，当然，能力是需要经验辅助的，能力是必需的，但有经验会锦上添花。如果一个年轻人条件成熟、前景乐观，并且有了生意上的锻炼，乔治·巴伯倒认为未必非得读大学。而在工作中，失败的管理模式，对事业不专注，方法不当，是导致失败的最重要原因。他建议年轻人刚步入社会时，宁可底薪不高也要选择一流的商业机构工作，商业口碑差的机构给的薪水再高也不要去。选择一个好的公司进行磨炼，对日后的成长是非常重要的。

●约翰·科顿·达纳——美国图书馆联合会前主席

约翰·科顿·达纳认为成功的要素包括外在因素与个人因素，外在因素指的是家庭、父母和教育，个人因素则是健康、才智、仪表和朋友。他认为年轻人应该依据自己的喜好进行择业，但自己的喜好未必就是事业成功的必备因素，因为现在的喜好未必就是真正的喜好，它必须经过现实的磨炼，才能证明是否对该行业真的热爱。他不赞成强迫孩子、约束孩子，而孩子是否可以选择到繁荣城市发展，他倒觉得能力一般的就不要去了，能力强的可以去试试，他推荐年轻人可以读读《圣经》《天方夜谭》《市政管理》《悲惨世界》等作品，丰富自身知识，同时多观察、多培养兴趣，不要重复同一个错误，正确认识自身的局限性，用非凡的能力去做值得做的事情。

●亚瑟·汤姆林森——史瓦斯摩预科学院院长

亚瑟·汤姆林森是个忠诚善良的人，他认为父辈早期的诚信教育，还有长大后做事情的持之以恒，都是促使他成功的重要原因。当然，还有家中有个好妻子，妻子在他的事业中给了他很大的支持、鼓励与信心。家庭的教育、家人的信任，这些都是必不可少的因素。他赞成年轻人可以依据自己的喜好择业，但年轻人有时候想法比较片面，所以社会阅历丰富的父母应该予以纠正，帮助孩子找好定位。他建议年轻人尽可能培养自己热爱工作、勤奋工作，当资金充足了，若是希望创业也是可以的，但是借钱创业需要谨慎，不要所有的资金都是借的，怎么也要有一半是自己的才行。导致失败的最主要因素是诚信不足、资金不足，年轻人需要在人生道路上树立诚信，真正的成功都是需要诚信而非依靠投机取巧。

●弗兰克·托比——家具制造商

弗兰克·托比说自己如果算是个成功的商人，那么他的成功在很大程度上要归功于在这片贫瘠的土地上学到的节俭和勤奋。他推崇年轻人依据自己的喜好择业，但最好能够拥有出众的能力。他见过一些不热爱自己工作的人，在事业上也取得了巨大的成功，但是他也说了，“要是热爱它，那就再好不过了”。诚然如此，对某行业某岗位的热爱，是非常重要的，也是影响到成功与否的一大因素。他认为能力比经验重要，有能力的人都知道该怎么利用经验，所以年轻人应该在学校期间好好提高自己的能力，以便进入社会以后更好地找到定位。

●约翰·夸尔斯——美国律师

约翰·夸尔斯认为对专业的熟练以及临危不惧，是他的成功秘诀。他推崇年轻人依据自己的喜好择业，并坚定认为对某行业的偏好是促使人在此行业成功的必备条件，“天赋、志向、性情这些都与能否取得成功有着很大关系”。如果想要成功，那就努力工作吧！他认为能力与经验二者是不可分割的，但只有能力没有经验的人一样可以获得成功，关键在于是否付出努力劳动，而不用心则是促使事业走向失败的重要因素，所以年轻人在工作中务必要勤奋，不要害怕吃苦，做生意或是学手艺，只要符合自己的兴趣，都是能够走向成功的。

●约瑟·克拉克——神学博士

约瑟·克拉克没想过什么成功，也从没追求过成功，他就是单纯地热爱自己的工作，没有其他理由。在做事的过程中获得最大的乐趣，他努力工作，但这并不算什么美德，没有什么比工作更令人喜爱的了，也没有什么比无所事事更糟糕的了。约瑟·克拉克认为年轻人应该根据自己的喜好择业，但他也认为喜好是可以培养的，年轻人应该遵从自己的选择，应该做他们应该做的事情，就像渔民得捕鱼一样。“真正的成功需要诚信。”确实如此，没有哪个成功者是缺乏诚信的，他认为大学或技校都应该去，在学校中锻炼自己、提高自身能力是很重要的。当提到给予年轻一族事业方面的建议，约瑟·克拉克这样说：“稳健、把握是人生游戏中获胜的王牌。如果你有‘J’，那当然好，天才就是扑克牌中的‘J’，但‘J’出现的概率太低，不能把希望寄托在这上面。”

●希利·凯蒂·阿克利——弗劳沃全国银行行长

希利·凯蒂·阿克利认为坚韧不拔才是成功的要素。他建议年轻人根据自己的喜好选择职业，但对某行业的偏好未必就是促使在此行业成功的必备条件，同时他也反对父母强迫孩子违背意愿进行择业，毕竟那是极不理智的行为。他觉得年轻人有能力、有目标的话，都可以到外边世界闯荡，当然，还必须有热爱的工作，唯有这样才能取得事业上的成功。他认为能力比经验更加重要，只有能力没有经验的人也是可以获得成功的。如果一个年轻人既无特殊喜好，又无雄心大志，希利·凯蒂·阿克利倒认为可以学习些手艺活，从小处着眼，勇往直前，自然而然可以一步步迈向成功，他推荐年轻人读读《圣经》和莎士比亚的作品，优秀的文学作品可以学到很多知识、可以陶冶情操，也可以学到许多做人的道理。

●惠特劳——国家运输联合会主席

惠特劳有着良好的遗传、充沛的精力，他有在佛蒙特州农场工作十八年的经历，非凡的能力都是靠他认真努力地做好每一项工作得来的，他用自己的优势去赢得每一次机遇。这些也是惠特劳逐渐成功的主要原因。他认为年轻人应该根据自己的喜好进行择业，假若他们选择的职业是正当合法的，父母强迫其违背意愿进行择业则是很不理智的行为，“不必勉强孩子，否则会阻碍孩子的发展”。对于刚起步的年轻人来说，“诚信”可能是他们拥有的唯一资本，但聪明、诚实的年轻人在哪里都受欢迎，到哪里都有均等的机会。年轻人必须热爱自己的工作，不做事情还想赚钱的人是不能成功的。能力与经验是相辅相成的，二者融为一体才能有助于成功。谈到给予年轻人的建议，惠特劳这样说道：“坚强、真诚、忠诚，为到达事业顶峰而奋斗。杜绝所有邪恶的想法，你最好的资本就是高尚的品格。在历史的长河中，从未有哪个时期像现在这样迫切需要正直、有良知的青年，也从未有过如此多的发展机会，人们的人生价值也从未得到过如此充分的体现。”

●帕尔默·立克茨——纽约特洛伊纽伦斯理高等技术学院院长

帕尔默·立克茨认为不断地工作才是成功的要素。他同意年轻人依据自己的喜好进行职业选择，但又认为对某行业的偏好未必就是促使在此行业成功的必备条件，同时他也反对父母强迫孩子违背意愿进行择业，毕竟那是极不理智的行为。如果一个年轻人生长在偏远、贫穷的地区，发展事业的机会微乎其微，当然可以选择到繁华城市寻求发展，毕竟繁华城市的平台更大、机会更多；而如果一个年轻人是农民的孩子，但不喜欢务农，那么则无须强求留在农场，应该让他出去闯荡，也许外边有更多的机会、更多的锻炼。他建议年轻人应该学点技术，或者到技术学校学习，提高自身能力，能力是非常重要的，帕尔默·立克茨认为能力比经验更加重要，有能力的人才能获得更多经验、更多成功。他推荐年轻人阅读《圣经》和莎士比亚的作品，建议年轻人务必努力工作，诚实做人，切不可懒惰，因为懒惰很可能是导致失败的最重要因素。

●拉尔夫·夸尔斯——爱达荷州最高法院首席大法官

拉尔夫·夸尔斯认为勤勉、谨慎，对事业做到百分之百的用心，这是他走向成功的主要因素。他同意年轻人可以根据自己的喜好进行择业，但是对某行业的偏好未必就是在此行业成功的必备条件，拉尔夫·夸尔斯本人就没有遵循自己的喜好择业。他反对父母强迫孩子违背意愿进行职业选择，认为这样的行为对孩子的将来影响极坏。他觉得能力更加重要，要达到成功是要靠努力与实践的，有限的经验加上能力要比仅有丰富的经验更容易成功。“理论知识适宜就好，主要还要看实践的结果。”实践才是提高自身能力的最好方法，为人诚实，头脑清醒，工作勤奋，善待他人，热衷于事业，成功就会属于你。他建议年轻人可以先学习手艺，再学习做生意，建议年轻人读读《圣经》、莎士比亚的作品、《美国历史》《罗马帝国衰亡史》，同时做到诚实、忠诚、勤奋，对他人要和蔼可亲，彬彬有礼，不要干涉他人的工作，对自己的工作要竭尽全力。

●科菲——科菲皮鞋制造公司老板

科菲认为勤勉和好口碑是成功的重要因素。他同意年轻人可以根据自己的喜好进行择业，也同意年轻人自己寻找机会，在能力范围内开始起步发展。他认为能力比经验更重要，没有人开始就有经验，但凡有能力者自然而然会获得更多的经验。他不建议年轻人在经验不足、资金不足的情况下进行创业，必须量力而行，毕竟年轻人的社会阅历有限，判断力也有限。读书方面不妨读读历史书、生物书、小说、诗歌，全方位地提高自身人文底蕴，而在工作中，他觉得每个年轻人都应该做到诚信、稳健、勤奋、谦逊，公正地对待每一件事情和每一个人，不要妄想投机取巧。

●弗朗西斯·布莱克——布莱克发射器的发明者

弗朗西斯·布莱克认为机遇与能力是成功的主要因素。他赞同年轻人可以根据自己的喜好进行择业，而不赞同父母强迫孩子违背意愿进行职业选择。他认为经验比能力更加重要，“对我来说，经验可以用来证明我的实力，而没有经验只有能力的人是不会成功的”。在我们周围，有许多从专科院校或是技校毕业且有志向、有能力的年轻人，他们在刚开始做事的时候总是感到很沮丧，因为他们总认为自己承担的工作应该委派给那些在教育程度和能力上都不如他们的人。其实用自己最大的能力去做那些看似卑微的工作，并且做到最好，这样你就会赢得上级的赏识，使你在未来的工作中进步得更快。如果想为孩子在生意上打下一个良好的基础，父母不妨让孩子去农村破旧的商店里工作一段时间，孩子们会得到全方位的锻炼。这是因为在大城市的商场里，职责、分工过于细致，那里的年轻人没有太多的机会得到全方位的锻炼，而在小地方就能学到很多。

●查尔斯·亨瑞德——南达科他州州长

查尔斯·亨瑞德拥有健康的体魄，孩提时就读报纸和书籍，十一二岁的时候他认为如果他能上大学那就可以外出开阔眼界，从而远离艰苦的、枯燥乏味的农场生活，还有良好的家庭氛围、虔诚的父母对他的谆谆教诲，这些都是促使他走向成功的重要因素。看得出来，他是个很有主见、很有目标的人。他赞同年轻人可以根据自己的喜好进行择业，但他也赞同父母可以根据孩子的个人素质为其找到发展方向，毕竟父母的社会阅历、见识更加丰富，更能提供相关意见。他觉得缺少敏锐的判断力是导致失败的最重要因素，所以他推荐年轻人不妨读读《圣经》《天路历程》《美国名人逸事》《鲁滨逊漂流记》等大作，可以帮助年轻人进一步提高自身素养，丰富个人底蕴，而且也认为年轻人有必要坚持每天读日报，这些都是非常有意义的事情。好好遵守自然界和上帝的规则，这也是他给予年轻人步入社会的一番建议。

●西多奥·宾厄姆——美国陆军上校

西多奥·宾厄姆日复一日地忠于自己的职责，“在小事上也能做到忠诚，你就会成为许多人的统领”。他认为年轻人别着急离开家乡而到繁华城市发展，可以等到在家乡事业有成了再走，待时机成熟时再到城市发展，前景才会一片大好。而诚实守信是事业成功的重要因素，表面上骗子或许能更成功，但最后肯定得失败，只有绝对地诚实才能获得永久的成功。还有锲而不舍的精神是成功的要素，大部分所谓的“天才”无非是指工作的能力出众，只有不屈不挠地努力才能成功。成功是靠能力加经验的。他认为失败的最重要因素是高估自己的能力，他推荐年轻人阅读《圣经》和金斯利的小说。至于给予年轻人的建议，他这样说道：“对朋友忠诚，有益于他人。今日事今日毕。无论收入高低都要有积蓄。每个星期天去一次教堂。”

●伊利沙·罗兹·布朗——斯特拉福德储蓄银行行长

伊利沙·罗兹·布朗是个信仰上帝的人，努力工作、满怀自信心，这是他的成功秘诀。他赞同年轻人可以根据自己的喜好进行择业，但不赞同年轻人轻易离开家乡而跑到繁华城市发展，除非该年轻人很有能力、很有目标，否则跑到繁华城市未必很有发展机会，相反可能会非常地艰苦。他觉得能力比经验更加重要，能力是一种天赋，经验是能力的特效剂。如果条件允许，他建议年轻人应该上大学，在学校中可以获取许多成功的基础条件。他还推荐年轻人应该阅读《致加西亚的一封信》，这是一部非常著名、非常优秀的著作，影响了许许多多的年轻人包括成功人士，所以新时代的年轻人更应该看看。谈到给予年轻人怎样的建议时，他这样说道：“思想健康，谈吐文雅，习惯良好，宽于待人，对工作竭尽全力，不要在乎别人的眼光，一诺千金，刚直不阿。”假若能做成这样，自然离成功不远了。

●亚瑟·韦特——哈德孙河铁路局动力及机动车主管

亚瑟·韦特的父母虽然贫穷，却胸怀大志，愿意为他牺牲一切，他们竭尽全力供他读书。长大之后，亚瑟·韦特无论做任何事都有着坚定的决心，从不尝试自认为不适合自己的工作，在老板面前从不任意妄为，而是辛勤工作，坚持到底，通过种种优秀的成绩证明他的存在价值。他赞同年轻人可以根据自己的喜好进行择业，而不赞同父母强迫孩子违背意愿进行职业选择，至于年轻人是否需要到城市发展，亚瑟·韦特这样分析道："这没有一定之规，有些人可能适合留在城市，有些人更适合留在家乡。"但不管在乡镇还是城市，都必须热爱自己的工作，只有热爱工作的人，才能获得成功。他认为能力更加重要，能力带来经验，经验来自多年的积累。"如果可以的话，建议去上大学，虽然那不是成功必须有的。"在这件事上，他建议年轻人根据自身情况做出准确判断。他推荐年轻人可以看看《圣经》《天路历程》《鲁滨逊漂流记》《莎士比亚故事集》等著作，从中获得的知识与道理，对于在社会上行走有着莫大的帮助，他给予年轻人的建议是："当事业刚开始起步的时候，你要尽可能地向别人学习，但不要显露出你的无知。要遵照黄金原则，反复实践。在下结论前，先设身处地地为他人着想一下。"

●约翰·斯勒尔斯——韦斯特利邮局经理

约翰·斯勒尔斯认为判断力、进取心还有无穷的精力，这些都是他的成功秘诀。他觉得能力比经验更加重要，每个人都会先迈出第一步，如果没有什么经验，那他的第一步会很艰难，即使这样，也有成功的可能。"对于想做生意的年轻人，去大学学习会大有帮助。而对于希望从事手艺工作的年轻人，到大学学习，还不如直接到技校学习更加实在。"他认为缺少专注和前瞻眼光，不会精打细算，这是导致失败的最重要原因。读书方面，该读什么书要视阅读者的教育程度高低和从事什么工作以及自身的阅读喜好而定。他觉得年轻人应该具备勤勉、节俭、诚实的良好品质，想获得最大限度的成功就需要这样做，至于对某行业的偏好则未必就是促使在此行业成功的必备条件，关键还是要看这个年轻人自身的条件以及选择的工作性质如何，但是有着对某行业的偏好或热爱，是一件好事。

●亚历山大·雷威尔——慈善家

亚历山大·雷威尔有着对成功强烈的欲望、对生意高度地关注，并且能够全面掌握专业知识，这些都是他的成功秘诀。他赞同年轻人可以根据自己的喜好进行择业，而不赞同父母强迫孩子违背意愿进行职业选择。而一个年轻人如果生长在偏远、贫穷的地区，发展事业的机会微乎其微，能否到繁华城市发展呢？亚历山大·雷威尔则表示："这要视人而定，要是个聪明的孩子就可以。"他没有完全赞同年轻人在熟知的领域开创事业，因为许多年轻人为他人工作时很成功，一旦放开手脚自己干了，就不行了。总的来说，还是建议他先看看自己的条件如何，再做决定。如果在工作时不够专注，一心二用，贪图玩乐，这些是导致失败的重要原因。亚历山大·雷威尔建议年轻人多读书，手边的书都可以读读，正所谓"开卷有益"。而给予年轻人怎样的建议，他这样说道："诚实，清白，办事有效率，举止得体，活到老，学到老，看好书，服从上级命令，最重要的是无论工作有多卑微，你都要做到最好。"

●约翰·米切尔——美国矿工协会主席

约翰·米切尔觉得对工作的专注是成功的必要因素。他赞同年轻人可以根据自己的喜好进行择业，而不赞同父母强迫孩子违背意愿进行职业选择。年轻人若要离开自己的家乡到繁华城市发展，除非他有着非凡的才能，否则轻易跑到城市未必能够一帆风顺，甚至可能挫折累累。包括农场的工作，通常说来农业生产能让人们感觉到生活中最大的幸福与满足，他鼓励青年人应该留在农场，踏踏实实地工作。在工作中，经验更加重要，只有能力没有经验或许会成功，但成功的可能性不算大。条件允许的话，学一门手艺也是不错的，年轻人必须打好基础，而“放纵、不用心、没经验”都是容易导致失败的重要原因，读书方面应该读一些社会学、政治经济学、历史、宗教的书，充实自己，也丰富了各方面的知识底蕴，约翰·米切尔建议年轻人务必一直保持勤奋、诚实、严谨的作风，尊重父母，恭敬老者，这些都是走向成功的必备条件。

●奥利佛·奥蒂斯·霍华德——美国陆军将军

奥利佛·奥蒂斯·霍华德天生的干劲永远没有减弱，他接受过一流的学校教育，有着良好的专业技能，有着明确的奋斗目标，他通过演讲、写作和发表作品，给人留下美好的回忆。而他的信念就是让他人每天都过得更幸福。他认为年轻人可以根据自己的喜好进行职业选择，但是也不要立刻做出决定，最好全面了解以后，再做选择也不迟，毕竟选择正确的职业对自己的人生将是极其重要的。他建议年轻人有时候可以听听长辈的意见，“孩子们的想法不一定是最好的，华盛顿就是在碰壁后听从了妈妈的建议”。而诚实守信是成功的必需条件，不讲诚信或许可以赚到大笔钞票，但却会使人陷入万劫不复之地，而且也无法走向成功、无法取得良好的社会口碑。年轻人必须热爱工作，热爱工作会使人做事情更加得心应手。能力与经验是相辅相成的，谁也离不开谁，他推荐年轻人可以看看《圣经》、美国历史还有莎士比亚、司各特等著名作家的作品，可以进一步丰富自己的底蕴。而给予年轻人的建议，他是这样说的：“学习做自己的主人，善谈也要懂得倾听。忠于真理，恪守戒律，逐步增强你的体质，丰富你的思想，调整你的心态。”

●乔治·刘易斯·吉利斯皮尔——美国陆军总工程师

乔治·刘易斯·吉利斯皮尔专注于他的工作长达四十年之久，为了达到精益求精，他全身心地投入，比要求的做得更多。另外他之所以能有早期的发展，那是因为他刚从西点军校毕业，国内战争就爆发了，这是不争的事实。接下来，四年精神高度紧张的艰苦工作，对他来说是黄金时期，后来仍是个忙碌的人。时势造英雄，种种的奋斗经历，是一步步促使他走向成功的重要原因。他觉得如果年轻人有意向和能力去选择适合他的职业，那么他有自己的兴趣是可以接受的。而对某行业的偏好未必就是成功的必备条件，现实生活中，环境的力量会迫使一些人一生都在从事他们不感兴趣的工作，而这些人恰恰是现在的成功人士，许多成功人士刚起步时对自己的工作都不是很感兴趣。“要想达到巨大的成功要时刻对竞争者保持警觉，不要束缚住自己。”他认为能力与经验是很难分开讨论的，但他更倾向于能力的重要性，能力可以让年轻人积累更多的经验。年轻人读大学获得真知是很好的，但必须有个明确的学习目标，才免得每天坐在课堂里打发时间过日子。阅读方面，他推荐年轻人读《纽约晚邮报》，再加上一些时事评论，也推荐年轻人可以参与父辈的工作，父亲良好的声誉会助孩子一臂之力，孩子凭着自己的品行和信誉，可以立足于世，得到别人的尊重。

●弗兰克·康诺弗——科尔曼旅馆经理

弗兰克·康诺弗努力工作，以及运气较好，这些都是促使了他走向成功的重要原因。他坚持依据年轻人的喜好助其择业，强迫年轻人违背意愿都是不明智之举。同时弗兰克·康诺弗也不赞成年轻人非得留在家乡发展，倘若家乡偏远、贫穷抑或是发展事业的机会微乎其微，那么不妨去外边的世界闯荡，凭着年轻的干劲与热情，必然可以做出一番优秀成绩。人生在世，他认为能力比经验更加重要，假如一个年轻人只有能力而没有经验，只要肯拼搏，也是可以获得成功的垂青。他不认为年轻人非得读大学，甚至认为年轻人在条件允许之下可以在熟知的领域开创事业，但是借钱创业则要谨慎，不能全部资金都是借来的。因为资金不足，容易导致失败的出现，所以年轻人在工作中务必做到三思而后行，满怀信心做下去。

●帕克斯顿——机械工程师顾问

帕克斯顿这样评价自己的成功要素，“首先是虔诚善良的母亲塑造了我的性格，其次要感谢我的员工辛勤的工作”。他坚持依据年轻人的喜好助其择业，强迫年轻人违背意愿都是不明智之举，年轻人总会逐渐成长起来的，他们应该自由选择他们的职业。帕克斯顿担心年轻人到了城里会受到城里不良习气的影响，所以他不建议年轻人轻易离开自己所在的乡镇而跑到繁华城市发展，学好一门手艺，踏踏实实地在家乡工作，一样可以取得很好的成绩，也一样可以提高自身能力、素养。他认为能力与经验是相辅相成的关系，如果具备能力，经验自然就会积累到。他赞同年轻人在条件允许的情况下进行创业，但不赞同借钱创业，因为这样做容易导致债务缠身。阅读方面，年轻人不妨读读《圣经》，收敛放荡与不羁，尊敬父母，这些都是成功的必备条件。

●奥兰多·奥尔德里奇——作家

奥兰多·奥尔德里奇是个专心致志的人，年轻时期的他就养成了从实际出发看问题的习惯。他坚持依据年轻人的喜好助其择业，强迫年轻人违背意愿都是不明智之举。当一个年轻人生长在偏远、贫穷的地区，发展事业的机会微乎其微，是否应该到繁华城市发展呢？奥兰多·奥尔德里奇认为年轻人可以先在家乡锻炼自身能力，待有了一定能力之后再到大城市发展也不迟。在工作中，他认为能力更加重要，有了能力之后才有着更多的机会，才能获得更多经验。新时代的年轻人可以学习一门手艺，但是若想开创事业，则需要小心谨慎，有时间的话，不妨读读《圣经》和莎士比亚的作品，从中可以学到诸多为人处世的道理，年轻人必须做到工作勤奋、廉洁正直、注重名誉、谦恭有礼、善于自制、自力更生、不鲁莽行事、关键时刻勇于承担责任。

●查理·亚当斯——马萨诸塞州贸易委员会主席

查理·亚当斯认为无论他取得什么样的成功都是通过不懈的努力换来的。他不赞成年轻人根据自己的喜好轻易选择职业，而应该深入了解，再做决定，同时他也反对父母强迫年轻人违背意愿而择业。他建议年轻人不妨考虑留在家乡创业，不一定非得到外边的城市寻求发展。诚实守信是成功的一大要素，一时的成功或许不需要诚信，但是长久的真正的成功则需要，每个年轻人都必须记住，要想在事业上取得卓越的成绩，只有通过诚实、正直、积极进取和持之以恒才能做到。商业发展瞬息万变，不能与时俱进就会被淘汰，他认为能力更加重要，强迫孩子非得念大学是不明智的，每个孩子都有自己独特的地方。而参与父亲的事业也是可以的，“要是生意很好，而且他也喜欢做，就可以；他要想干点别的，就让他去吧”。

●兰塞姆·富勒——东方轮船公司董事长

兰塞姆·富勒认为，努力的工作与良好的习惯是成功的必要因素。他赞同年轻人根据自己的喜好选择职业，但对某行业的偏好未必就是成功的必备条件。诚实守信、锲而不舍的精神是成功的要素，兰塞姆·富勒认为，能力比经验更加重要，只有能力没有经验的人只要肯拼搏，是可以获得成功的。假设一个年轻人能力强、经验丰富，手中资金充足，目前的薪水待遇也不错，兰塞姆·富勒赞同该年轻人可以在熟知的领域开创自己的事业，但要是目前收入可观，则没这个必要了，毕竟创业并不是简单的事情，所需要付出的资金、精力与心血将是非常巨大的。不好的习惯抑或是缺乏良好的判断力，这些都是导致失败的主要因素，兰塞姆·富勒推荐年轻人不妨看看《约翰·哈利法克斯》这样的作品，可以获取更多为人处世的道理，从中学会真诚做人、坦率做事，同时也推荐年轻人养成读日报的习惯。

●威廉·伦威克·里德尔——王室顾问律师

威廉·伦威克·里德尔认为勤奋努力、精益求精是他走向成功的主要因素。他建议年轻人可以根据自己的喜好选择职业，但对某行业的偏好未必就是成功的必备条件。他觉得年轻人若是有能力，最好可以耐心等待，等待时机成熟了，再到繁华城市发展事业。诚实守信是事业成功的要素，如果只是为了赚钱就不需要，但对于真正的成功却是不可或缺的，此外锲而不舍的精神，也是必须具备的。他认为年轻人都必须上大学，至少也得学习两年，在学校中所获得的有些东西未必在社会上就能获得；同时他也认为能力更加重要，而缺乏不懈的努力，是导致失败的最重要原因。他推荐年轻人不妨读读《圣经》与莎士比亚的作品，还有养成读日报的习惯，譬如《纽约晚邮报》。然后年轻人在条件允许的时候不妨参与长辈的事业，保持诚实、勤奋、精益求精的精神，自然而然可以学到更多东西，也可以一步步走向成功。

●加德纳·琼斯——美国图书馆协会会计

加德纳·琼斯是个努力工作的人，而且他懂得在时机适宜的时候勇于做出新的转变，这些都是促使他逐渐成功的主要因素。他建议年轻人可以根据自己的喜好选择职业，但又认为对某行业的偏好未必就是成功的必备条件，当然，有着对某行业的偏好是件好事、是推动剂，必然有一定的促进作用。他觉得能力更加重要，只有能力没有经验的人有获得成功的可能性。他建议年轻人若想经商，则放手拼搏，同时他也认为年轻人是否应该上大学，关键看这个孩子本身，不能强迫孩子的意愿让其必须上大学。做工作要全神贯注，满怀信心，抓住机遇，这些是他给予年轻人的一番建议，他也推荐年轻人最好养成读日报的习惯，而且多看一些书，有丰富的知识底蕴才能获得更多的成功机会。

●威廉·阿特金森——宾夕法尼亚州联合卫生局局长

威廉·阿特金森对事业的关注以及教导有方的父亲给予他的鼓励，这些是他迈向成功的主要原因。他认为年轻人根据自己的喜好进行职业选择是一件积极可取的事情，值得长辈鼓励，而违背年轻人的意愿强迫其择业是非常糟糕的事情，永远不要这样做。他觉得年轻人应该留在家乡发展事业，逐渐养成踏踏实实的工作态度，还要有诚实守信、锲而不舍的精神，只有这样，才能逐渐取得成功，也取得周围人们的认可。他觉得一个人要经商，不一定非得念大学，毕竟大学课程对经商似乎没有太大的帮助，更多的还是需要依靠社会实践。同时他也建议年轻人对自己的工作不要掉以轻心，别做什么投机取巧的事情，而且不可固执己见、不可见异思迁、不可这山望着那山高，也建议年轻人尽可能广泛阅读，读书读日报都是很好的，但不推荐读政治版，“千万别看令人作呕的政治版”。

●奥森·史泰博——里格公司老板

奥森·史泰博建议年轻人可以根据自己的喜好选择职业，但以他之见对某行业的偏好未必就是成功的必备条件，也反对父母强迫年轻人违背意愿而择业。他认为如果一个年轻人生长在偏远、贫穷的地区，发展事业的机会微乎其微，那么可以到大城市寻求发展；反之，如果一个年轻人生长在一个繁荣的小镇或小城市里，有发展事业的机会，则不需要跑到大城市发展了。诚实守信、锲而不舍的精神是事业成功的要素，他赞成年轻人可以学习一门手艺，但不赞成年轻人不上大学，因为在学校里可以学习到许多的知识，还有许多为人处世的道理，这些都有利于今后个人的发展。他认为缺乏干劲、不够用心，则是许多人事业失败的最重要原因，所以他建议年轻人务必努力、认真、诚实地工作，同时抽时间读读书、读读日报，做一个懂得充实自我的人。

●威廉·穆迪——赫尔曼学校校长

威廉·穆迪在多年的工作过程中，结识了好多朋友，他们都是虔诚的信徒。他始终这样认为，无论他的工作做得多么成功，这都是上帝赐予的。他觉得年轻人可以根据自己的喜好选择职业，而父母强迫年轻人违背意愿进行择业则是很糟糕的事情。诚实守信、锲而不舍的精神是事业成功的要素，同时还必须拥有很好的工作能力，能力是非常重要的，只有能力没有经验的人只要肯于拼搏、努力，依然可以获得成功。他推荐年轻人看看《圣经》《美国内战战役史》《自由的故事》《汤姆·布朗求学记》，还有狄更斯、司各特的著作，反对年轻人挥霍无度，因为挥霍无度往往是导致失败的主要原因，威廉·穆迪有句座右铭要送给年轻人："仁慈，毅力，进取心。"这句话浅显易懂，如果遵循这条规则，自然能取得成功。

●伊西多·斯特劳斯——教育联盟主席

伊西多·斯特劳斯谈到自身成功时，他说："首先是朋友们给予我的信心，无论是生意上的朋友，还是生活中的朋友，都非常信任我；其次是极其看重信誉的客户非常相信我的判断力和决策力，无论交易数额有多大，他们从未表示过质疑。"他觉得年轻人可以根据自己的喜好选择职业，如果能确定这不是他的心血来潮就行。但对某行业的偏好未必就是成功的必备条件，因为一般来说年轻人的喜好总在变化。诚实守信、锲而不舍的精神是事业成功的要素，一个人只有热爱自己的工作才能取得事业上的成功，或者出于责任心对工作分外认真，也能达到和热爱工作同样的效果。他认为能力更加重要，不够专注或缺乏洞察力，即使经验丰富也一样不会成功。能力是经验的基础，经验是可以慢慢积累的。对于年轻人在熟知的领域开创事业，伊西多·斯特劳斯这样认为："这要看他的决策力和判断力如何。许多优秀的高薪雇员，在自己做老板时就会失败，他们是很好的执行者，但不是好的指挥者。"他认为缺少判断力和决策力是十分糟糕的事情，而且会导致失败的出现。没有道德上的理念，就不会有高尚的成功，试图想说明“成功是怎样达成的”就会有误导之嫌，是很危险的，伊西多·斯特劳斯建议年轻人踏实、认真地工作，同时修身养性，博得周围的人的尊重与信任。

●布朗——汉密尔顿·布朗鞋业公司创始人

布朗认为目标集中、保持良好的习惯，是走向成功的主要因素。年轻人有自己的喜好、有目标是一件值得高兴的事情。反之，缺乏目标的人则容易做什么事都不能成功，他觉得年轻人可以根据自己的喜好选择职业，而父母强迫年轻人违背意愿进行择业则是很不明智的事情。他认为能力更加重要，只有能力没有经验的人也是可以取得成功的，现实生活中就有许多这样的事情出现。如果条件允许，年轻人接受大学教育是件好事。他认为在条件允许的情况下，年轻人可以在熟知的领域开创事业，当然，这必须小心谨慎，而借钱创业也不是不可以的，因为身体健康、习惯良好的年轻人不用害怕借钱，只要别债台高筑就行，债务的压力有时是件好事，会激励他为了还债而奋发图强。意志不坚定、粗枝大叶则是导致失败的最重要原因，布朗建议每个年轻人都应该读《圣经》《富兰克林传》《林肯传》，同时也建议每个年轻人务必戒烟、戒酒、戒赌，选好职业，坚持到底，不要招惹放荡的女人，要定期去教堂做礼拜，作息有规律，努力工作。

●卢西安·沃纳——基督教青年会国际委员会主席

卢西安·沃纳认为勤奋加上责任心，还有理智的思维，以及在经验的基础上形成的准确判断力，都是足以促使一个人走向成功的。他觉得年轻人可以根据自己的喜好选择职业，父母强迫年轻人违背意愿进行择业则是很不明智的事情。他认为年轻人可以到繁华城市发展事业，许多人去城里要比留在家乡发展得更好，也认为年轻人如果不喜欢待在农场，有着更适合的工作，那么不需要强留住他。他建议年轻人最好能够上大学，通过学校学习更多的知识、道理，为以后的事业还有幸福生活打下良好的基础。年轻人在熟知的领域开创事业也是可以的，只要他能处理生意上的事情。借钱创业需要谨慎，除非他有丰富的经验，赚钱还债不是问题。他认为很多人之所以失败，原因大概有两点：缺乏准确的判断力，还有就是缺乏责任感。他建议年轻人在工作中务必要做到，“想在更大的事情上取得成就，那就要先把现在手头上的小事做好，做到成功”。

●弗兰克斯·穆尔——大陆保险公司董事长

弗兰克斯·穆尔觉得年轻人可以根据自己的喜好选择职业，一个人只有喜欢、热爱自己的工作才能逐步取得成功，而父母强迫年轻人违背意愿进行择业则是很不明智的事情。他不建议年轻人离开家乡而跑到繁华城市发展，毕竟人生地不熟，除非在起步时有人能够伸出援手，否则可能相当艰难。他认为能力比经验更加重要，只有能力而没有经验的人有获得成功的机会。他觉得一个年轻人能力强、经验丰富，手中资金充足，目前的薪水待遇也不错，则可以在熟知的领域开创自己的事业，当然，也必须有着吃苦耐劳的准备，因为创业是非常艰苦的。每个年轻人不妨读读《圣经》和莎士比亚的著作，务必做到诚实勇敢、勤奋、认真、耐心、少生气、平和永驻心中，这些都是促使成功的重要因素。

●亚瑟·波斯特维克——纽约公共图书馆主管

亚瑟·波斯特维克觉得年轻人可以根据自己的喜好选择职业，而父母强迫年轻人违背意愿进行择业则是很不明智的事情。他觉得一个年轻人如果生长在偏远、贫穷的地区，发展事业的机会微乎其微，是可以尝试到外边的繁华城市发展事业的，年轻人有着无穷的干劲与拼搏精神，所以要趁着年轻好好努力。他认为年轻人不妨学习一门手艺，至于上不上大学需要视个人情况而定，有些年轻人希望经商，其实在学校所能学到的有用东西很有限。他建议年轻人不妨读读《圣经》《鲁滨逊漂流记》、美国历史、莎士比亚的著作等，养成每天读报纸的习惯，最好是多读几份报纸，只读一份的话视野终究受局限。同时，他也赞同年轻人在条件允许以及自己有兴趣的情况下，可以参与长辈们的事业。

●麦克法林——西区铁路局总工程师

麦克法林的第一份工作就是他喜欢的工作，第一份工作一直干了很久，这份坚持与热爱，是值得每个年轻人好好学习的。他觉得年轻人可以根据自己的喜好选择职业，父母强迫年轻人违背意愿进行择业则是很不明智的事情。对于年轻人是否可以离开家乡而到繁华城市寻求发展，麦克法林的意见比较保守，他认为需要视该年轻人的天资是否聪明、目标是否明确，而且是否有着吃苦耐劳、坚韧不拔的精神。他认为能力与经验是相辅相成的，二者缺一不可，而只有能力没有经验的人未必能够成功，除非有人相助。他认为如果有能力、有条件上大学，最好是到学校学习一番。而谈到失败的主要原因，麦克法林认为是缺乏判断力。他建议每个年轻人在工作中务必做到为老板打工要为老板着想，因为总是尽量为老板着想的员工自然能得到最快的升迁。

●埃尔斯沃斯——王室顾问律师

埃尔斯沃斯认为努力工作就是成功的最好要素。他觉得年轻人可以根据自己的喜好选择职业，这个喜好也可能是促使成功的一个必备条件，而父母强迫年轻人违背意愿进行择业则是很不明智的事情。他不建议年轻人动辄奔往繁华城市寻求发展，留在家乡努力、认真地工作依然可以取得可观成绩。但假如一个年轻人不喜欢务农，他建议该年轻人可以另寻他处发展，不必强留在农场工作。诚实守信、锲而不舍的精神也是成功的要素，在能力与经验两者之间，他认为如果能很好地利用经验，那应该是经验最重要，而一个年轻人若是只有能力没有经验则很难取得成功。他建议年轻人学好一门手艺，同时抽时间读读《圣经》、莎士比亚和狄更斯的著作，在工作中认真努力、真诚，工作时不要偷懒，而且也不要花销无度。只要踏踏实实地工作，自然而然可以逐渐走向成功。

●亨利·麦克法兰——哥伦比亚特区委员会主席

亨利·麦克法兰认为自己受到上帝的青睐，在愉悦的气氛下，他受到良好的教育，而且可以去做他喜欢也有能力做的事情。他觉得年轻人可以根据自己的喜好选择职业，这个喜好未必就是促使成功的必备条件，但有着对某行业的喜好是件好事，值得鼓励与支持，父母强迫年轻人违背意愿进行择业则是很不明智的事情。他不支持年轻人动辄选择到繁华城市寻求发展，他认为能力更加重要，只要有能力，而且能够认真努力工作，是能够获得成功的，即使在家乡也是有着成功的种种机会。他建议年轻人可以学一门手艺，也建议年轻人不妨读读《圣经》《自我修养》《菲利普·布鲁克斯的训导》《自己拯救自己》《友谊》等书籍，可以从中学到很多知识以及很多为人处世的道理，他认为现在的年轻人都是上帝的宠儿，有着前所未有的大好机会，“把握时机努力奋斗吧！时光飞逝，不要再浪费时间了”。

●威廉·道格拉斯——鞋业制造商

威廉·道格拉斯还是个小鞋匠的时候就有了成为制造商的雄心。即使在艰难的条件下他也下定决心，坚持不懈，选准了行业就一直做下去，不被其他生意诱惑，无论它的前景有多诱人。“能制作出高品质的商品，通过广告让人们相信，无论是繁荣期还是萧条期，我都有好的商品出售，并且价格合理，这才是经商之道。”管理方面，他能够严格地管理公司的部门，让有才能的人担任部门主管，不对部门管理工作指手画脚，让他们各尽其责，用最后的工作业绩对他们进行评判。而这些就是他有今日成功的重要因素。他觉得年轻人可以根据自己的喜好选择职业，而父母强迫年轻人违背意愿进行择业则是很不明智的事情。谈到年轻人是否该到繁华城市发展，他这样说道：“在家乡没有机会的男孩一下子就从乡下进到大城市，未必是什么谨慎之举。我建议他还是找个机会多的小城市发展，等到小有成就之后再去大城市或是其他机会更多的地方进一步发展。”阅读方面，他建议年轻人读读《圣经》、美国历史、世界历史，还有就是读一些与目前从事的工作或将要从事的工作有关的书籍，建议年轻人在工作中务必做到诚实、忠诚、勤勉与节俭。

●威廉·马克斯韦尔——纽约市教育厅长

威廉·马克斯韦尔认为成功的要素是诚实守信、不屈不挠的精神，而不够持之以恒常常就是导致失败的最重要的因素。他认为只有能力没有经验的人不会成功，如果缺少了经验，那么能力是发挥不出作用的，时下的很多公司招聘时都要求要有相关的经验，这证明与能力相比，经验的重要性是高出一层次的。作为教育厅长，威廉·马克斯韦尔建议时下的年轻人无论想从事什么工作，都可以选择先上大学或学习有关的专业知识，当然，前提是在年轻人愿意的情况下。如果该年轻人本身没有意愿去念大学，那么强迫他去只会取得适得其反的效果。而且，威廉·马克斯韦尔认为，年轻人有必要养成读日报的习惯，他建议年轻人可以阅读一下以下的书籍：《圣经》、莎士比亚的作品、柏拉图的《理想国》、歌德的《浮士德》、麦考利的作品、丁尼生的《国王叙事诗》。他表示这些书籍都是年轻人修身养性的阅读选择。

●亨利·柯克·布什布朗——作家

亨利·柯克·布什布朗认为良好环境和教育、勤奋和耐心、意志坚定等均为成功的要素。良好环境和教育对于年轻人来说，影响是很深远的，它直接影响一个人的成长，甚至是深远到日后的价值观、世界观和生命观。而勤奋和耐心，更重要的表现在于年轻人对自己所从事的工作的态度，这直接影响到该年轻人在该工作岗位上所取得的成就。意志坚定在成功上的影响表现得更为明显，如果一个人没有坚定的意志，那么他很容易在面对困难和挫折的时候败下阵来，不懂得坚持的人，是无法成功的。亨利·柯克·布什布朗建议年轻人应该毫无疑问地根据自己的喜好来选择职业，只有在自己喜好的行业上发展，才能付出更多的努力，才能更接近成功。但是，对这些行业喜好却不是促使他们在此行业成功的必备条件，促使他们成功的必备条件是意志力和勇气。没有坚定的意志力，是很难坚持到成功的那一天的，毕竟成功并不是一朝一夕的事，在这漫长的路途里，我们会不断地遇见困难和挫折，能够坚持下去的才是最有可能成功的。

●伊格内休斯·沙利文——康涅狄格劳工联盟主席

伊格内休斯·沙利文认为能力和经验都很重要，但对成功更有帮助、更重要的则是能力，但是话虽如此，如果一个人只有能力而没有经验，那他是不会成功的。他认为除了能力，成功的要素首先是催人奋进的理想，其次是注重诚信，最后是一旦认定方向，就要一心一意地做下去。伊格内休斯·沙利文尤其指出诚信的重要性。虽然很多人认为诚信只是一项基本道德规范，对于成功而言，最重要的是取得成功的最后结果，过程并不重要，甚至很多人认为为了达到成功，可以不择手段，甚至是出卖诚信。但是，伊格内休斯·沙利文认为，如果连最基本的道德都失去，那么无论事业做得多盛大，都只是表面现象，对于这个社会以及人来说，这种成功是空余残壳的、不被认可的。只有在这一路上诚实守信，我们所取得的成功才是最完美的。对于职业选择，伊格内休斯·沙利文认为多数男孩子对各行各业知之甚少，有了在某行业中的亲身经历才会对它产生特殊的兴趣，男孩子若想根据自己的喜好来选择职业，他首先必须得清楚自己是真正地喜好这个行业，还是只是一时的好奇。

●约翰·墨菲——医学博士

约翰·墨菲认为成功的要素在于：目标明确、持之以恒、不屈不挠、注重实用价值、办事有效率。而懒惰或不讲信用则是导致失败的最重要的因素。他认为对某行业的偏好是促使人在此行业成功的必备条件，对于每一个工作者来说，对工作的热情在成功的路上都是很有必要的。所以年轻人在选择职业时，要尽量地根据自己的喜好来选择最适合自己发展的行业，这样即是做到了成功的第一步——目标明确，而日后的工作在这样一种基础下再继续做到持之以恒，则是朝着成功跨了一大步。在关于能力和经验哪个对成功更有帮助、更重要的问题上，约翰·墨菲提出能力比经验重要，能教人辨明真伪。对于大学教育的问题，他则表示，大学教育就像苦口良药一样，虽然难以下咽，但能治愈疾病。约翰·墨菲说，只要教导有方，普通的男孩很可能会成才，而小时看起来似乎很优秀的孩子长大后往往变得很普通。这正所谓“小时了了，大未必佳”。他建议年轻人根据自己的爱好选择职业，如果可以，工作之前上大学绝对是明智之举。

●约翰·卡素德——作家

约翰·卡素德认为就能力与经验二者来说，可以没有经验但不可以没有能力，若没有能力就谈不上有经验了。能力是基础，能通过经验获得提高。能力可大可小，是成功的必备条件。而经验基于能力，是靠能力累积。能力与经验二者的关系即是——能力创造经验，却又再次利用经验获得提高。他表示对某行业的偏好并不是促使人在此行业成功的必备条件，因为多数男孩都会选择看起来简单易学的行业。而真正的成功是历经艰难险阻得来的，但几乎没有哪个男孩会喜欢这些困难。在经历了种种之后，可能会有某些“偏爱”，但也可能在经历了很多之后，它不再是“偏爱”了。在事业发展选择上，约翰·卡素德表示，按照常理“偏远”的地区对于男孩来说往往比“大城市”更安全。很多事业有成的人都是在农村长大的。在农村，男孩有多大能力就能获得多少机会。除非情况特殊，否则农村男孩应该远离大城市。

●诺曼·法夸尔——美国海军上将

诺曼·法夸尔认为成功的要素是目的纯正，同时要做到诚实守信以及具有锲而不舍的精神。不讲诚信往往是导致失败的最重要的因素，所以无论在什么情况下，说话、办事都要讲诚信，人若不讲信用，在社会上就无立足之地，什么事情也做不成。对于从商人士来说，诚信更是各种商业活动的最佳竞争手段，是市场经济的灵魂，拥有诚信的企业家不仅能赢得友好的合作情谊，更能达到完美的成功。人们都相信，一个诚实守信的人，必定比其他人更加注重彼此友好的关系与利益，这样的人更有责任感，而这种责任感不仅仅是对于他个人的事业，对他人也要有一种责任感，让人信赖。拥有了诚信，无疑是在这个社会持有了一张真正的“金质名片”。诺曼·法夸尔建议年轻人在选择职业的时候根据自己的喜好选择，虽然能力和经验都很重要，但如果一个人不喜欢自己所从事的工作，那么，再有能力和经验他也无法在工作中展现出来。

●威廉·班克罗夫特——马萨诸塞市长及剑桥俱乐部主席

威廉·班克罗夫特建议时下的年轻人应该根据自己的爱好选择职业，尽管对某行业的偏好不是促使人在此行业成功的必备条件，但是兴趣确实是投入工作的第一步。在明知年轻人对某行业有偏爱或适合做某工作的情况下，父母不应该强迫该年轻人违背自己的意愿进行择业。强迫年轻人从事自己所不喜欢的行业，只会让他更加厌恶这个行业，甚至往成功的反方向远走。在能力和经验两者哪一个更为重要的问题上，威廉·班克罗夫特表示多数人认为是经验，要不然不会有那么多的公司在招聘的要求上注明“具备相关专业经验”。男孩子最好能够参与父亲的事业，这对父亲和男孩双方都有好处，不仅能给男孩累积经验，也能够帮助父亲的事业。况且，如果父亲的事业本就很成功，那么参与父亲的事业是让该男孩获得成功的一个很重要途径。威廉·班克罗夫特还建议时下的年轻人要养成读日报的习惯，并且不要只读一种，应多读几种报纸。

●亚历山大·考德威尔——美国前参议员

亚历山大·考德威尔认为成功的要素有好几点，其中包括：一是在很早的时候就下定决心养成办事迅速、诚实可靠的性格。二是无论做什么事都会尽全力而为，不断努力直到成功为止。他表示，虽说诚实的人有失败的时候，而偷奸要滑的人也有成功的时候，但按常理来说无论做人做事，都应该讲诚信，这是一种基本的道德，失去了这种基本道德，尽管成功了，都不属于完美的成功，因为在人性上他已经缺了一小角了。他也提出荒废事业、目光短浅、奢侈浪费、急功近利、判断失误，这些都是导致失败的最重要原因。尤其是急功近利，太过追求功绩名利的人，是很难成功的，这点是无疑的，我们要有目标，这是对的，但是成功是一步步获得的，没有人能一步登天，想一步登天的人往往都是不切实际的人，也是急功近利的人。

●艾尔弗雷德·贝利斯——伊利诺伊州公共指导部

艾尔弗雷德·贝利斯认为成功的要素在于努力工作、讲究诚信以及具备锲而不舍的精神。他认为“成功”是个循序渐进的过程，所以较之能力而言，经验很必要，也显得更为重要。能力是可以培养的，经验却是不可多得的，对于成功而言，经验是一个必不可少的必要条件，没了这个条件，那就宛若在攀岩中少了可以踩攀的岩石，只能抬头仰望高处的成功点，却无法到达。正如很多公司在招聘的时候，会有特殊的说明——有经验者优先。那么，对于同是刚出来就业的大学生，是如何验证经验的呢？很明显，在大学的学习生活之中，有很多的诸如竞选学生会干部之类的供大学生体验工作和生活的小型竞争，对于公司而言，这种大学生活中的体验无疑就变成了一种经验。两名大学生，如果一个是在大学里有从事过学生干部或者做过一些兼职工作之类的，而另外一个却没有，那么该公司的选择很可能就是前者了，因为他有经验，尽管这种经验显得很微不足道，但是总好过一无所有。

●塞缪尔 · 卡拉韦——美国机车公司董事长

塞缪尔·卡拉韦认为所谓成功的要素就是尽量与老板的观点保持一致，以及保持着一种积极向上的乐观的态度——任何困难都难不倒。积极向上的乐观态度，不仅仅是生活中很重要的一点，对于事业成功来说，也是很重要的。拥有乐观态度的人，面对挫折时会越挫越勇，会把挫折当作一种挑战，会以看待乐趣的态度去对待，有这样心态的人，无论是在哪一方面发展，都能取得相当不错的成果。当然，诚实守信、勤奋、锲而不舍，这些也都是构成成功的重要因素，成功不是一件轻易就能获得的事，只做好一个方面，是无法取得成功的。此外，对于能力和经验二者，塞缪尔·卡拉韦表示，两者同等重要，并没有“更重要”的存在，两者是不可分割的，不管是“有能力无经验”还是“无能力有经验”，都是不能取得成功的。

●威廉 · 马丁 · 艾肯——建筑师

威廉·马丁·艾肯认为成功的要素包括生理条件、性情、经历、洞察力等方面，而具体来说就是：生理条件指的是身体健康；性情指的是要乐观、诚恳、正直、持之以恒、乐于助人、有责任心；而经历是指做事力求完美，坚信结果能证明一切，学着果断做出决定；洞察力指的就是（过去）不管受到多大的挫折、打击，向别人不畏艰难的精神学习，给自己打气；（现在）研究人性和人的性格特征。要是具备了以上条件，那么距离成功就在咫尺之遥了。在谈及能力与经验之时，威廉·马丁·艾肯表示，能力毋庸置疑地应该排在第一位。经验只要想积累就能积累到，但是能力却不能靠积累而轻易得到。他还提出，导致失败的最重要的因素是缺乏耐力和决心，不能持之以恒。所以，他建议时下的年轻人应该先树立正确目标再勇往直前，做任何事都要持之以恒，凡事不要只依靠别人，要自力更生。

●弗兰克·卡梅伦——哲学博士

弗兰克·卡梅伦告诉时下的年轻人，做人要诚实、彬彬有礼、懂得自我控制、要有意志力、要学着客观看问题并予以公正对待，不要忽视细节。他表示成功的要素为：一是对工作专注、不懈的努力。二是良好的教育和对化学理论知识的全面学习。三是巧妙的处事技巧。四是生活或工作中遇到问题能够客观分析，而非主管臆断。五是妻子的鼓励、支持和帮助。在成功的这些要素里，锲而不舍的精神是值得一提的，因为很多人会曲解了“锲而不舍”的意思，而所谓的“锲而不舍”真正的意思并不是要你一直不停地这样做下去，有时适当的休息也是很有必要的，劳逸结合才是最合适的工作方式。工作时要百分之百地投入工作，同时，该休息时也要将工作搁置一旁，好好地休息。尽管诚实守信并没有列入他认为的成功的要素里，但他表示，暂且不论道德、宗教因素，也应该讲诚信，所以应该把它作为一条经商原则来执行。

●拉斯特斯·兰塞姆——美国作家协会会长

拉斯特斯·兰塞姆认为适应能力强、有节制的生活习惯、充足的睡眠、健康有营养的一日三餐、做事守时、虚心听取他人意见、一诺千金、从不食言等，都是成功的要素，适用能力不强、不讲诚信则是导致失败的最主要原因。而访谈中，拉斯特斯·兰塞姆表述了自己关于大学教育的观点，他认为年轻人想要发展哪一方面都可以先适度地学习某一方面的知识，譬如想经商的话可以在经商前学一下经商方面的东西，想从事技工行业可以去技工学校学习，而不是非得上大学，毕竟你想学的东西并不是只能在大学里才可以学到，很多时候我们都必须对症下药地学习。没有把握好想要发展的事业相关方面的知识，一路上觉得艰难的、吃亏的肯定会是自己本身。另外，他也表示，在能力与经验当中，能力的重要性高于经验，一个人没有经验但有能力可以取得成功，因为经验可以后天补上，能力却是不可多得的。

●查尔斯·格林利夫——波士顿旺多姆旅馆老板

查尔斯·格林利夫认为在择业这个问题上，年轻人应该向父母及成功人士请教。并且他认为对某行业的偏好并不是成功的决定要素，很多成功人士都是在自己不熟悉的领域里成功的，有能力、适应性强才是他们成功的要诀。他的观点是，尽管从事的工作不是自己感兴趣的，但是有能力的话，可以先努力成为打工一族中的佼佼者，攒下资金，这样一来会有更大的成就，至于自己感兴趣的工作可以留到业余时间来做。他认为，年轻人在熟知自己有能力并且有坚强的意志去抵抗都市的诱惑、对未来充满了憧憬的情况下，是可以往大城市等发展机会高的地方去闯荡一下的，不尝试一下，不碰碰运气，怎么知道成败，一旦失败了，再回来也不迟。"想要成功的欲望才是最关键的因素。"查尔斯·格林利夫如是说。

●乔尔·伯迪克——哈德逊铁路局客服部负责人

乔尔·伯迪克表示，他的成功在很大程度上归因于机缘巧合，再加上与生俱来的责任感。他认为诚实守信和具备锲而不舍的精神都是成功的要素，而懒惰、天生能力就差则是导致失败的最主要因素。诚实守信，其实也就是一种责任感，诚实守信的人往往是对自己负责，同时也对他人负责的人，这种人让人产生一种信赖感，让人愿意相信他跟他合作，这在成功的路上是很重要的。当被问及能力与经验哪个更为重要时，乔尔·伯迪克认为，能力重于经验，没有经验但是拥有能力的人明显比拥有经验而无能力的人更成功，因为经验是在奋斗过程中逐渐积累起来的，虽然时间有长有短，但是能力却是很难得到的。乔尔·伯迪克还建议年轻人根据自己的喜好选择职业，但他不认为这种喜好偏爱是促使人在此行业成功的必备条件，因为多数孩子的喜好都属于三分钟热度、一时的冲动。此外，乔尔·伯迪克相当鼓励年轻人就业前上大学，他认为凡是有机会且愿意读大学的男孩都可以去上大学，如果他能上大学，可能就不会再想去当技工了。

●比廷——神学博士

比廷对于成功所下的定义是：成功就是利用能力把不可能变为可能的过程，是收获与理想之间的比例。它指的不是能赚多少钱，而是一种人格的发展。对于不同的人来说，成功意味着不同的事物。能力不同的人，其收获与理想的比例可能是相同的。他认为，成功的要素在于：工作态度严谨、遵守职业道德、注重细节、有责任感、有理想、保持身体健康的状态、坚强的意志、珍惜时间。当然，对工作的热爱是获得成功的要素之一。一个人不可能会把自己不想做的工作做到最好，有了全情投入才能创造奇迹。无论做什么，都要付出代价，有耕耘才有收获，想成功却不愿付出任何代价，那是导致失败的最主要因素，世界上没有免费的午餐。同样地，父母不应该控制、规划孩子的选择和生活，任何人强制性地规划别人的生活都是不明智的，作为父母，应该做的是“教导孩子走他自己的人生之路”，而并非你的人生之路。

●巴林顿·布斯——美国志愿者协会会长

巴林顿·布斯表示，他成功是因为有自己的人生准则、一切的一切都要感谢上帝的赐予、做生意时绝对要讲诚信、把困难看作是通往成功的阶梯、做任何事都尽己所能、今日事今日毕。他解释，要想获得真正的成功当然得讲诚信，这是毋庸置疑的，不讲诚信的人，那么抱歉了，在失去诚信的那一刻开始，他就已经没有了成功的资格。锲而不舍的精神也是成功的要素，无论达到何种程度的成功都得要有一种锲而不舍的精神，不懂得坚持，遇到小小挫折就失掉了信心和勇气，那么他只能永远地在成功的半途上徘徊。就时下的成功话题，巴林顿·布斯向年轻人推荐了下列书籍：《圣经》、班扬的《天路历程》、《华盛顿传》、巴恩斯的《美国历史》、斯迈尔斯的《自己拯救自己》等，这些书籍能让年轻人在遇见挫折的时候拾获信心，重新振作。

●沃尔特·汤普森——沃尔特·汤普森广告公司经理

沃尔特·汤普森认为，能力和经验同样是成功的重要因素，两者位于天平的两边，保持平衡、同等重要。除却能力和经验，成功的要素还在于精力旺盛、诚实守信、具有锲而不舍的精神。他建议年轻人择业尽量根据自己的喜好去选择，因为对某行业的偏好虽然不是促使人在此行业成功的必备条件，但它也很重要，一个人的兴趣爱好是会影响其成功的必备条件，要想获得最大成功就需要对自己所从事的工作有偏好，这样会取得事半功倍的效果。他也建议有能力的年轻人到拥有更好的发展机会的地方发展自己的事业，能上大学的话，最好先上大学再就业，这样能够使事业发展更加地成功。沃尔特·汤普森幽默地表示，年轻人进入父亲的公司工作倒是没什么问题，但要注意别和父亲在同一个部门工作。另外，沃尔特·汤普森还建议年轻人到了二十三岁最好养成读报的习惯，他也推荐了几本富有意义的书给时下的年轻人，譬如马登的《奋力向前》、科芬的《排除万难》、司各特的《艾凡赫》《伊索寓言》《鲁滨逊漂流记》《海角乐园》。

●爱德华·约翰斯通——《明尼阿波利斯时报》总编

爱德华·约翰斯通认为有机遇、加上不懈的努力就是成功的最主要的因素。暂不说不懈的努力，每个人都知道，要想成功，努力是不可缺少的，很多人以为凭借着自己的聪明才智，不用花费多少努力，必定能成功。无疑地，这种自信是一种自负，高估了自己，以至于最后失败了还得不出失败的缘由。说到机遇，人生处处是机遇，很多人整日怨天尤人地抱怨自己是一匹所谓的千里马却迟迟遇不上他的伯乐，但这些人似乎并没有从自身找原因，千里马为何遇不见伯乐，原因在于，他没有自己去发现和抓住机会。善于发现的人会发觉，其实机遇到处都是，而不善于发现的人看到的就是黑暗。其实，正如“生活中并不缺少美，缺少的只是发现美的眼睛”，生活中缺少的并不是发展的机遇，而是发现机遇存在的灵感。除此之外，诚实守信、热情的工作态度以及锲而不舍的精神，也都是成功的主要因素。

●约瑟夫·赖斯——教育家

约瑟夫·赖斯认为，影响成功的因素有很多，譬如个人能力、经验、锲而不舍的精神等，但成功最主要的要素是做事时全神贯注。在备受争议的能力与经验谁更重要的问题上，约瑟夫·赖斯表示，能力是重于经验的，一个没有经验但是有能力的人，他绝对比一个没有能力只有经验的人会更加地成功。作为教育家，约瑟夫·赖斯也当然地谈及大学教育的问题，他建议年轻人多读书，最好能够上大学，他认为受的教育越多，对年轻人的发展越有利。约瑟夫·赖斯送给时下的年轻人一句话——干一行爱一行。他认为三心二意无法做好一件事情，更别说取得成功了，选择了这个行业，那么就努力地爱上这个行业，这样才有热情去工作，才能把工作做好。如果不喜欢这个行业，或是无法爱上这个行业，最好就不要选择它，不然只会浪费时间。干一行爱一行，切忌从事着某行业，却心不在此，百般想念着要换，这样最终只会让自己无法把握任何一项，最后导致每一项都不精，从而失败。

●维克多·奥尔德森——阿穆尔理工学院院长

维克多·奥尔德森建议年轻人根据自己的爱好选择职业，因为对某行业的偏好是促使人在此行业成功的必备条件，这种偏好会使得人在成功的路上跨一大步。所以，每个人的喜好都是成功很重要的一部分。举个小例子，如果你喜欢吃巧克力，那么你就会想要做出让自己喜欢的特殊的巧克力，朝着这个方向去努力，那么最后你有可能是研发了一种巧克力的新品种，甚至拥有属于自己的一家巧克力工厂，而后来所能够做到的这些全凭你当初对巧克力的喜欢。正如这个例子所表述的信息，如果父母在明知年轻人对某行业有偏爱或适合做某工作的情况下还强迫他违背意愿进行择业，这很明显不是明智之举。只会取得适得其反的作用。年轻人对某种行业的偏好所包含的力量在成功上来说，其实是非常有影响力的。

●查尔斯·诺尔斯·博尔顿——作家

查尔斯·诺尔斯·博尔顿认为能力和经验，能力是更为重要的，只有能力没有经验的人通常来说会成功，只有经验没有能力的人则不然。查尔斯·诺尔斯·博尔顿认为锲而不舍的精神是成功的要素，但是在诚实守信的问题上，他则这样说："从成功的具体细节来看，诚实守信是成功的要素；但从大方面着眼则不然。"在年轻人选择事业发展的问题上，查尔斯·诺尔斯·博尔顿表示"除非男孩是太才华横溢了，否则不要离开家乡。好多男孩都弃农经商，真的是很可惜"。同时，他也一再强调，如非必要，年轻人都不要轻易地好高骛远、背井离乡，除非他有能力，而且有机会去发展自己想要发展的事业，并且他真的不喜欢留在原本的地方发展。

●威廉·克拉克——安泰火灾保险公司经理

威廉·克拉克认为所谓成功的要素是：勤奋工作，总是为老板的利益着想；表现突出，当升迁机会来临时，别人会感到这个机会非我莫属。此外，他也认为诚实守信、锲而不舍的精神均为成功的要素。在择业的问题上，年轻人最好是选择自己喜欢的职业，但是这种对某行业的偏好不是促使人在此行业成功的必备条件，因为这种偏好很容易发生转移。很多人是在从事这行业之前或是在刚接触这个行业的时候，觉得很适合自己，但是在时间稍久之后，对该行业的认识也比较深入后，这种偏好就开始不再是偏好了，甚至有的人会出现厌倦疲惫等感觉。按照常理来说，一个人热爱自己的工作才能取得事业上的成功，但是这绝非必然，也有例外，很多人不喜欢自己所从事的行业，但是他们同样能在该行业上得到很好的发展。同时，他表示能力和经验对于成功来说都很重要，不可分割。他解释只有能力没有经验的人会成功不是证明能力比经验重要，而是经验比能力来得快，它很快就能积累到。

●约瑟夫·穆尔——密歇根高等法院法官

约瑟夫·穆尔认为，成功的要素有好几点，譬如很早就树立奋斗的目标，做人诚实、专心、勤奋等。他建议时下的年轻人早点做好人生规划，做个诚实、勤奋的人，戒骄戒躁，只要坚持到底，就是胜利。其实很多年轻人是抱着得过且过的心态生活的，对成功没有什么概念，只是偶尔想想自己一定要成功，实际上他没有目标更没有人生规划。所以，其实对于更多的年轻人，清楚自己的需求和追求，就是成功最主要的一步，只有清楚自己的需求和追求，才能做出正确的人生规划，才能将成功标示在自己的目标上。在能力与经验的争议问题上，约瑟夫·穆尔表示没有能力很难成就大事，虽然经验也很重要，但对于一个有能力的人来说要想获得经验很容易。

●权威廉·乔治——乔治青少年社团创立者

权威廉·乔治认为自己得以成功的要素最主要是母亲对他的支持和祈祷。他认为，成功的要素包含了诚实守信、锲而不舍的精神、对工作的热爱、个人的能力、经验等。被问及能力与经验哪个对于成功而言更加重要时，他指出，两者同等重要，是缺一不可的，单单有能力而没有将能力付诸实践并积累经验，是不能达到应有效果的，成功并不是一件简单的事。在年轻人择业的问题上，权威廉·乔治表示，年轻人选择的只要是正当职业就可以了。他指出父母不应该干涉孩子的职业选择，除非有着特殊的情况，譬如是家庭情况所迫。或者尽管孩子不喜欢这个职业，但是父母的工作涉及此领域而且有了一定的成就。但是权威廉·乔治认为，无论在哪方面，家长都没有权力干涉，应该让孩子根据自己的喜好来决定。

●查尔斯·诺特——美国索赔法院首席法官

查尔斯·诺特认为雄心壮志和努力地工作是成功的要素，而缺少远见则是导致失败的最主要原因。虽然他没有将诚实守信列入成功的要素里，但是他表示，诚实守信这种做法是正确的，而且是道德品质的重要组成部分，至于不列入成功的要素里，主要是将它归类为人的道德品质里所必须要具备的东西，无论做什么都要诚实守信，无论想不想成功，诚实守信都是必要的人生道德规范。对于年轻人在择业时会面对的偏好问题上，查尔斯·诺特表示，如果确实是自己的偏好，那么可以根据这样的偏好去选择职业。但是要是当作好玩，就不可以，这样有可能会耽误自己的人生。显而易见，对某行业的偏好并不是促使人在此行业成功的必备条件，能力才是最重要的，如果没有能力，那么喜欢的工作也不会做得有多好，但是有能力的话，不管喜不喜欢他都可以把这份工作做好，譬如格兰特将军就对自己的军旅生活充满了厌恶，但他在这方面所达到的成功是很多人可望不可即的。

●西奥多·恩·伊利——管理硕士

西奥多·恩·伊利认为努力工作才是成功的要素。他认为，如果年轻人能够充分认识到喜好的含义，那么他就可以根据自己的喜好去选择职业，我们要做的，是给予他们鼓励和勇气，帮助他们树立信心，否则他们将会一事无成。在选择职业时候的这种喜好并不是促使年轻人在此行业成功的必备条件，所谓的必备条件，更多的应该是人格魅力，而这种偏好，确切而言，是一种影响力很深远的辅助条件，一个人只有热爱自己的工作才能取得事业上的成功。但是西奥多·恩·伊利所说的这种成功，不仅仅是为了赚钱，而是在过程中享受了快乐，享受快乐这是最大的成功，所以，一个人对于自己所从事的工作的态度也是很重要的。西奥多·恩·伊利很鼓励年轻人读书上大学，他表示违背年轻人的意愿强迫他上大学是明智之举，而这种明智之举的效果在一年之后年轻人自会明白，虽然违背了年轻人的意愿，但西奥多·恩·伊利认为，这是为了年轻人日后的路能够走得更加轻松自如，以及获得更多的收益。

●亨利·埃德蒙斯——费城教育部部长

亨利·埃德蒙斯认为努力工作、守时、忠诚，这些都是事半功倍的成功要素。而导致失败的最主要因素则是不诚实、虚伪、疏忽大意、精力不集中、强调客观理由、缺乏基础的教育、做事没有原则。同样地，在成功的要素里，能力与经验都很重要，但是相对来说，能力的重要程度是高于经验的，虽然经验也能起很大的作用，但是远远比不上能力的取决性作用，譬如一个有能力的人尽管缺乏经验，但他依旧能够成功，而一个只有经验而缺少了能力的人，他也许会成功，但是所要走的路却比前者要艰难困苦得多。作为费城教育部部长，亨利·埃德蒙斯是鼓励年轻人多学些知识的，但他觉得并非一定要上大学才有出路，譬如年轻人想要经商，那么他没必要去上大学；又譬如年轻人想从事技工行业，去技工学校学习显然能够获得更专业的技术。亨利·埃德蒙斯的这一观点，就类似于中国孔子“因材施教”的观点。

●威廉·赫兰德——《展望》杂志经理及出纳

威廉·赫兰德认为成功的要素是做好准备等待机遇充满工作热情及有效地与人合作的能力。他建议年轻人根据自己的喜好选择职业，虽然说这种喜好并不是促使人在某些行业中成功的必备条件，但至少它很重要，这是影响年轻人工作态度的重要因素，这种态度会直接影响他们的工作效率。而且，大多数人是因为喜欢自己的工作，才能饱满热情地投入工作当中，从而取得成功。他不赞成父母干涉年轻人的职业选择，如果在明知年轻人对某行业有偏爱或适合做某工作的情况下还强迫他违背意愿进行择业，这是一种很不明智的举动。威廉·赫兰德认为时下的年轻人无论在学习、生活还是工作上，都应该做到今日事今日毕、享受生活、清楚自己在做什么、消费要有规划、保持身心纯洁、出席重要场合时大方得体，这些都是影响人生成功的小细节。

●约瑟夫·芬尼——美国印刷公司董事

约瑟夫·芬尼建议时下的年轻人根据自己的喜好来选择职业，但前提是，他必须可以确定自己的这个喜好是真的喜好，而不是三分钟热度，因为对于行业的喜好是促使人在该行业成功的必备条件。这种喜好通常表现为对工作的热爱，一个人只有热爱自己的工作才能取得事业上的成功。而大多数年轻人并没有清楚所谓的真正的喜好，有时候只是好奇心作祟，有时候只是一时兴起，将这些短暂性的东西错当作长远的喜好，他们很快就会厌倦，这是不能达到长远的目标的，在事业路途上过于反复地寻找人生目标，对成功而言，是极其不利的。所以约瑟夫·芬尼认为年轻人最应该想清楚的是自己喜欢什么、想要什么。只有在确定自己的追求的前提下，他们才有可能选择好最适合自己发展的方向。在选择了发展方向之后，年轻人要做的就是为了获得成功而努力工作、奋斗。年轻人需要一种锲而不舍的精神去对待工作，尽管刚刚出来就业的年轻人会因为没有经验而备受排斥，但是能力却显得更为重要，经验是可以累积的，只要锲而不舍地努力，那么肯定是会成功的。

●安德鲁斯——宾夕法尼亚州费城批发商协会主席

安德鲁斯认为自己的成功主要是归功于自己的母亲，在最艰难的时刻，是母亲的自强和自信给了他极大的鼓励，所以最后他成功了，他没有辜负自己的母亲。安德鲁斯比较看重年轻人的能力，他认为能力是高于经验存在的，他认为只要年轻人有能力，而且城市里有给他充分发挥的空间，那么他建议年轻人尝试着往更高更好的发展方向去。所谓人往高处走，只要有能力，那么他完全可以在更好的地方发展自己的事业，人不能一直安于现状，要知道外面的天空更广更大更蓝，只要我们能跳出井底，那就不要继续留在狭隘的井底里当一只目光短浅的井底之蛙。安德鲁斯是很重视教育的，他建议年轻人“采取一切办法争取受教育的机会”，如果父母想要孩子上大学而孩子不想上，那么应该让父母与孩子先处理好沟通问题，如果孩子本身对上大学不持抵抗态度，那么应该去，孩子要是固执己见，那还是顺其自然的好。

●切斯特·科尔——爱奥瓦州法律学院院长

切斯特·科尔认为年轻人择业时，最好是根据自己的喜好来选择，当然，父母也可以适度地干涉，而适度的前提是父母知道他的选择会面临严重的障碍，而切斯特·科尔提出这种“适度”的说法，原因是在于，他认为父母的判断力要比孩子的成熟得多。他表示，对某行业的偏好不绝对是促使人在该行业成功的必要条件，但与其他因素相比，喜好可以帮助孩子取得更大的成功，因为只有热爱这份工作才能满腔热忱地去完成它。对于能力与经验哪一者更为重要的这一经典的争议问题，切斯特·科尔则表示，经验绝对是重于能力的，因为拥有再大的能力也不能在新领域里完全发挥、达到最大的成功。对于年轻人职业发展方向，切斯特·科尔认为不能过于好高骛远，而应该先在小地方打好根基，站稳脚跟，然后转向大都市。诚实、刻苦、勤俭、持之以恒，这样才能更好地达到成功，而没有经验以及过分的自信则会导致失败。

●柯里——作家

柯里认为成功的要素是：一、坚定不移、努力工作实现自己的理想和愿望。二、在实践中摸索规律，遵循规律，稳步中求发展。三、着眼于自己的需要，找到自我，不一味单纯地去模仿他人。关于能力与经验，柯里表示，要说哪一个更为重要，这只能得到模棱两可的答案，因为很难解释“经验”是什么。他认为，最大的成功就是要相信自己的直觉，坚定理想，达成愿望，如果这些都归之为经验，那答案就是经验。相反，如果经验只是我们普通的感觉，那他宁愿选择能力。他表明，成功的要素在于胸有成竹、取舍自如，这样毫无疑问就会成功。而给自己错误定位、盲目模仿他人、不去试着实现自己的愿望、自己的理想发生动摇、缺乏自信，这些都是导致失败的主要因素。特别是错误定位和盲目模仿他人这两个因素，如果一开始就树立了错误的目标，一直往着错误的方向行走，不仅仅是比别人多走了好几圈的路程，对于自己的成功也是一种负担，一开始就走错了方向，当发觉的时候，要找回正确的方向需要花费很多的精力。而盲目模仿他人最终所带来的，也是相反的作用，因为盲目的模仿，最终我们会失去自己本身所拥有的，甚至，我们会连目标都模糊掉。所以，年轻人应该多看事物积极的一面，有信心、别胆怯、努力让自己做到最好、做事要有个人风格、不要刻意效仿他人、要有信心、耐心、爱心。擦掉现有的成绩，从零开始，争取取得更大的成就。

●迪切特——《丝织品经济学家》杂志执行编辑

迪切特表示，成功的要素严格地说就一条准则：表面上我是被雇用为别人工作，而事实上我在为我自己工作着。他解释，“在这个工作岗位上，我可能收获不到我想要的全部，但是通过我的努力让我找到了最适合我的东西。其次，在寻求和运用某些机遇上，增长了我的应用能力和水平，完成了许多涉及新领域而且拥有丰厚报酬的工作，而一些让我需要花钱才能学到的东西，在我处理工作中就能遇到，在增加收入的同时提高了我的能力”。也因为如此，他建议年轻人要根据自己的喜好来选择职业，但是这种喜好应该是自己真正的喜好，而不是一时兴起的三分钟热度，如果爱好太多而需要一一尝试才能找出最终答案，其结果是浪费了大量的时间。所以，在时下父母时常会插手干涉孩子的职业选择问题上，他表示，父母不是该强迫孩子选择什么样的工作，而是应竭尽全力找到孩子的喜好。他表示，在哪里做什么都可以，因为如果用心、有能力、刻苦，在哪里都能得以发展，若是轻浮、懒惰、焦躁，无论走到哪都会是一事无成。

●那顿·斯哥特——美国参议员

那顿·斯哥特认为锲而不舍的精神、远大的目标、适度的自信、正确的工作态度、个人的能力和思想意识、经验，这些都是影响成功的要素。在谈及父母干涉孩子选择教育以及选择职业的问题时，他表示，受过良好的教育的确会在生意上给予莫大的帮助，但大学教育并不是必要的，所以最好的态度是顺其自然，让年轻人自己选择，他更为注重的是年轻人的能力和目标。而对于工作，年轻人经常会三心二意，犹豫不定，父母想要帮助孩子选择更好的发展路线属于人之常情，并且父母的意见要比孩子的意见成熟得多，所以孩子们不妨也听听父母的意见，能通过沟通而达到共同意识的当然是最好。那顿·斯哥特警示现在正在工作的年轻人：老板的利益就是你的利益，上班要早来晚走，不久就会让老板觉得你是公司的核心，是不可缺少的一员。

●赫伯特·皮尔斯——美国助理国务卿

赫伯特·皮尔斯表示，他能有今天的成绩主要归功于坚持不懈的努力，当然更离不开那些细心教导栽培他的人。同时，他也表示，诚实守信与锲而不舍的精神也是帮助他成功的要素。赫伯特·皮尔斯建议，年轻人在选择职业的时候根据自己的喜好选择适合自己的工作，全身心地投入，凡事要洁身自好。工作热情很重要，对某行业的偏好也是促使人事业成功的必备条件，因为它是忘我地投入工作中的前提条件。年轻人要认真选择好自己要走的路，之后全身心地投入相关的事业中，把所有的空闲时间都致力于这一目标，孜孜不倦地为老板工作，不要夹杂任何不满和厌烦的情绪。如果感觉自己所从事的工作实在不是自己想要发展的，或是因工作的某些事情在良心上实在容忍不下，可以选择辞职。若是能学会好的礼仪习惯和说话技巧，观察他人如何将事情处理得恰到好处，这也是在为自己积累人生经验和为人处世的技巧。在发展事业的同时，也要学会尊重人家。切记，一个人的成功不是自己标榜的，而要大家对他认可，没有这种赞誉，就没有成功可言。

●吉福德——神学博士

吉福德认为能力之于成功更有帮助、更重要，但是只有能力而没有经验的人，是很少能够成功的。他的观点是，相对而言，能力是比经验重要，因为经验是要靠能力去累积的，但是只有能力，是很难驾驭所要从事的工作的。因此，作为当代的年轻人，要成功首先必要的就是能力，然后用能力去累积经验，从而达到成功。吉福德建议年轻人在择业时根据自己的喜好选择职业，但是他并不认为这种偏好是促使人在该行业成功的必备条件，这种偏好只能在部分人身上起到这种有益的促进作用，但并非所有，一个人也不是热爱自己的工作就能取得事业上的成功，一个人也不是不热爱自己的工作就不会取得事业上的成功。总而言之，这种对某行业的偏好的作用并不特别地明显，也不是特别地适应于所有人。吉福德给当代年轻人最好的建议是：保持自己的身心纯洁、思想独立，最主要的要相信自己，要明白成功的关键就是——自我。

●威廉·盖奇——纽约萨拉托加温泉酒店经理

威廉·盖奇认为，成功的要素在于信仰上帝、无所畏惧、努力工作、诚实守信、具备锲而不舍的精神等。他表示自己的成功有两个准则：一个是宪法，另一个是他自己的人生准则：己所不欲，勿施于人。自己不喜欢的事，强加到别人身上，是一种很不道德的行为，就算是生养孩子的父母也不能强迫孩子去做他不愿意做的事。教育选择、职业选择，对于孩子来说，他有自主选择权，而父母拥有的权利只是劝告、指导，而并非是一味地强迫孩子违背本身的意愿。这种强迫不仅仅是在摧毁孩子的人生，同时也是在摧毁父母与孩子之间的友好的亲子关系。

可以采取一种换位思考的方式，假设你是孩子，你非常喜欢某行业一心想要在这个行业上努力奋斗发展自己的事业，结果父母不分青红皂白地要你选择你一点也不喜欢的行业，那么你的心情的糟糕程度就等同于你强迫孩子违背他本身的意愿时的糟糕程度。

●乔治·布朗——普尔曼汽车有限公司总经理

乔治·布朗认为，对于成功而言，能力和经验都是必要因素，只有两者结合起来，才能达到成功。能力和经验之外，诚实守信、乐观的工作态度、锲而不舍的精神毋庸置疑也是获得成功的要素。他认为教育对于成功有一点影响和帮助，他也鼓励年轻人通过教育提升自己，但是前提是年轻人自己愿意，所有违背年轻人自己的意愿强迫其上大学的举动都是不明智的，尽管年轻人最后是妥协了，听从了吩咐去上大学，但是会不会学能不能学到什么，这已经不是我们能控制的了，正如你可以牵马到水边，却不能逼它喝水，而且对于毫无读大学意愿的他来说，这是在浪费时间，还不如顺其自然，按他的意愿他的所想让他自由地发展，这样或许会有想象不到的收获。而教育与年轻人择业问题是同个概念，尽管喜好不是促使人在该行业成功的必备条件，但是根据自己的喜好来选择职业最起码可以保证自己对这份职业的态度和热忱。总而言之，无论是教育还是择业，孩子都有他的自主选择权，他能够选择自己喜好的，我们就不要去逼迫他。

●凯洛格——美国医学传教学院院长

凯洛格表示，成功的要素首先是要有目标，要意识到要让自己成为这个世界上最有用的人，然后为了达到这个目标而矢志不移地刻苦努力学习，做充分的准备；其次是简单的生活习惯和温和的性格，夜以继日地工作以及长期的良好的生活习惯。在孩子的择业问题上，凯洛格认为一个男孩不该被强迫做任何的事，这种对孩子的武断管理和强硬态度没有什么用。父母们都应该先充分了解孩子的秉性天赋到底是什么，然后因材施教，发展他们的才能，使之在将来的职业生涯中得到充分利用。观察我们身边的一些人，我们会发现有一些人对自己所从事的职业并不感兴趣却仍然在从事着，并不是因为其适应能力的原因，真正的原因来源于这项工作的酬劳或是社会地位的影响。而有一些在自己的职业生涯中取得很大成就的人，他们并不是自愿选择，而是顺从父母或亲友的意见。当然，一个人应具备能适应他的职业的天分，这是一种本能，它比天赋更重要，是必不可少的。

●基思——华盛顿和伦敦基思剧院老板

基思认为，成功的要素是：首先，早期的家庭环境优越；其次，爱好自己所选择的职业；最后，毫不犹豫，坚定不移。他建议年轻人根据自己的喜好来选择职业，因为对某行业的偏好是会影响其成功的非绝对必要但是很重要的条件。当然也有很多人是选择了自己并不喜好的工作，但是，如果想要成功，即使是自己一开始并不喜欢的行业，也要去学，而慢慢地在工作的需求中，也就喜欢了。这种喜好会让自己越来越尽心于工作，从而直接影响工作效率影响日后的发展。而关于能力与经验，基思表示，能力是重于经验的，因为经验是可以依靠能力而积累。一开始，刚刚出来就业的年轻人很多是比不上已经工作了很长时间的老手的，但是这并不代表他不会成功，经验也是依靠能力积累的，所以只要年轻人有能力，那么他绝对可以通过坚持不懈地努力获取丰富的经验，从而超越前人，获得成功。另外，基思也表示，他不赞成一个人为他人工作很长时间，这会产生强烈的依赖感，而且年轻人都不喜欢这么做，他觉得很多有能力的男人，由于瞻前顾后而毁了自己可以有独立事业的机会。

●莱斯特 · 比尔兹利——美国海军上将

莱斯特 · 比尔兹利认为，自己的成功在于：很幸运进入海军学院成为一名海军学员；充分利用了各种机会展示了自己的才能；创造机会来展示自己；没有机会要学会自己多创造机会。当然，能力与经验对于成功而言都很重要，两者都必须具备，否则距离成功就永远还差了一步。因为认为对某行业的偏好是促使人在该行业成功的必备条件，事业上的成功与对工作的热爱密不可分，所以他建议年轻人能够根据自己的喜好选择职业，但是在选择发展方向和地方的时候，应从实际出发，因为不是所有的人都适合去大城市，有的人在小城镇或者小城市能够得到更好的发展。当然，如果大城市确实有更好的发展，那么努力地拼搏一次也不妨，只要有能力，那么就“走自己的路，让别人说去吧”。当你能确定的时候，要首先给予自己肯定。

●约瑟夫·达林顿——宾夕法尼亚州费城工会联盟俱乐部主席

约瑟夫·达林顿认为无论是能力还是经验，都是成功的必备要素，只有两者兼备才可以取得成功。经验是从多次实践中得到的知识或技能，而能力就是经验获得的实践，两者相辅相成，缺一不可。而除了能力与经验，要成功，当然还需要别的因素，包括诚实守信，具备锲而不舍的精神，这些良好的品质都可以促进成功的进程。对于时下的年轻人，约瑟夫·达林顿鼓励他们读大学，教育是通往成功的一个有效途径，虽然不是必备要素，但是也是一个很有影响力的因素。因为教育除了能够让你获得更多的专业知识，也能够帮助身心健康地发展。他建议年轻人们可以多读书读报，最好养成看日报的良好习惯，这样不仅可以提升自己，也可以多了解一些时事，而且看书读报并不会浪费太多的时间。

●乔治·彻里——布鲁克林艺术科学学会会长

乔治·彻里认为成功的最主要的要素是执着，而其他的譬如诚实守信、锲而不舍的精神、对工作的热情、个人的能力、经验等，也是成功的重要因素。而不够执着恰恰是导致失败的最主要的因素。很多人并不是不能成功，在事业发展的路途上，也许他付出了很多，但是，最终他还是失败了，原因就在于，他不够执着。无论做什么事，困难和挫折都是必定存在的，它们存在的目的就是打垮你的执着，让你达不到成功。而很多成功的人，他们身上都有一股不容忽视的力量——执着，他们懂得坚持懂得一味地执着勇敢地朝着成功的目标奔跑。当然，要取得最大的成功，除了执着等要素之外，还要有满腔热情，这个“满腔热情”指的不仅仅是对生活的热情，还有对工作的热忱。一个人只有热爱自己的工作，才能用心做好这份工作，才能取得成功。

●威廉·阿尔沃德——加利福尼亚银行行长

威廉·阿尔沃德认为把工作当作自己的事业来做、做事专注、投入这就是成功的要素。要把工作当作自己的事业来做，首先你要喜欢这份工作，所以最好是根据自己的喜好来选择职业，因为这种对行业的偏好是促使成功的必备条件，只有从事自己喜欢的工作，才有足够的热忱去对待这份工作，才会更容易获得成功。而访谈中涉及能力与经验的问题，威廉·阿尔沃德表示，相对于能力而言，经验毫无疑问更重要，现在很多招聘需要的员工都是有经验者优先，这等同于拥有经验者在成功的路上获得了优先权一般。这并不是说单单拥有能力而毫无经验的人不会获得成功，只是他走的路远远要比有经验的人走的远一些难一些而已，他需要更多的时间来累积经验，才能够与有经验的人站在同一水平线上。

●白金汉——田纳西州孟菲斯国家银行行长

白金汉认为没有能力是不可能成功的，经验是对能力的实践考验，在能力与经验这一备受争议的问题上，他无疑是高举了能力的牌子表明了自己的立场——相比较而言之，能力占成功最大的份额，没有能力的经验只会发生量变，不会发生质变。白金汉建议父母不要强迫孩子做任何他不喜欢做的事，正所谓强扭的瓜不甜，勉强孩子选择他不喜欢的行业只会适得其反，会让他对任何事都没兴趣，最后所营造的只会是一个庸庸碌碌的人生。所以一切都以年轻人的意愿为前提，让他们自由地选择自己所喜欢的职业。只有这样，他才会有兴趣并且用心地去做好这份工作，从而步步接近成功。说到择业，也就谈到教育，白金汉很支持年轻人多接受教育，他认为教育很重要，不仅仅可以扩大视野，改变大脑中的传统观念，也会在生活和工作上提供很大的帮助。教育会让人受益终身，但是若是该年轻人不愿意读大学，那么就不要去强迫他，接受大学教育应该是一种自我自主的体现。

●托马斯·马尔佛——弗吉尼亚军事学院监事会主席

托马斯·马尔佛认为成功的要素在于无论对人对事，都要诚实，诚实不仅仅是一种优秀的道德品质，它比任何因素都重要，没有什么都不能没有诚信。而能力与经验，在通往成功的路上，也是相辅相成的必要的两者。谈及择业问题，托马斯·马尔佛建议年轻人根据自己的喜好选择职业，原因在于，喜好是影响成功的重要因素，如果一个人对于他的职业没有任何的兴趣，那就宛若是得了天生缺陷一般，无疑他是无法达到成功的。现在，很多父母会干涉孩子的决定，就强迫孩子改变自己的意愿来说，这是非常不明智的，父母可以做孩子的指引，在孩子选不出自己的真正喜好的时候想方设法地让他流露他的喜好，但不是一味地要求孩子应该做什么强迫孩子根据我们为他设定好的路线去发展。更多地，父母对于孩子应该起到一种帮助、指引、鼓励的作用。另外，托马斯·马尔佛认为，时下的年轻人也许很少阅读书籍报刊，若能养成每天读日报的习惯是非常有益的，同时，他列出了一系列的书单：《圣经》、荷马的书籍、莎士比亚的书籍、《华盛顿传》、杰斐逊·戴维斯的《南部邦联的兴衰》、《首席法官唐尼传》。他认为自己推荐的这些书籍，在一定程度上都会对年轻人的价值观和未来事业的发展产生影响。

●布莱恩·史密斯——纽约布鲁克林储蓄银行行长

布莱恩·史密斯认为成功的要素在于：首先，要活着；其次，自立；最后，尽力坚持。很明显，如果做人没有目标，那就不算“活着”，所以，目标就是“活着”的根本。而不自立的人，会因为他的依赖很懒惰，最终只活在别人的阴影下。当我们有目标且自立时，唯一缺的就是坚持了，锲而不舍地努力才是通往成功的最关键的一步。不懂得坚持的人，往往无法取得最后的成功。当问及年轻人择业问题时，布莱恩·史密斯是建议年轻人根据自己的喜好来选择职业的，因为这种喜好会形成对某一行业的偏好，这种偏好恰恰是促使人在此行业成功的必备条件。对于某一行业的偏好，往往就表现在对工作的喜爱程度，只有热爱自己工作的人才会付出百分之百的努力去工作，把工作中所遇到的好坏当成一种乐趣，把工作放在最重要的位置上，才能取得事业上的成功。当然，要取得成功不仅仅是依靠着这种偏好，还有经验与能力，尤其是能力，没有能力的话，无论从事什么，都不会成功的。而年轻人就是要找到属于自己的定位——即自己喜好的且有能力的工作，从而全心全意投入到工作中，以取得最后的成功。

●约瑟夫·曼利——缅因州奥古斯塔储蓄银行行长

约瑟夫·曼利认为刻苦努力、注重细节、诚实待人均为成功的要素。关于成功，第一步就是选择职业的问题，对某一行业的偏好毫无疑问是促使人在此行业成功的必备条件，所以年轻人应该根据自己的喜好来选择适合自己的职业。若是一开始职业选择就错了，就会导致一开始就朝着错误的方向走，这样要达到成功就是事倍功半了。在就业之前，约瑟夫·曼利鼓励年轻人要接受大学教育，他认为无论以后要做什么，上大学都会有帮助的，而他也支持父母违背年轻人意愿强迫他上大学的举动，他认为这样的举动是为了年轻人好，是为了年轻人能够有更美好更平坦更成功的未来，即便现在他们不理解，但日后他们肯定会感谢当初父母的强迫之举。约瑟夫·曼利表示，年轻人必须做到诚实、勤奋、有理想。“只要你喜欢，不要顾虑失败，要知道自己能做什么；充满激情地投入工作，不要总考虑下班时间；今日事今日毕；诚实做人，待人公平；要宽容，不要苛责他人，要有绅士风度。”约瑟夫·曼利如是说。

●弗兰克·莫利——约翰斯·霍普金斯学院数学教授

弗兰克·莫利认为要想成功必须在保持热情的基础上更加专注。他建议年轻人择业要根据自己的喜好，虽然这种偏好不是促使人通往成功的必备条件，但它也是一个重要的条件。“理解成功的含义比经济上成功更重要。”弗兰克·莫利如是说，所谓的成功并不是指你所能赚到的金钱有多少、你所获得的权力有多少，成功是一种无法用金钱来衡量的东西。如果是为经济上的成功而选择自己不喜欢的职业，那么尽管你赚的金钱足够让你骄傲，但你也无法开心起来，因为你的内心得不到满足，因为你根本对你自己所从事的职业没有任何的兴趣。这种情况，从经济的角度来说，你是成功了，但从心理上来说，你并未成功。

●查尔斯·亚德里·特纳——画家

查尔斯·亚德里·特纳认为成功是需要一些天分和更多的刻苦的。而导致失败的原因是明明知道某样东西并不适合自己，却强迫训练自己去适应。也许有人会说天分并不能强求，但此处的“天分”代表的是一种能力——办事能力、工作能力，这种“天分”是可以后天培养得到的，譬如生活体验、良好教育等途径，都是可以得到这种“天分”的。而刻苦，准确来说，这完全是个人的一种工作态度和内心的修养。无论是做什么、往什么方面发展，除去能力之外，刻苦都是一种非常必要的存在，如果只是有一种目标，而不去付出实际行动，那么成功只是一个白日梦而已。很多人有正确的人生目标，在工作岗位上也做到让人觉得他是努力过了，但是他并没有成功，原因就在于，他所做的刻苦还不足够，甚至他所做的，只是分内工作，而不是额外多出的为成功而做出的刻苦奋斗。

●莫斯曼——肯塔基州国家农商银行行长

莫斯曼认为粗心是导致失败的最主要因素。粗心，即是在某些细节处理上做得不好，而恰恰在很多东西上，细节是最有影响力的。所谓“细节决定成败”。想做大事的人很多，但愿意把小事做细的人很少。事实上，我们不缺少雄韬伟略的战略家，缺少的是精益求精的执行者；我们不缺少各类管理规章制度，缺少的是对规章条款不折不扣地执行。要想取得不一般的成绩，要想获得成功，我们必须改变心浮气躁、浅尝辄止的毛病，提倡注重细节、把小事做细。只有注重细节，才能更好地处理各种问题，才能更接近以及达到成功。看不到细节，或者不把细节当回事的人，对工作缺乏认真的态度，对事情只能是敷衍了事。这种人无法把工作当作一种乐趣，而只是当作一种不得不受的苦役，因而在工作中缺乏工作热情。他们只能永远做别人分配给他们做的工作，甚至即便这样也不能把事情做好。而考虑到细节、注重细节的人，不仅认真对待工作，而且注重在做事的细节中找到机会，从而使自己走上成功之路。

●杰弗逊·戴维斯——阿肯色州州长

杰弗逊·戴维斯认为，目标明确的人，是最容易成功的人。他希望时下的年轻人能够明确自己的人生目标，并为之锲而不舍地努力，希望年轻人可以做到诚信、真诚、不推卸责任。确定目标，是通往成功的首要步伐。如果连自己将来想要什么想做什么都不确定不清楚，那么成功对你来说究竟是什么存在呢？一个人在这个世界上没有目标，庸庸碌碌地过其一生，他是绝对不会与成功有任何的交集的。确定目标，在事业上首先体现为职业选择。杰弗逊·戴维斯建议年轻人择业时根据自己的喜好来选择，尽管对某行业的这种偏好并不是促使人在该行业成功的必备条件，但是一个人只有热爱自己的工作才能取得事业上的成功，这种喜好不是必备条件，但是这是一种重要的辅助条件。所以，年轻人在前往成功的路上所要做的第一件事就是清楚自己的需求，明确自己的奋斗目标。

●欧宾——金融家

欧宾认为，成功的要素在于始终刻苦努力、诚实、节俭。他还特别地指出，想要不断地成功，诚实守信是绝对必要的，而锲而不舍的努力精神也是一定要具备的。也许现在很多人都会忽略诚信的重要性，为了达到目的而不择手段的人在商场上比比皆是。但是，毫无疑问的，那些不择手段的人并不能比诚实守信的人取得更大的成功，相对而言，不择手段的人所获得的成功，是短暂性的，即便这一刻成功了，可失去的诚信是弥补不回来的，他也终究会为此付出代价。诚实守信的人或许会在某方面被别人利用，但是从长远来看，他会让大多数人信服，也为日后事业的成功做了很厚实的铺垫。聪明的人都知道，什么样的成功是持久恒远的让人认可的。同时，欧宾也表示，现在的年轻人必须意识到思路清晰、生活简单、言行诚实，这些不仅是对现在的生活必要，对将来的生活影响更为重大。

●乔丹——贝茨大学教授、学校董事会主席

乔丹认为时下的年轻人应该做到懂礼仪、诚实单纯、对事认真、坚持。他表示成功的要素为：工作中踏实沉稳、公平做事、目标明确、对人宽容谦恭。而导致失败的最主要的因素则是不关注事业，奢侈浪费或有不良习惯。要想成功，年轻人应该先树立自己的理想，没有理想就没有目标，没有目标，也就没有努力的动力，那么一切都没了动因。乔丹表示，能力和经验都是成功必不可少的要素，二者必须完美地结合，才能够抵达成功。有能力而无经验者不是不能成功，只是要等到积累了一定的经验之后才能够成功。他建议年轻人可以去一些能够进一步发展的地方。所谓人往高处走，天空大一些我们才能更好地展翅高飞，井底之蛙毕竟不能够长远地发展，更高更远的天空才是成功的方向。

●哈洛德·史蒂文斯——康涅狄格州哈特福德国家银行行长

哈洛德·史蒂文斯表示，如果年轻人的喜好合理，那么在择业的时候，他可以根据自己的喜好来选择职业，这种对某行业的偏好是一种最具价值的因素。如果年轻人的喜好合理，并且他能够合理地利用这个喜好，那么他一定能够热爱自己的工作，并且满腔热忱地对待这份工作，这是他成功的很重要的一步。很多人失败，究其最初的原因，其实就在于他并不喜欢自己所从事的工作，对于这份工作的态度是一种可有可无或是厌倦的态度。年轻人最好是在发展事业的时候给自己设立好近期目标，如果连这点都做不到，那么他将一事无成。“世界赋予每个人一种生活方式，但是要靠自己努力去争取、把握，因为机会只会留给那些做好准备的人。”头脑要不停地思维转动，因为所有事都是公平的，成功人士是集能力、智慧，坚韧的性格于一身的人。人人皆有望变身成功人士，只是看我们是怎样一步步走近或是远离成功的。

●安德鲁·布莱克里——圣查尔斯旅馆老板

安德鲁·布莱克里认为雄心壮志是成功的首要因素，他认为年轻人要有每件事都争第一的愿望：首先在学校班级做到最好，最优秀的跑步者、游泳者、拳击手、男孩中的佼佼者，要拥有耐心和决心去做成每件事。耐心和决心，其实就是现在很多年轻人所缺乏的，没有耐心去做自己的工作，没有决心去做好自己的工作。现在的很多年轻人，耐心就那么一点，对屡次遭到的挫折，没有耐心去应付，得过且过，甚至从一开始的斗志满满变成了后来的无所谓、不在乎。失去了耐心，就会开始烦躁，很多事都会不想做了，当初的目标也变成了虚无，那样哪会有成功可言呢。当然，所谓耐心和决心，都是建立在拥有雄心壮志的基础上的，而雄心壮志，指的就是目标，也就是事业发展的第一选择——职业选择。安德鲁·布莱克里认为年轻人没有必要根据自己的喜好来选择，不管你喜不喜欢这个行业，只要有足够的信心，都有潜力去做好它，成功不是建立在你喜不喜欢这个行业的基础上的，信心才是很重要的一点。

●沃克·希尔——美国汇兑银行行长

沃克·希尔认为要想成功首先要热爱自己的事业，其次要对相关的每一个细节做仔细的研究。细节是很重要的一个因素，某些细节对于某些东西来说可能很不起眼，但是对于成功来说，很可能恰恰就是这个细节决定了你的成功。所以，千万不要忽视任何一个小细节。沃克·希尔告诫时下年轻人：要诚实、有节制，只要你生活中有目标和愿望，而且付诸行动，上帝会保佑你成功的。他表示，诚实守信是人生的准则，而锲而不舍亦是成功的要素之一。除此之外，成功的另外两个要素是能力与经验，这是不可分割的两个方面，缺一不可。而谈及职业选择，沃克·希尔建议父母们不要干涉孩子们职业的选择，更不要在明知男孩对某行业有偏爱或适合做某工作的情况下还强迫他违背意愿进行择业。年轻人在选择职业的时候，我们应当支持他们根据自己的喜好来选择，因为一旦是他们所喜好的工作，他们必定会热爱，这种偏好所带来的热忱会让他们全心地热爱他们的事业，从而带来更大的成功。

●威廉·马希尔·斯蒂文森——宾夕法尼亚州亚利加尼卡内基图书馆馆长

威廉·马希尔·斯蒂文森建议时下的年轻人阅读一些有用的书籍，譬如《圣经》、莎士比亚的作品（至少一部）、波普的作品、《鲁滨逊漂流记》《天方夜谭》《自己拯救自己》（斯迈尔斯）等，这些书均有利于塑造年轻人正确的价值观和人生观，对于他们日后的事业成功也有一定的影响作用。他建议年轻人最好能够养成每天读报的良好习惯，譬如《国家》这样的周刊就是他推荐的报刊之一。威廉·马希尔·斯蒂文森表示，现在是个性化的时代，米尔的建议是非常适用的，“凡事都要了解一点，每件事都要了解清楚”。成功只是一个含糊的定义，最普遍的想法就是在金钱和其他物质上的优越，而这样看来，高等的教育反而成了障碍，因此想经商或是想从事技工行业的年轻人是不适合选择读大学的，但是如果学手艺或做生意都是为了更好地完善自我，那么绝对都应该上大学。

●约翰·汉密尔顿——爱奥瓦州锡特拉皮兹储蓄银行行长

约翰·汉密尔顿认为与其他原因相比，坚持不懈和节俭是取得成功的最有效的途径。他指出，许多年轻人开始的时候充满豪情壮志，但是遇到困难时就发生了动摇，没有坚持到底，最终导致失败。同时，在成功的另外两个要素——能力与经验上，约翰·汉密尔顿表示，“如果成功意味着快乐和满足，则需要能力；但如果目的只是完成任务，就不需要能力，坚持不懈和正直是成功的保证。而同时把经验和能力有机结合在一起则会得到更多”。除了以上的要素，他建议时下的年轻人在通往成功的路途上更应该做到诚实、真诚、刻苦、培养自己的能力、生活节俭不要入不敷出、尊重他人的权利。而关于年轻人是否应该根据自己的喜好来择业，约翰·汉密尔顿表示，大多数情况我会这样建议这样做，虽说这种偏好不是成功的必备条件，但是没有兴趣的话，不久就会对工作厌烦，这是不好的。

●乔治·盖伊——马萨诸塞州波士顿市医院高级外科医生

乔治·盖伊建议时下的年轻人要诚实、真诚、工作努力、要有绅士风度、经营好自己的业务、节俭、不要入不敷出。如果能做到以上这些，年轻人距离成功也就不远了。时下的年轻人很有必要养成读日报的习惯，这种习惯对于年轻人在奋斗的路上有一定的影响力，它不仅丰富了他们的见识，而且在一定程度上，也会影响他们为人处世的态度。如果可以，年轻人可以参与父亲的事业，从而锻炼自己的能力并累积经验，同时也可以在一定程度上帮助父亲。在能力与经验上，乔治·盖伊认为，能力毫无疑问地重于经验，原因是，经验是靠能力来累积的，但是能力却不是用经验可以获得的。他表示，成功的要素有很多，但最重要的还是要努力工作。即便认为对某行业的偏好并不是促使人在该行业成功的必备条件，但是他建议年轻人还是根据自己的喜好来选择职业，因为只有对自己的工作有一定的兴趣和足够的热忱，才能更好地去掌控这份工作，才能获得成功。

◎约翰·伯福德——俄克拉荷马州最高法院首席法官

约翰·伯福德这样分享他的成功秘籍："第一，年轻的时候要听父母的话'不做惹麻烦、让父母蒙受耻辱的事情'。这些教诲一直萦绕我耳边30余年。第二，20岁的时候，在农场辛勤工作，得到磨炼。第三，诚实，勇于承担责任，努力学习、有恒心。"他表示这些因素帮他越过重重障碍取得成功，而年轻人想要获得成功，可以借鉴一下他的成功经验，要自尊自爱、要磨炼自己、要诚实守信、要有担当、要努力奋斗、要有恒心。谈及大学教育问题，约翰·伯福德表示，教育自己的孩子是每个父母应有的责任和义务，首先就是告诉孩子们受高等教育的必要性，这种"告诉"属于提醒指导，并非是让父母强迫毫无读书意愿的孩子上大学。而年轻人应尽可能去学习让自己受到教育，并坚持到底，受到教育总是有好处的。

●多里默斯——美国火灾保险公司董事长

多里默斯认为自己之所以能够获得成功，"首先是上帝对我父母为我做的祈祷做出了最好的回答，其次是我一如既往地付出艰辛和努力去追求我的理想"。而他给时下年轻人的话则是："要绝对地诚实、谦恭、刻苦努力。当然要有独有的魅力，要谨记黄金法则'老吾老以及人之老，幼吾幼以及人之幼'。"导致失败的最主要的因素是不能做到坚持不懈，以及忽略重要细节。坚持不懈与注重细节，对于成功的重要性而言，可以借助木桶原理来说明，坚持不懈与细节就是木桶上最短的木板，它们决定了最终的成功与否。他表示，年轻人在择业时，可以适当地根据自己的喜好选择职业。但是，这种偏好绝对不是促使人在该行业成功的必备条件，它只是一个辅助条件，只是如果你喜欢这份工作，那么成功的概率就提升了那么几个百分点，因为这种喜好会直接影响工作的态度，使得你可以正确、乐观地去对待这份工作。

●约翰·朱林——纽约市弗朗西斯H.莱吉特批发公司成员

约翰·朱林认为，成功的要素在于做事尽职尽责、目的明确、努力工作、认真学习、精力充沛、充满热情、力求不断坚持向前。年轻人在选择职业时大部分都会根据自己的喜好选择，但并不是只有热爱自己的工作才能取得事业上的成功，相对而言，年轻人如果涉足能展示自己能力的领域这才是最好的。所谓的能展示自己能力的领域，当然不是指兴趣爱好所在的领域，有时候人不喜欢某行业，但是仍然有能力做好这个行业的工作并取得成功，所以没必要按照喜好来选择，这样会局限了自己。当问及能力与经验哪个对于成功而言更有帮助更为重要时，约翰·朱林表示，能力当然是更有帮助更为重要的，他的理由是，有能力就能获得经验，有能力的人研究什么才是成功的关键。他认为，当下的年轻人都应该做到尽职尽责、全身心地投入工作中、言行正直、勤俭节约、相信自己会成功。他鼓励年轻人在生活和工作中应学会洞察以及发现机会，因为伟大的成功只会青睐那些会充分抓住机会的人。

●威廉·克雷格——马萨诸塞州波士顿水果及农产品交易中心负责人

威廉·克雷格认为目的单纯、诚实、拥有取得成功的决心、值得信赖、无论工作大小都尽职尽责完成并做到最好，这就是成功的要素。“真正的成功不能没有诚信。”威廉·克雷格如是说，诚实守信就是事业成功的第一要素，这种“诚信”不仅仅是一种道德上的规范，而且是贯穿于生活与成功息息相关的一个要素。如果为了达到成功而把诚信丢失，那么只能说这个人永远都不会成功。很多人会说，他不在乎过程，他只在乎结果是否成功，所以，为了达到目的，他选择了不择手段，甚至是不惜丢弃人生最为宝贵的诚信。而很可惜的是，在这个社会里，诚信是比一切都重要的，没有了诚信，那就等于与成功失之交臂，绝不会有交集出现。威廉·克雷格告诫当下的年轻人，“不要总是原地踏步，要前进。‘如果开始没有成功，那要做再次的尝试。’注意自己的言谈举止，要坚持不懈地努力，要有勇气，要诚实。要充分去利用这些优点”。

●安德鲁·迈克利时——斯科特丝织品公司的成员

安德鲁·迈克利时表示成功的要素在于努力工作、精力全部投入工作中、善于捕捉机会以及目光长远。年轻人在选择职业时总会面对一个问题——到底是否要根据自己的喜好来选择职业？安德鲁·迈克利时认为，只要该年轻人在自己的喜好方面有很大的天赋和才能，那么毫无疑问他就可以利用这种天赋和才能，根据自己的这种喜好来选择职业。对某行业的偏好有时并不是促使人在此行业成功的必备条件，但有时却是处于必要条件的位置，当然，一切都要依情况而定。但至少这种偏好能让人在这个职位上感到很适应，一个人并不是只有热爱自己的工作才能取得事业上的成功，但是这种热爱能够调整好他的工作态度。在迈克利时的观点里，能力和经验对于成功都很重要，而大多数情况下，只有二者兼备的人才可能、可以成功。迈克利时同样表示，若是一定要分个高低层次，他认为能力是较为重要的，因为有能力而无经验者可以依靠自己的能力获得成功，尽管概率不大，但是也不是很小。对于时下的年轻人，安德鲁·迈克利时建议他们每天用少量时间阅读报纸，更多地去阅读杂志、评论和文摘，最重要的是多读书，譬如莎士比亚的作品、达尔文的《物种起源》、华兹华斯的作品、《悲惨世界》《天路历程》等。

●乔治·弗朗西斯——土木工程师

乔治·弗朗西斯认为，最重要的成功要素是诚实，同时学习洞察细节。诚实并不是一种简单的道德规范，不择手段乃至于牺牲诚信的人，尽管在成功的路上会风光一段时间，但最终都会是失败的，没有诚信的人永远都不可能取得完美的成功。而细节对于成功，就像是木桶的一个小板隔，也许很不起眼，但是弄不好整个木桶就都不复存在了。乔治·弗朗西斯表示，除却诚实与细节，成功的要素在于：无论什么工作，都尽全力做到最好。乔治·弗朗西斯表示，他很欣赏努力奋斗的年轻人——随时做好接受任务的准备，尽管万事开头难，但还是会努力去做好它——这样锲而不舍的精神会使得年轻人在成功的路上走得更加平坦。他表示，懒惰是导致失败的最主要根源，如果自己懒惰，那么又有何资格谈论成功。成功并不属于那些懒惰的人，而是属于勤奋的人。

●托马斯·博登——马萨诸塞州福尔里弗市储蓄银行行长

托马斯·博登认为，要成功就必须做到：留意他人在做什么，为什么这么做；言行恰到好处，认真学习所从事领域的技能，潜心研究相关知识，尽量博得对方的信任。简而言之，就是要细心，要懂得思考，要有良好的言行举止习惯，要有技能并能往更深层次研究，要诚实守信，要让别人可以信赖。在以上要素中，托马斯·博登并没有特别地提到经验，而对于能力与经验孰轻孰重的问题，他表示，能力毫无疑问更重要，因为经验的获得是依靠能力来实现的，而没有能力，那么经验则无从获得。所以，有能力而缺少经验的人，他只是比两者兼得的人的成功时间更为长远了一点而已，而没有能力，那么成功则是遥不可及。托马斯·博登也在年轻人的择业问题上给出了自己的意见，他认为总体上来说年轻人可以根据自己的喜好来选择一份自己喜欢的职业并为之努力，但是，这种偏好只是起到一种朴实的辅助作用，只是让我们能够更用心更认真地去努力做这份工作，并且一步步地靠近成功。而对于年轻人是否应该参与父亲的事业这一问题，托马斯·博登表示如果该年轻人的父亲事业很成功，那么他赞成；反之，不赞成。

●金洛克·纳尔逊——神学博士

金洛克·纳尔逊认为“只想不做、不想就去做、不想也不做”均为导致失败的最主要的原因，而成功的要素就在于努力工作，坚持不懈。在我们身边，“只想不做、不想就去做、不想也不做”这几类人并不少见。只想不做的人，往往是在做着美妙的白日梦。不想就去做的人，本身就有一股冲动劲，对任何事情都没有详细的规划，就好比看到西瓜就要西瓜、看到桃子就要桃子的猴子，最后是什么都得不到。而不想也不做的人，那是连庸碌的人生都没法拥有的人，他不知道自己的人生目标，甚至不知道自己是为什么而活，这种人很可悲。金洛克·纳尔逊表示，年轻人在择业时会面临是否根据自己的喜好来选择工作的问题，而他的建议是通常是根据这种爱好来选择的，但是这种爱好并不是一种促使人在这个行业成功的必备条件，它只会发挥一种无形的辅助力量，譬如让你在工作中以乐观执着认真热爱的态度去对待所有的工作，这种辅助力量是一种无形的影响力，但是却不是成功的必备条件，毕竟并不是所有从事自己喜欢的行业的人都能取得成功，也并非是从事自己所不喜欢的行业的人都无法取得成功，据了解，还是有很多人尽管是从事着自己所不喜欢的行业，但是他们依然有所成就。金洛克·纳尔逊认为，年轻人可以有奋斗的方向和目标，但是要从实际出发、明确自己的奋斗方向，切忌好高骛远。

●麦克莱恩——纽约市范德比尔特诊所所长

麦克莱恩认为，成功的要素包括：健康的体魄、勤奋、坚定不移、凡事尽力做到最好。而能力与经验二者当中，麦克莱恩认为，毫无疑问，对于成功而言，两者都是必不可少的重要因素，而若非要挑出一个重轻的话，能力是比经验重要的。毕竟，对于一个有能力但缺乏经验的人来说，他可以达到成功，虽然这不是完全意义上的成功，但对于一个有经验却缺乏能力的人来说，成功注定无法企及。除此之外，麦克莱恩还表示，诚实守信以及锲而不舍的精神，都是促使成功的一个重要因素，因此，他认为年轻人都应该要做到诚实守信，对于任何事情都要有锲而不舍的奋斗精神。对于教育问题，麦克莱恩是支持教育的，他也鼓励年轻人接受教育，但是他并不支持强迫无读大学意愿的年轻人读大学的做法，他认为这种接受教育的权利是属于年轻人的，他们有权利接受也有权利不接受。对于年轻人的教育问题，应该因材施教，针对年轻人日后的发展来安排其受教育方式。

●爱德华·巴特勒——伊利诺伊州手工技能培训学校校长

爱德华·巴特勒认为成功的要素就在于认为自己所做的事是值得的，并找到做事的捷径。所谓的“认为自己所做的事是值得的”，即是要确定自己所从事的工作是自己想做的，而且是有价值的目标。而“做事的捷径”则是事业成功的每一个因素，譬如诚实守信、锲而不舍、注重细节等，这些都属于“捷径”。在年轻人职业选择的问题，爱德华·巴特勒不建议年轻人根据自己的喜好来选择职业，原因是在这些事情上年轻人的判断可能是错的。毕竟年轻人的阅历是很少的，在社会上的经历也是很少的，很多事情并没有他们想象中那么简单，而且，很多时候，年轻人的这种喜欢只是一时兴起的三分钟热度，这种喜欢的持续时间很短暂。再者，对于成功而言，并不是从事一份自己喜好的工作就能够获得，很多人虽然在从事着自己并不喜欢的工作，但他们一样能够成功，而很多人即便在自己喜欢的工作岗位上，但却一直达不到成功，这是能力与态度的问题。但是，如果孩子并不愿意跟着父母的意思行事，那么最好不要想违反孩子的意愿来强迫他们做事，最好的办法是试着劝服他们。

●爱德华·洛马克斯——联合太平洋铁路旅客票务代理总长

爱德华·洛马克斯建议年轻人根据自己的爱好选择职业，因为这种喜好会直接表现为对某行业的偏好，是促使人在该行业成功的必备条件。如果所从事的，是自己不喜欢甚至厌恶的行业，那么所造成的影响不仅仅是对该行业日积月累的厌倦，更有可能使得对自己失去信心，从而愈加地往失败的方向走。在爱德华·洛马克斯的观点里，成功的要素在于诚实守信以及具备锲而不舍的精神。而除此之外，能力是个必不可少的因素，一个没有经验但有能力的人，无疑在事业的路上他会成功。能力是一种类似于天赋的存在，是不能够轻易累积得到的，它不如经验那般，慢慢地累积就可以获得。在成功的路途上，最忌讳没有耐心，没有耐心是导致失败的最主要因素。如果开始没有成功，不要气馁，继续努力，再次尝试。

●赫伯特·盖特米森——纽约布鲁克林《每日鹰报》商务总监

赫伯特·盖特米森认为，成功的要素在于：好父母、好身体、在大学接受好的教育、对每件事的坚持不懈。好父母是体现在父母教育的方面，好的父母是不会强迫孩子选择不喜欢的职业或者他不愿意去做的事情，尽管认为教育对孩子来说是最好的选择，但好的父母对于孩子不愿意但是他们认为是好的事情的态度应该是好好地努力与孩子沟通，劝服他们，来达到最好的效果。好父母通常是年轻人身上拥有优秀品质的最直接的来源，他们懂得如何教导孩子，以及与孩子保持良好的亲子关系。而好身体自然就是良好的生活习惯。此外，赫伯特·盖特米森告诫时下的年轻人：要有强健的体魄，受到良好的教育（最好是大学教育），认真学习你将来想涉足的领域的知识。要谦逊谨慎，努力工作，对雇主诚实，坚持自己的原则，保持对工作的热情，不要有太大的野心，随时为下一步做好准备。交友要慎重，诚恳待人。

●罗伯特·莫里——新罕布什尔州白山枫叶林酒店经理

罗伯特·莫里认为当下的年轻人在事业上缺少体验生活、发现机会等的经验，应该多去体验，增加机遇。生活的体验，对于年轻人来说，除了能增加人生阅历，还能培养他各方面的能力。体验生活，也让年轻人增加了发现机遇的概率。罗伯特·莫里建议年轻人根据自己的爱好选择职业，是因为这种喜好纯粹是表现在对待工作的态度上，毕竟人在做自己喜欢的事情的时候，心情是比较开朗而且是比较积极的，这种乐观的态度在工作上虽然没有很明显的作用，但有一种隐形的帮助存在。人不一定是要热爱自己的工作才能取得成功，但是热爱自己的工作可以让自己更加地快乐。年轻人要有自己的想法，如果实在是不喜欢某种职业，那么就不要坚持在那里，而是应该找到自己的价值所在，哪怕是未来的路很难走，也要努力地坚持，发挥自己的潜能。如果是本身就在某个点上按部就班地稳定发展的时候，就不要轻易地改变方向，好高骛远有时候只会让人跌得更加惨重，人不仅仅要有远大的奋斗目标，清楚自己的能力也是很重要的一个方面，年轻人切忌浮躁、不切实际。

●艾萨克 · 兰辛——格林瑞治长老教会牧师

艾萨克 · 兰辛认为，自己之所以会成功，“外在原因源于上帝恩赐了我虔诚的父母，他们给了我高尚的品格和理想。而内在原因来源于《圣经》的启蒙形成了我的生命准则。因为这些，我总是被大家对我的关爱、人类所创造的东西、各种知识、对上帝的解读，还有所学到所有有用的东西不断地激励着”。艾萨克 · 兰辛认为《圣经》对于人的生命观、生命准则、价值观、世界观的形成都非常有影响力，很适合年轻人阅读，从《圣经》里，年轻人一定可以获得一些很重要的人生指示。艾萨克 · 兰辛表示，他比较注重和谐发展的重要性，包括所拥有的能力、耐心的磨炼，拥有永恒的虔诚信念，用它去理解生活的真谛，作为自己人生奋斗的目标，同时也作为鞭策自己不断前进的动力。谈及年轻人是否应该根据喜好择业的问题，他表示，如果该年轻人还没有成熟，就该等一等，看他是否会改变他的喜好，如果一直坚持，那就顺从他的意思，如果不断地改变，就不支持他。

●威廉 · 莫里——马萨诸塞州海德公园玛莎葡萄园夏季学院院长

威廉 · 莫里认为，成功的要素在于：遗传基因、天赋、活力、动力、教育、灵感。对于教育，威廉 · 莫里特别地支持，教育这一因素在成功的路上是很重要的，如果年轻人想从事某专业，那么他应该要去上大学，如果他不愿意去，父母应当努力劝说，改变他的意愿，要是改变不了，那就随他去。即便教育对于日后事业的发展和成功有相当重要的作用，但是基于对孩子意愿的尊重，我们是不能够勉强他的。孩子的未来毕竟是属于孩子的，过分地干涉，只会让他对未来充满恐惧以及厌恶。同样地，在择业问题上，亦是如此，年轻人可以根据自己的喜好来选择职业。但这样的情况并非适合所有人，还必须看他的天赋如何，如果没有天赋，当然我们也并不能强迫孩子改变意愿，作为父母，我们应当提醒他这种选择的危险性，并告诉他在自己毫无能力的范畴内努力，也只是徒劳无功。

●约瑟夫·奥尔登·肖——马萨诸塞州伍斯特高地军事学院院长

约瑟夫·奥尔登·肖认为诚实、真诚、虔诚、守诺、言行一致，这便是成功的要素。同样地，锲而不舍的精神与诚实守信一样重要，无论怎样，都是成功必不可少的因素。成功就像是金字塔最顶端的点，而这些要素都是下面垒叠的黄金，要想叠出金字塔最高点，我们就必须将下面的每一层都处理好。而导致失败的最主要因素则是：缺少勤奋刻苦的精神、没有商业头脑和能力。特别是缺少勤奋刻苦的精神，往往这类人显得娇生惯养，一点苦都受不住，更别说能够战胜挫折了。至于年轻人择业的问题，约瑟夫·奥尔登·肖认为，年轻人应当根据自己的喜好来选择职业，因为这种喜好所表现出的对某行业的偏好是促使人在该行业成功的必不可少的条件。年轻人选择行业的发展方向时，要从实际出发，首先要明确自己的目标，知道自己在做什么，不能贸然地就往大城市发展，认为大城市肯定比小城镇小城市的发展要好的观点是错误的，并不是每个人都可以在大城市里找到适合自己的位置。

●乔尔·朗格内克——伊利诺伊州芝加哥律师

乔尔·朗格内克认为自己的成功在于：对自己所选择的职业始终坚持如一，

而且做事不会忽视任何细节，对人坦诚，从不歪曲事实。这些均为成功的要素，而时下的年轻人也应当努力做到诚实、不屈不挠、真诚、有志向、善良、有道德、能包容一切、爱国、勇敢。此外，乔尔·朗格内克表示，能力与经验对于成功而言，经验是更为重要的。譬如两个同时去应聘的人，一个有能力无经验，一个有经验而无能力，招聘公司最后选择的很可能就是有经验的人，毕竟对于企业来讲，经验更显得重要，他们不必多花费精力财力去培养一个无经验的人。被问及是否建议年轻人根据自己的喜好选择职业时，乔尔·朗格内克表示，他建议是这样，但是这种偏好并不是促使人在该行业成功的必备条件，它只是使人更容易成功而已。乔尔·朗格内克还表示，对于教育问题，则要看看年轻人日后是想从事什么领域的行业，许多大学的男生应该走出来经历一番磨炼，而有些校外的男孩应该去大学深造。

●查尔斯·杰弗逊——作家

查尔斯·杰弗逊认为自己的成功来源于自己的身上一直有一种动力促使他不断前进，从不懈怠，勤奋工作。这种动力即是对成功的追求，有这种追求的动力，内心就会有一股熊熊燃烧的火焰，不论面对什么困难，都无法熄灭这把火。在择业时，年轻人应当根据自己的喜好来选择适合自己发展的职业，这种喜好，往往是炼成心中那把热情之火的重要因素，对工作的喜爱，在工作上是直接表现为热情的态度，这能促使人早些取得成功。对于能力与经验这一争议性问题，查尔斯·杰弗逊认为能力对于成功而言更有帮助、更重要，因为能力不可以靠时间的累积来获取，但是经验可以，一个人只有能力没有经验，在某些领域，他是会成功的。年轻人们应当相信他人，也要有自信；做事要尽心尽力，力求做到更好；不要对过去的失败耿耿于怀，也不要恐惧将来的危险。

●马丁——纽约市《电子世界》杂志编辑

马丁认为，在成功的要素里，能力与经验同等重要，但若有高低之分，那么经验是更为重要的，毕竟经验的获得是难于能力的，而且在当代社会，很多公司在招聘人才的时候更为看重经验。马丁表示他的成功来自于从小就和电打交道，而且在自己喜欢的领域坚持学习，努力工作。所以，他认为缺乏持之以恒的精神是导致失败的最主要原因，但有时“失败”也是某种程度的成功。马丁用自身的经历表明了关于职业选择的立场——他建议年轻人根据自己的喜好选择职业，因为只有热爱自己的工作才能努力地取得成功，这种喜好表现出的对某行业的偏好是促使人在该行业中成功的必备条件。毕竟只有真正地喜欢这一行业，才会用心地努力地去做好它，才会更容易地达到成功。当下的年轻人要坚信机会会越来越多，在自己选择的道路上坚定地走下去。

●查尔斯·威廉姆斯——印第安纳波利斯《新闻报》主编

查尔斯·威廉姆斯建议年轻人在选择职业的时候根据自己的喜好来选择适合自己的职业，想达到最大的成功，就需要这样做。对于完全成功来说，这种偏好所制造的工作热情是必要的。除却工作热情这一因素，能力与经验也同样是成功的重要因素。但是就能力与经验二者来说，能力是对成功更有帮助、更重要的因素。因为能力有时候是一种与生俱来的本领，而经验是依靠能力去累积的，如果没有能力，那么经验则更是虚谈。不过，如果不懂得使用能力，或是能力使用不当，那么能力再大也会显得毫无作用。当然，努力工作、坚持实现自己的目标、诚实守信与锲而不舍的精神，这些因素对于成功而言也是非常必要。而不够勤奋，缺乏奋斗目标，则是导致失败的最主要的因素。查尔斯·威廉姆斯还认为，年轻人应当养成每日看报纸的习惯，或者可以多看一些书籍，扩展视野，譬如《圣经》、莎士比亚的作品、《华盛顿传》、《自己拯救自己》、《鲁滨逊漂流记》等，这些都是适合奋斗中的年轻人看的。同时，查尔斯·威廉姆斯认为年轻人也很有必要做到：讲实话，办实事，认为不对的事就不要去做。

●威廉·华莱士——美国巡回法庭法官

威廉·华莱士认为年轻人可以根据喜好来自由地选择适合自己的职业，因为这种对某种行业的偏好在很大程度上是会影响一个人的成功的。这种偏好并非是促使人成功的必备条件，但却是一个影响很重大的条件，如果一个人不喜好自己所从事的工作，那么他就很难投入工作中去，不能以正确的乐观态度来对待自己的工作，那么会养成一种"当一天和尚敲一天钟"的无所谓的态度，这种态度最终会导致人的懒散颓废，不利于成功的实现。相反，如果一个人很喜欢自己的工作，那么不用别人提醒，他就可以很用心很努力地投身到这份工作中，以一种热爱工作的积极乐观的态度去对待自己所从事的工作，这是促使成功的很重要的一个因素。威廉·华莱士表示，他不赞成一个生长在繁荣的小镇或小城市里有发展事业机会的男孩去大城市发展。尽管目标远大是一件好事，但是也要懂得从实际出发以及循序渐进，毕竟大城市不一定适合男孩的发展，而且相对来说，大城市的挑战比较多，男孩应该先在小城镇或小城市努力发展事业，累积经验，以期达到更大更完美的成功。

●塞缪尔·阿勒顿——阿勒顿包装有限公司前任董事长

塞缪尔·阿勒顿认为，当代年轻人都应该培养良好的品格、做人讲信用、待人真诚。良好的品格，无论是在哪个行业，对于成功都是非常必要的。人们都喜欢诚实守信的真诚的人，如果一个人品行有问题，那么他损失的不仅仅是朋友，还有自己拥有的或是想拥有的一切。年轻人在择业时可以根据自己的喜好选择职业，因为"生活像是一场游戏，对它没有极大的兴趣，就不会取得好成绩"。首先要对自己的工作产生兴趣，才有欲望去做好它，所以，一个人对某行业的偏好是促使其在此行业成功的必备条件。如果我们善于利用这种必备条件，那么就离成功不远了。塞缪尔·阿勒顿表示，一个年轻人在离开家之前必须已形成自己的独立性格及个人荣辱观，并且已具有独当一面的能力。只有这样，他才能拥有更好的发展。几乎在所有的大城市，很多成功人士都来自于乡村，所以年轻人应先在家乡做出点成绩，然后再转向大城市发展。这样循序渐进的方式，才能取得更完美的成功。

●查尔斯·迪基——宾夕法尼亚州费城伯大尼长老会牧师、长老会医院院长、神学博士

查尔斯·迪基认为成功的要素在于：关心自己的事业、凡事要考虑到他人的利益、充分运用自己的能力和经验。能力奠定基础，经验缔造成功。所以，对于成功来说，能力与经验都是必不可少的要素，两者不可分割。如果一个人只有能力而没有经验，在某种程度上是可以成功，但无庸置疑的是，经验对于成功确实有很大的帮助。而对于职业选择的问题，查尔斯·迪基建议年轻人根据自己的喜好选择职业，因为这种喜好所形成的某行业的偏好，是促使其在事业成功的必备条件，对获得完全成功很必要，尽管在现实生活中，有一些人并不喜欢自己的本职工作，但最后他也成功了，但是这毕竟不是大多数的存在。查尔斯·迪基认为，时下的年轻人应当做到：保持自己纯洁的品行、信仰上帝、严守戒律、孝敬父母、尊重妇女、为人真诚讲诚信、不要自以为是、充分利用机会取得成功、不要妄想成功会自己降临到你身上。

●埃德加·班克罗夫特——伊利诺伊州芝加哥西印第安纳铁路局副局长

埃德加·班克罗夫特建议年轻人在职业选择问题上可以根据自己的喜好选择，只要他有资质而且兴趣浓厚。让年轻人根据喜好选择职业并不是因为这种偏好是促使人在某行业成功的必备条件，但是这种因素却对取得成功更重要。埃德加·班克罗夫特认为，成功的要素在于相信自己能够完成任何想做的事，一旦确立目标，不要向任何困难屈服，持之以恒直到任务完成，继而寻求下一个挑战。锲而不舍的精神对成功来说，是必要中的首要条件。而能力与经验之中，经验加潜能可以产生能力，但是经验是后天积累的，他的价值取决于先天的能力，因此，对于成功而言，毫无疑问能力更为重要。一个人没有经验但是能力强，毫无疑问的是他完全可以取得成功，将足够的能力用于实践就是经验。同样地，高等教育也是成功的必不可少的条件。父母无怨无悔地做着奉献与牺牲，其目的就是要让孩子受到高等教育。为了日后能有更好的发展，接受高等教育也是年轻人所必要的。

●克莱·特朗布尔——宾夕法尼亚州费城《周日教育时代报》编辑

克莱·特朗布尔认为，成功的要素包括：要认清自己所处的位置，因为这是上帝的旨意，只要努力、尽职尽责，无论是成功还是失败，富裕还是贫穷，都无所谓。他不认为年轻人要向那些“成功人士”学习，看他们怎么做，然后东施效颦。盲目地模仿别人，最终只会导致失去了自我。不管事业是成功还是失败，诚信都要摆在首位，用“做正确的事”和“事业成功”做比较，当然还是前者更有价值。同时，克莱·特朗布尔也表示，坚持到底，不屈不挠是基本要素，也是责任，而放手也同样是一种责任。“只要有食物有信仰什么都阻挡不了。”认真的态度是做正确事情的必要因素。而能力与经验相比较而言，做事的能力是获得经验的必要条件。二者表面独立，实质上又不可分。所以，对于成功而言，能力与经验都是同等重要的，缺少其中之一，都不能达到完美的成功。

●查尔斯·阿特伍德——纽约医院医学博士

查尔斯·阿特伍德认为成功的要素是要有荣誉感，有良知，不要喝酒，也不要赌博，凡事只要去做，哪怕成绩只有一点点也好。一个人只有热爱自己的工作才能取得成功，所以选择职业是很重要的一步，年轻人如果偏好的事业是正经职业，那么这种偏好可以作为选择职业的考虑。对于自己不偏好的行业，自己一旦选择了，就要努力去喜欢这份工作。访谈中，查尔斯·阿特伍德认为当下的年轻人阅读过少，应该养成看日报的良好习惯，同时，他推荐了以下书籍供年轻人阅读：《圣经》、莎士比亚的作品、本国的历史、普罗克特的《地球以外的世界》、库珀的《皮袜子故事集》、格莱特的《和克莱夫在印度》以及金斯敦的《三个船运工》，希望年轻人在阅读这些书籍的过程中，找到成功的方向。

●艾莫尔·卡彭——马萨诸塞州塔夫茨大学校长

艾莫尔·卡彭博士认为成功的要素在于努力工作，坚持到最后，不屈不挠，脚踏实地，且要有崇高的理想，定准目标去努力。当今时代充满了机遇，年轻人应当要把握住最适合自己的机会，充分加以利用，准备好去迎接挑战。年轻人择业时，可以根据自己的喜好选择职业，一个人对工作的兴趣是至关重要的。环境对一个人的成功也起着重大作用，若年轻人有足够的能力，但所处的环境没有发展的机会，可以试着去其他城市寻求机会。但不管到哪里，都要找好自己的定位和方向。对于没有远大理想，且没有特殊专长的年轻人，艾莫尔·卡彭博士建议他们去学门手艺，学一门手艺对他来说，是最好不过的，他完全可以靠手艺养活自己，如果他这门手艺学得精的话，那也算是一种成功。

●爱德华·戴尔森——纽约州锡拉库扎奥内达家镇储蓄银行行长

爱德华·戴尔森表示他现在所取得的成就，要归功于健康的体魄、不懈的努力、不屈不挠以及坚持到底的精神。因此，对于成功而言，更重要的是要朝着自己的目标坚持不懈地努力奋斗。年轻人要想成功，要做到做事讲效率，更主要的是凡事都要讲诚信，做到这些后距离成功也就不远了。对于一个人对某行业的偏好是促使人在该行业成功的必备条件的观点，爱德华·戴尔森建议年轻人根据自己的喜好选择职业。父母不能强迫孩子改变意愿，如果明知道孩子对某行业有着偏好或者适合做某工作的情况下还强迫他违背意愿进行择业，那很明显是不明智的。一个人只有热爱自己的工作才能取得成功，因为这种热爱是让他努力投身到工作里的必不可少的条件。

●查尔斯·弗林特——纽约市的美国橡胶公司财政官

查尔斯·弗林特先生认为诚实守信是事业成功的要素，并且认为一个人的能力不应受到他出生成长的环境的限制，若是他的能力特别强，则应当逃离原本的地方，到更大的空间去发展，这也从侧面上说明了人不应当受自身的条件所限，而应当正视自己的天赋，往更高的地方看。

而对于条件允许并且刻苦读书的男孩来说，高等教育是很必要的，他会从中获益非浅。他会学到知识、磨炼能力，并达到一种心理平衡。教育能为他将来建立人际关系打下良好的基础。但如果自身条件和家庭条件不允许，那他应早些开始赚钱，使物质上得到满足，这可能会比上大学的结果更好。即使这个年轻人出身于富有的家庭，大学教育也不一定非有不可。如果他致力于学术研究，那他最好是上大学。否则他直接去工作就行了，按常理来说，受大学教育不成功的人做生意也不会成功，毕竟成败在很大程度上取决于他从大学教育中到底学到了什么。关键问题不在于他是否念过大学，而在于大学教育对他有什么影响。

“成功的机会有很多，轻易就成功的人毕竟是少数。他特别重申的是多数年轻人能力一般、家庭状况中等，他们应该上大学。十七八岁以前上中学，十八岁以后上大学。也许会有些不利因素，但这并不影响他走向成功，奋斗本身就是一个培养能力和塑造个性的过程。他会对此感到心满意足的。有条真理亘古不变：不是机遇成就了人，而是人创造了机遇。”

●查尔斯·埃利奥特——哈佛大学前校长

查尔斯·埃利奥特经常在扎堆的年轻人群体里走动，他认为成功怎么也不是偶然的，而是一个人成长过程中的诸多因素决定的，比如："良好的先天素质，身体健康，工作专心致志，从很小就开始奋斗。"作为一个老校长，他深知学生在关于爱好方面的创意是多么地重要，所以他认为年轻人必然要以自己的爱好和兴趣为出发点，去寻找自己终其一生肯为之努力的事业。与很多成功的实业家（他虽然不是实业家）一样，他也认为诚实守信与锲而不舍的精神是成功的要素，而且，他也认为能力是成功最为重要的条件，而并非是经验——有能力可创造机遇——这也是他的观点，那经验呢？我们会问，但是经验往往是虚无缥缈的东西，能力留住经验，经验则体现不了能力。在此中， 他认为如果一个年轻人只是个普通人，既无特殊喜好，又无雄心大志，他会建议他经商，而并非是其他的虚无缥缈的幻想。

●亨利 · 克鲁斯——知名的法学博士并身兼美国动物保护协会财务官

亨利 · 克鲁斯觉得年轻人选择就业时，应当保持谨慎、锲而不舍、专心致志。就算是生长在偏远、贫穷的地区，郁郁不得志，甚至发展事业的机会微乎其微，那么他也应该将目光放远点，勇敢走出这个困住他发展的地方，去到一个更有机遇的地方发展，比如大城市，但是这又往往取决于年轻人自身的能力与机遇。若是他无心上进，也无特殊喜好，又无雄心大志，那么再怎样的机遇都没有用，这样的人，还是安分守己地学一门手艺以求生存，若是家里有点钱，可以考虑经商——比如总有年轻人是十分有上进心的，会觉得为人打工的前途一片灰暗。这样一来，他完全可以在自己熟知的领域开创事业——不过前提他能筹到三五年内不作他用的资金。都说书籍是人类进步的阶梯，作为一个成功的商人也不例外，总需要读读这些书：《圣经》、莎士比亚的作品、本国历史、好的传记文学、《在华尔街的28年》及《华尔街的视点》。

●约翰·邓肯夸肯布什——来自美国纽约，精神疾病权威医生

对于“成功”这个话题，约翰·邓肯夸肯布什说道：“我总是在义不容辞地履行我的职责。倘若我已获得人们眼中的‘成功’，我会把所有促使我成功的因素归结为‘效率’。”但是效率的促成也必须有爱好所在，所以他觉得一个人对某行业的偏好并不是促使人在此行业成功的必备条件。因为光凭一股喜欢的蛮劲去拼是没用的，则需要太多的机遇和最佳的能力去争取最好的效率。那乡下的孩子呢？比如现在很多年轻人——农民的儿子都不喜欢务农，那该怎么办呢？他答道这应该纠正他的想法并使其具有正确的观点，因为农业劳动本来就应该是吸引人的、收益颇丰的劳动，这样才会使我们的年轻人愿意留在农场。我们想让年轻人从事农业劳动就应为他们提供良好的交通、良好的教育、还有良好的农业专科院校。而一个有成功素质修养的年轻人，应当多读些书，书读多了，眼界广了才能走得广了，比如读一部精彩的小说，最好是《亨利·埃斯蒙德》；或者一个动人的爱情故事——《洛娜·杜恩》、一台精彩的戏剧——《威尼斯商人》、一段精彩的历史——格林的《英国历史》、一首精彩的诗歌——丁尼生的《公主》、爱默生的《论文集》。

●乔治·凯布尔——故乡文化俱乐部创始人

乔治·凯布尔认为成功并不是偶然的，而是来自多方面的机遇，在此，他将成功的要素归纳为三个方面：一是不需要投入很多时间和财力就能获得的某种特殊才能。二是勤奋的精神及严谨的工作态度。三是在校期间，全身心地投入，充满对知识的热爱。所以若是一个年轻人机遇妥当，恰好生长在一个繁荣的小镇或小城市里，家庭宽容，而也有很好的能发展事业的机会，他也不应该只局限于眼前的一切，应当将眼光放远点，若有时机的话，在经过深思熟虑、权衡自身能力之后，可以尝试去大城市发展。但这一切要记住：“三思而后行。”因为只有经常认真思考的人，才会更清晰地看到自己成功的源头在哪里，才好找立脚点，这对于成功是百利而无一害的事。成功对于普通人来说更加得之不易，所以年轻人都应该时刻做好准备，认真又努力地朝自己的“机遇”奔去。也就是说，没有锲而不舍的精神还能成功的人少之又少。有人也曾得出这个数据：他认为热爱自己工作的人，成功的概率是百分之九十；而不热爱自己工作的人，不成功的概率也是百分之九十——凡事都有例外。

●约瑟夫·布雷肯里奇——将军、美国军队总监察官

约瑟夫·布雷肯里奇多年纵横战场与多年政治场上的察言观色，他认为自己的成功，能小有所成，并且主要是因为工作比较简单，身边有朋友的鼎力相助，且受亨利·克莱和《独立宣言》起草人的影响。1861年内战爆发后，他毅然入伍从戎，从此一步一个脚印地走下来。他觉得，对于多数年轻人来说，能用一生的时间去追求自己的理想是件极其幸运的事。每个人都有义务去履行自己的职责，事成之后，自然而然就开始对它产生兴趣了。而人不可能对什么都了如指掌，而在不了解的情况下产生的兴趣，不见得有多重要。成功的偶然性很大，并不是完全取决于个人的兴趣和喜好。而《名人录》里显示出大学毕业生成功的概率有多大——中学和大学的教育如果利用得当，能训练人的大脑思维，拓展人的思路。不过这一切都需要时间、金钱和机会。当然很多人无法提供这些条件以获得上大学的机会，但最后也成功了。在谈话间，他推荐了一些他个人非常推崇的书籍，并且希望年轻人愿意读它们：《圣经》、莎士比亚的作品、本国历史。他还建议年轻人要了解三个领域的常识：（1）世界历史；（2）科学；（3）法律。这是因为多数为成功而奋斗的人都对以下五方面有所了解：宗教、文学、历史、科学和法律。几乎每个人除了了解自己的行业知识外都应或多或少对以上五方面有所了解。

●罗伯特·奥格登——来自美国纽约，是零售商，同时也是阿拉巴马州托斯卡机大学董事等

罗伯特·奥格登的身份比较多，也比较微妙，对于这样的成功人士，外人看来几乎是全方位的，因为他还是一位作家，但是聊到他的成功的时候，他却说道："我无论在财力上还是在智力上都不能算是最成功的人士。我个人的成功要归因于奋斗、目标明确、持之以恒和勤勉刻苦。我身体健康，生活有节制，这一点很重要。我从教育程度比我高、比我有才华的人那里学到了很多东西。"看来这类有成就的人物反而更谦逊，但是也指出了很多成功必备的因素。他觉得，如果一个年轻人有能力接受并消化高等教育，那么他应当去上个大学，好好提高自己的素养和教育水平，这样对往后的发展会很有帮助。但如果这个年轻人想从事技工行业，他也觉得上大学是一件必要的事，因为——让他去着重学习一些有关技术类的课程，多了解些行业常识，这对他大有好处。末了，他说，如果有机会给在校的大学生打一个电话，他会对年轻人说："信奉上帝，待人真诚。学好英语，永远不要入不敷出。将美国人民的光荣历史铭记在心，尽最大努力报效祖国，'上帝和国家的利益高于一切'。"

●查尔斯·帕克赫斯特——神学博士、作家、改革家

查尔斯·帕克赫斯特在谈话的时候十分精准而直接地指出问题的精准点所在，因为在他的人生历练里，遇过太多似是而非的打击，而面对这些现实而又看似理论的问题的时候，他十分谨慎又认真地回答，他个人非常不推崇所谓的成功，因为他认为这些无一是必然的，也没有偶然。拥有良好的天赋及努力工作这是非常必要的因素，除此之外，因人而异。比如年轻人不应该对某行业有偏好就想着会成功，因为现实有太多的阻力去阻挡，在这之前必须分析这个行业对自己的利弊。年轻人若是个农民的儿子，但他不喜欢务农，他觉得此年轻人不应该留在农场，而应该往外发展。而且如果一个年轻人只是个普通人，既无特殊喜好，又无雄心大志，他觉得这个年轻人做哪行都无所谓。因为他谈到自己成功的时候，又结合了自己曾经的失败，他觉得导致失败的最重要的因素是缺乏商业常识，而并非是其他形而上的东西。查尔斯·帕克赫斯对在校学生的寄语是——勤奋学习、充满热情、信仰上帝。

●弗雷德里克·克伦多——文科硕士

弗雷德里克·克伦多拥有相当高的学历和比较丰富的人生素养。他个人秉承的成功理念是“聪明、勤勉、不屈不挠”——这些看起来比较踏实但是却十分困难的原则，年轻人需要好好消化，然后去坚持。一个生长于繁荣小镇或小城市里的年轻人，拥有良好机遇的话应当好好把握，而不是将野心放到更远更大的目标上去——除非小镇真满足不了他的需要，才可以好好规划一些，尝试去大城市发展。当领导者是成功的一种体现，在小地方，更容易当上领导者，可以为将来在大地方工作打下良好的基础。而对于胸怀抱负但能力一般的男孩来说，情况则恰好相反：从大城市迁到一个规模小、较发达的新环境工作，更容易成功。因为在那里，能力和教育程度方面的竞争相对较小。在说到年轻人关于阅读的话题上，他举例子说到——总统埃利奥特在一次演讲中曾说过：“孩童时代的教育应使孩子们热爱文学，这对孩子将来的智力发展大有益处。这方面的培养可能不是系统化的，但已经能够达到初级教育的目的。倘若达不到此目的，那就是教育失败。”推荐的书目：《天方夜谭》《鲁滨逊漂流记》《伊里亚特》（布莱恩特译）、《林肯传》《希腊罗马名人传》、莎士比亚的作品（或8—12部戏剧）和《悲惨世界》。还应读一读《圣经》，喜欢自然科学的男孩可以读一读自然科学的书籍或在此领域有所成就的人物传记，他会受益非浅。读阿拉贝拉·巴克利写的《自然科学的奇境》，可以引起男孩对科学的兴趣。

●约翰 · 德赖登——美国信诚人寿保险公司董事长

约翰 · 德赖登先生跟大家分享了他自己的成功心得："我的成功归因于我对人寿保险的过去、现在和将来的理论研究；归因于我的尽职尽责、细致入微；归因于我无视艰难险阻，对实现奋斗目标的一如既往的信心；还归因于我对生意伙伴的信心和绝对的信任。没有他们的精诚合作及超凡的能力就没有我今天的成功。"年轻人有爱好是非常难得的事情，这较之一个人迷茫不知自己该做什么好来得重要，所以父母在这方面的干涉是不合理的，而是应该加以鼓励，应该让男孩自己来主宰命运，即使不幸失败了，也应自己来承担后果。总而言之，决定权应掌握在孩子手中，而非父母手中。若是这个年轻人是个普通人，既无爱好也无机遇，那怎么办呢？其实世界这么大，只要自己愿意努力，总有自己发展生存的空间。年轻人应当孜孜不倦地工作，永远不要丧失勇气，对自己和自己的前途充满信心。钻研本专业，每天更上一层楼。热爱、尊重自己的工作，对上司忠诚。坚信：三百六十行，行行出状元。不要轻视物质上的成功，但也不要利欲熏心。成功的基础是聪明、勤奋加每日一省。

●大卫 · 乔丹——医学博士、哲学博士

大卫 · 乔丹拥有良好的专注力，因为工作性质的关系，他本人十分谨慎但又拥有和蔼的一面，这一点影响了很多年轻人。拥有良好的心态，在他身上看起来是十分必要的事，他告诫年轻人，一定要珍惜时间，并且做到分秒必争，因为时间不等人。若要成功就应当立好目标，理智地勇往直前。而做事专注，也是必需的，像大卫先生，他说自己的心思从不浪费在抽烟、喝酒之类的事情上，另外——做事细致入微、注重细节，也是十分必要的。一个年轻人，应当拥有积极向上的爱好，才能为这个爱好去发展更多的创业以及就业的可能性，而不是其他的虚无缥缈没有任何实际意义和积极意义的爱好，那样是很浪费时间的。比如，父母总不会觉得自己的孩子爱吃糖就该让他成为糖果商吧？通常情况下，他认为不爱上大学的男孩都不喜欢拉丁文。不过他可以找出自己喜欢的学科。多数人都不喜欢拉丁文，但也有喜欢的。若是父母在明知男孩对某行业有偏爱或适合做某工作的情况下还强迫他违背意愿进行择业，也是可以理解的，但同时他也觉得有些人可以同时致力于几个方面。总之，工作需要有热情存在。年轻人就应当拥有属于自己年龄的朝气和活力并加强自控力，每天都要不懈地努力，以免日后后悔。

●俄亥俄·巴伯——钻石火柴公司董事长

俄亥俄·巴伯作为众人仰慕的成功商人，其身上必定有十分可取的成功经验，但是他谈到自己的成功时，却十分谦恭，而且认为自己的成功是受到父母的影响，所以才让自己对自己的事业有着浓厚的兴趣。因为在父母教导下，他学会如何做事，而且他们会告诉他要如何专注于自己的事业——不仅是为了赚钱也是为了在工作中获得满足感。父母对自己孩子的教育是十分必要的，这往往会影响到他们后面的成长甚至事业的发展。如果年轻人有上大学的机会，那一定要去，因为在这期间的时间和学习，会让一个一无所知的年轻人得到很多认识现实和获得经验的机会。因为良好的教育根本就不会对成功造成妨碍，更别傻傻地说浪费时间了。掌握的知识越多，达成目标就越容易。不过，年轻人若在大学毕业后才开始学手艺就有点太晚了。想学手艺的的想法在大学毕业后通常都会发生改变。在书籍的推荐上，他和众多的成功企业家一样，都推崇《圣经》。他觉得《圣经》中有很多有用的知识，不过对于正处在这样一个年龄段的人来说想要不落伍，成为生意场上的多面手，必须广泛阅读。男孩应该多读多思考。生物学书或许对男孩会有所帮助。

●托马斯·布赖恩——哥伦比亚特区市长

托马斯·布赖恩是个十分成功的商人、学者甚至政界的高层领导，在见惯了人世的沉浮之后，面对自己的成功时，他自己微笑了一下，而后又脸色凝重地告诫年轻人应当要在一生中坚持不懈地努力，去获得成功。他又补充道：这里的成功不是指家财万贯、地位显赫或是大权在握，而是指在生活琐碎之中获得的幸福，指从大自然、书籍及朋友那里获得的快乐与幸福。我唯一认可的成功就是这种成功，它不掺杂丝毫野心，正如人们所说："芸芸众生普通而平凡却又各不相同，各自活出各自的精彩。"所以，年轻人应该不要只目视自己脚下的一方土地，而局限自己的发展，他应该将目光拉远到拥有着种种优势的"大城市"，但前提是年轻人得有能力和准确的判断力。否则还不如留在繁华的家乡小镇发展，因为那里有亲朋好友的鼎力相助。在家乡成功后可以再考虑换个新地方谋求发展。小时候，一个人的品位和理想会影响他对书的选择；长大成人之后，仅次于《圣经》的书就是关于如何"生存于世"的书籍，它对男孩的发展大有帮助。要想培养读书的习惯可以先从《鲁滨逊漂流记》和桑福德与莫顿的书读起，然后是《堂吉诃德》、蒙田的著作以及拉伯雷的作品等。要想读严谨的宗教类的书，莫过于马蒂诺的《基督徒的奋斗史》。最后，他给年轻人的忠告是：冷静，别冲动。无论何时何地，永远记住：最大的胜利就是战胜你自己。

●爱德华·惠勒先——《文摘》杂志总编

作为一个饱览群书以及有领导才能的人，他觉得自己的成功应该归功于对工作的热爱和对烦琐、枯燥的工作的耐心。是的！很多工作都是枯燥而乏味的，不管是因为爱好而喜欢或者只是为了生计，都一样要耐心付出。但是作为一个想要成功的年轻人，应当立志克服这些。古代的拉丁姆人就曾告诫过后人：耐心和坚忍可以征服一切。有能力又有耐心的人无论做任何事都会是最后的大赢家。而马萨诸塞州州长威廉·E.罗素曾说过："做什么都可以谋生。但别忘了还有比'谋生'更重要的事，那就是'生活'。"而大学教育可以教会人们如何去生活。他认为父母的影响，对孩子的就业很重要，小孩都在父母的影响下成长，父母亲对他的影响必然非常大，这无论男孩女孩。特别是父亲的事业对子女的影响更大，所以若是父亲事业有成，而年轻人也对其事业有兴趣，可以参与到父亲的事业里去。这必定是一举两得的事。

●乔治·梅尔维尔——海军上将

乔治·梅尔维尔认为成功应当归因于坚韧不拔的精神和努力地工作，另外他补充了一点，他很感谢健康的父母给了他一个强健的体魄。身体是革命的本钱，在通往成功的路上，这点必然是很重要的，因为俗语有云“心有余而力不足”，无论心底装着多大的野心，身体不能同时达到那个目的的话，也会像是泛泛而谈的空想之作。父母给年轻人一个非常健康的成长环境的同时，也应当全力地鼓励年轻人拥有自己的爱好，并且在他偏好某种行业的时候，多加鼓励，而不应以自己的经验来加以阻挡。他觉得年轻人在选择工作时，应当量体裁衣，根据个人实际情况做出决定。年轻人若有机会，加上所生存的地方是偏僻而又发展有限制的话，应该去大城市发展，因为若留在农村，除了干农活别无其他出路。而且他认为，在通往成功的路上，锲而不舍的精神是必不可少的要素之一。

●约翰·希尔——缅因州前州长

约翰·希尔认为一切成功者应当尽可能利用一切机会，并坚持不懈地努力，这样才是成功必需的垫脚石。不能让目标狭隘、踏步不前困住自己。让一切的努力都有可能成为成功的机遇，但是机遇也并非是坐等着每个人的，我们都应该要为这一目标付出很多的艰辛。所以所谓成功，简而言之，就是努力工作。年轻人应当不局限于自己所生存的一方土地去寻求自己发展的机遇，有可能的时候应当跳出所处的地方，去寻求发展。但往往会被太多因素束缚，所以是否要将目光放长远，这也需要具体情况具体对待——如果他是一个有抱负、有能力的男孩，那么他可以在大城市里大展宏图。若是在家乡有良好的机遇，就不建议他迁进大城市。在他个人的阅读经验里，深有所思，并且觉得有所影响的书籍是：《圣经》《天路历程》、班克罗夫特的《美国历史》、《英格兰历史》、华盛顿·欧文的《华盛顿传》、《鲁滨逊漂流记》。对此，他大力推荐给年轻人，并且告诫年轻人：要想成功就应该诚实、勤劳、充分利用机会。

●霍李斯· 博特——太平洋联盟主席

霍李斯· 博特是一位工作狂，所以他觉得成功的要素在于勤奋。工作，工作再工作；工作，工作再工作。而且他认为，一个年轻人对某行业的偏好，并不是促使人在此行业成功的必备条件，应当有更多的因素决定。一个有志气的年轻人应当按照自己的爱好选择自己的生活，无论是去大城市还是留在自己所成长的乡村小镇或者小城里发展，这都必须根据自己的爱好和能力来选择，看到哪里好就往哪儿去是不对的，这样很容易困惑也很容易迷失在成功的路上。同时，他也认为上大学对于多数行业来说还是有用的。在他看来，导致失败的最重要的因素应当是不够勤奋。而且他觉得，年轻人应当要目标明确，持之以恒的奋斗可以使你克服一切艰难险阻，最终取得成功。此外，不管上不上大学，都应该接受一定的必要的教育，以确保成功。

●乔治·苏厄德——忠诚意外伤害保险公司董事长、威尔森铝制品公司副总经理、外交官、前任美国驻华公使

乔治·苏厄德先生认为一个人无论做什么事都应当力求做好。对自己有信心，对工作伙伴也有信心。力争做个有用的人。目光要长远一些。任何情况下都要有耐心。对人宽容，做事方法得当，绝不投机。作为家长，应当尽量考虑自己的孩子到底适合做什么，要全面考虑孩子的爱好，因为它有时可能会暗示自己的孩子到底适不适合某种工作。但是他觉得，一个人对某行业的偏好并不是促使人在此行业成功的必备条件，因为真正有能力的人做什么事都能成功。人的性格对成功有很大的影响，就像能力的高低会影响努力的程度一样。而且父母最好不要强迫孩子，应当引导他、指导他。而对于即将就业的年轻人，他也有忠告：入行要谨慎，做人要诚信，尽忠职守，做有意义的事。学会付出，学会耐心等待。做一个全面发展的人。懂得“守得云开见月明”的道理。“祸兮福所倚，福兮祸所伏。”

●保罗 ·达纳——纽约《太阳报》和《太阳晚报》主编

理论知识相当丰富的他对成功的态度却十分不确定，因为他觉得成功应当是结合有利的条件以及适当的培训和才能。你们知道自己有利的条件是什么？是爱好是出身还是自身有这样的机遇去发展？若有其一，我们应该好好把握，而不应该对于这些放任不管，而所谓的经验则应该是来自自身的才能加适当的锻炼。在年轻人择业时，根据自己的爱好创业也是非常必要的事，趁早搞清楚自己的爱好和能力，会让自己的努力更有目的性而更好地走向成功。年轻人若是拥有一切有利于自己事业的条件，也许该在熟知的领域开创自己的事业，这也是机遇之一。所以对于成功，保罗先生的态度仍然不明确，或者他觉得一切来自于偶然，但又有必然的因素，所以在这个问题上，他想对年轻人说：凡事努力做到好，并一直坚持这样做下去。

●威廉 · 克拉普——万速达棉纺厂总经理

成功不是偶然的，威廉 · 克拉普认为这一切应当事前精心策划，年轻人做事也应该信心十足，工作时主动自觉、持之以恒、全力以赴。几乎所有的成功者都认为自己的成功不是偶然的，为什么呢？我们常常会提出这样的问题，我们可以想象，他们也曾年轻过，在成长的路上肯定有很多的挫折，在这些必然的因素前面，考验一个人的，是他是否能够聪明而巧妙地越过去。年轻人不应该只向往着大城市，若是小城市里有自身发展的空间则应该多考虑留在当地发展，说不定那就是一番更有把握的事业。因为他觉得——在繁荣的小镇或是小城市里的机会要比在大城市里多得多。如果男孩在小镇里都不能成功，那在大城市里境况会更糟。而且他觉得，按常理来说，父亲不应该做年轻人的顶头上司。受不熟悉的人的领导反而更容易学会遵规守矩。他觉得要想成功就要遵纪守法、做个好公民，要有健全的人格，还要做个虔诚的基督徒；要想成功就要吃苦耐劳、头脑聪明；还要有一颗勇敢、纯洁的心。

●乔治 · 威廉——国家化学银行行长，多家金融慈善机构董事

乔治 · 威廉认为成功的要素是——“诚实，还有神的眷顾”。诚实几乎是每一个年轻人的必修课，在成长的过程中，真诚而积极地面对这个世界是必需的。另外，拥有积极的心态也是非常重要的，总不能每次遇到不好的事或者打击的时候，就一蹶不振吧！面对很多突如其来的打击，必须学会积极淡定地对待，不能自乱阵脚。学会淡定而积极，这样成功的机遇也会高很多。年轻人也应当要学会坚强，比如向往大城市的工作，或者想要去大城市创业，必须有足够坚定的意志抵抗都市的诱惑。每个人都必须认清自己，要拥有自己的喜好，而且他规劝在校的大学生，必须无论何时何地都要刚正不阿。他推荐给年轻人的书籍是：《圣经》《失乐园》、欧文的《见闻札记》、莎士比亚的作品、《富兰克林传》《古老的宗教崇拜探究》。

●埃德温 · 西弗——波士顿公立学校的总监

埃德温 · 西弗认为成功的要素在于——执着于自己的事业，尽自己的最大所能把它做到尽善尽美。但要注意“贪多嚼不烂”。父母在很多时候，都是直接影响年轻人成长的人，父母必须树立起很正确的价值观和教育观，在面对孩子择业时，不应该加以阻挡，而是应该多加鼓励以及劝告他要从自己积极的爱好出发。大城市的诱惑很多，发展的机遇也会多很多，一个从小生长在小城市里的年轻人，去到大城市后形单影只、无亲无故，孤身无助的话，还是不要去大城市发展；如果情形较好，可以去。而年轻人也不能愚昧不前，不能认为摆得上台面的工作就是好工作，而农场之类的活儿就不是好工作。要是一个年轻人是出身于农场呢？不喜欢农活的话，也得从培养自己的爱好做起，如果父母引导、处理得当，多数的年轻人还是会愿意留在农场的。创业的路上，每个人都要遵从自己的内心，做到诚实守信，因为凭借诚信可以换来真正的成功，虽然投机取巧有时也可以赚来大把的钱，但那不靠谱。年轻人应该做的是：对工作认真负责、诚实守信、尽力做好每件事。尽可能地对他人伸出援助之手。

●托马斯·巴德——美国参议员

成功的要素是“工作勤奋，懂得适时抓住机遇”——托马斯·巴德这样觉得。年轻人不应该冲动，而是要克制自己的冲动和欲望，在根据自己的爱好选择就业的方向的时候，也要事先征求一下父母、监护人或是好友的意见。要弄清是“喜欢”还是“一时的冲动”。如果是真的喜欢，那无妨，因为爱好往往是支撑一个人努力一辈子的动力。而相反地，若是“一时冲动”，那不可取，因为这股冲劲之后，必定再次到处碰壁。这样，既浪费了精力，又浪费了时间。在艺术界里，往往存在着根据爱好所选择就业而获得成功的事，但是在商界里，很多时候没有必然。他认为一个年轻人若是时间和金钱上不是问题，还是读大学为好。他若是确定将来即使在接受专业培训后也要子承父业，那就可以用些时间来学习。他对当代年轻人的寄语是：“真实面对自己。真诚做事。多存点钱，但别太吝啬。合理支配金钱，不要浪费一分一毫。工作之余要学会享受生活，杜绝一切不良嗜好，充实精神生活，培养文学、音乐、艺术等方面的爱好。”

●爱德华 · 劳特百奇——律师，劳得利、劳特百奇＆强生律师事物所成员、莫里斯 · 格劳戏剧公司副总经理兼董事等

爱德华 · 劳特百奇认为自己的成功，是有一批弄潮儿创业致富，他观察了很久，也成了其中的一员，并从中得到了甜头。而且他认为如果年轻人生长在偏远、贫穷的地区，发展事业的机会微乎其微，他则会建议他去大城市发展，并且认为他也可以去其他国家寻找更广阔的前景。若该年轻人是个农民的儿子，却不喜欢务农，他觉得，如果在农场工作有较好的发展前景，就不用过多考虑去大城市发展。当然，他推荐的书籍，也跟他的身份有关系，比如《圣经》、莎士比亚的作品、帕森斯的关于合同的著作、本杰明的关于营销学的著作。即使男孩没想当律师，读读这类的书也大有益处。还有就是狄更斯的作品及美国历史丛书。最后他认为，择业时要考虑的是你的自身条件而非个人喜好，并且要不懈地努力下去。面对挫折不要灰心丧气，而要乐观面对。

●威廉 · 穆迪——海军部长

依威廉 · 穆迪所见，年轻人择业时，他会建议根据自己的爱好选择职业，并且首先要看自己是否符合条件要求。爱好，永远是一个不过时的话题，除非当人类失去了工作或者生存这个话题，不然它永远是一个必须面对——甚至是每个人值得去培养的东西，因为根据爱好所出发的目的，往往是好的。诚实守信与爱好一样，一个是商业成功必备的因素，而一个是人生成功的因素，两者所得的既不是因果关系，也不是递进关系，而是相互相为的关系，似乎是缺一不可的。就能力和经验对于成功来说，他觉得能力是必备条件，而经验只是起到推波助澜的作用而已。他又认为只有能力没有经验的人不会成功，因为他觉得有了能力和机遇后才可以获得经验。在成功的路上，偶有失败，而关于什么是导致失败的最重要的因素这个问题上，威廉先生觉得不够勤奋是造成失败最大的因素，但是同时也可能由多种原因造成的。另外他觉得，如果按常理来说，一个年轻人参与父亲的事业时，若能受到一视同仁的对待、不搞特殊化，他认为年轻人可以参与父亲的事业。

●雅各布·里斯——纽约政府慈善组织执行长官

雅各布·里斯有积极倡导自治运动的精神，并且主张施惠于民。他认为他的成功首先要感谢他的妻子，其次要归功于他自身坚韧不拔的精神。但是他又觉得，如果从做生意赚钱方面讲，他并不成功，因为他依然是个穷人。而且他认为一个年轻人择业时，若有个人喜好，可以考虑一下根据自己的爱好选择职业。但是他愤慨地认为，如果一个生长在繁荣小镇或小城市里的年轻人，有发展事业的机会，他则不会建议去大城市发展，因为他说：我本人讨厌“去大城市”，不过我的想法不能左右他人。他如果一定要走，我也不反对。他认为导致失败的最重要的因素是“缺乏进取精神，终日游手好闲、精神空虚”。他认为年轻人最该读的书籍是《约翰·哈利法克斯先生》和《圣经》。最后，他引用了罗斯福的话，作为给年轻人的忠告：“不要退缩，不要自欺欺人。凡事要勇敢面对。”他的人生法则是：“做事要诚信，名利则如过眼云烟。”

●查尔斯·西蒙顿——美国巡回法庭法官、城市公立学校委员会会长，律师和作家

在形容自己的成功的时候，查尔斯·西蒙顿是这样说的：“当初我孤立无援，全靠上帝助我成功。”把自己的成功归结于上帝的帮助，其实也算是一种信仰的力量，而人活着，应当要有自己的信仰。信仰虽然说起来很虚，但是却是存于心的支撑，这与爱好一样，爱好是动力，而信仰则应当是根基，在很多年轻人的心里，信仰是必须存在的东西，他可以是上帝可以是神明可以是一件东西也可以是父母的影响，这根据个人的实际情况而定。但是在他看来，对某行业的偏好并不是促使人在此行业成功的必备条件，因为他觉得很多没有明显个人喜好的人也都成功了。他也认为，如果一个年轻人生长在一个繁荣的小镇或小城市里，有发展事业的机会，则不建议去大城市发展，他觉得该年轻人还是应该从家乡做起。另外，他认为导致失败的最重要的因素是“奋斗过程中目标不明确，不会很好地自我控制”。最后，他推荐给年轻人的书籍是：《圣经》、莎士比亚的作品，《天路历程》、格林的《英国历史》、《汤姆·布朗求学记》及麦考利的作品。

●约瑟夫· 杰斐逊——文科硕士、演员、作家

约瑟夫· 杰斐逊把自己的成功要素归因于对职业的热爱，充分认识到它的作用；尽己所能地忠实于大众。当我们做一件事的时候，首先想到的必然是我喜欢，或者不喜欢，因为喜欢往往掌握住这件事成功的95%机会，而不喜欢则只有5%的侥幸心理，做不好反而会有一种反效果——赔了夫人又折兵。若一个年轻人不喜欢自己的工作，那就离开吧！因为很少有人会将自己不喜欢的工作做得很出色。而且他也不断地肯定诚实守信和锲而不舍的精神是成功的要素。他也认为在通往成功的路上，能力和经验都重要，同时也认为只有能力没有经验的人不会太成功。对于在校的年轻人，他给予的忠告是：“不受不良风气影响，心中始终充满热情，不要伤害任何人，尤其是女人。真理是最有力的武器，它使人们获得尊重与勇气。在保障自身安全的前提下尽可能地做好事帮助别人。读一读在《哈姆雷特》中波洛涅斯给他的儿子的忠告。”并且推荐大家阅读赫伯特·斯宾塞的《教育》、吉尔伯特·汉默顿的《知性人生》、《可兰经》、孔子的著作及《圣经》等书。

●莫里斯芝柏——信托公司董事长

面谈成功时，莫里斯芝柏没有给出明确的答案，这也从侧面反映了成功有偶然也有必然，而对自己的成功不夸夸其谈者，其发展也有可能是顺利的，也有可能是较为曲折的，因为曲折了，所以不愿说，因为他觉得每个人的路都不会相同，每个人都必定会走出不同于别人的风景来。而他也认为年轻人在择业时，应当根据自己的爱好选择职业。而年轻人对某行业的偏好也必然是促使人在此行业成功的必备条件之一。但是父母不应该在明知男孩对某行业有偏爱或适合做某工作的情况下还强迫他违背意愿进行择业，这样做并不是明智之举。条件满足的时候，年轻人应当在自己熟知的领域开创自己的事业，好好把握机遇的发展，就是好的发展。面对形势严峻的就业环境，莫里斯先生给在校大学生的忠告是："先决定好自己要做什么，仔细钻研它并坚持不懈。"

●塞缪尔·莱姆利——上校、美国海军军法处长

在被问及成功的要素时，塞缪尔·莱姆利说："我目前的职业如果算作是一种成功的话，那要归功于运气好、能力强及不屈不挠的精神。"勇气——他说到勇气的时候，双目发光，因为一个人若是没有勇气，在这世上是行不通的，因为现实世界有太多的未知。比如生长在小城市的很多人，在面对是否该去大城市发展的问题上，若是没有勇气，应当是不会主动去争取这样的机会的。但是被人牵着走的机遇，往往是最容易失败的。年轻人也不应当故步自封，拥有其他才能或喜好的话可以离开自己成长的地方，如果是一个落后的小乡村或者是一个农场，不喜欢可以借着自己的爱好离开，不应该留在农场，故步自封。对于年轻人，他推崇必须阅读的书籍是：《圣经》、哈乐的《没有国籍的人》、《势利小人集》、萨克雷的作品、莎士比亚的作品、马克·吐温的《傻子国外旅行记》、关于本国历史的书籍。

●詹姆斯·坎菲尔德——曾任俄亥俄大学校长

管理过诸多的学生，接触过很多的所谓成功者与失败者，也听过很多年轻人的迷茫以及奋斗。在此之上，他认为自己的成功，归功于机遇始终眷顾着他、

父亲对他的谆谆教诲、他的妻子时时激励自己上进，还有朋友们对他的关爱和欣赏。在年轻人择业时，他也会建议他们根据自己的爱好选择职业，因为他认为年轻人过了十六岁就开始有了自己的想法，但是——也可能有例外。他认为能力和经验，两者缺一不可。刚开始起步时可以没有经验（这是很正常的）；但是若没有能力，则寸步难行。因为没有积累经验，能力很难得到发挥；两者不可割裂开来看，只不过有的人这方面多些，有的人那方面多些。按常理来说，他认为年轻人参与父亲的事业时，父亲如果不会干涉儿子的正常工作和人际交往，或是父亲的确需要儿子的帮忙，可以考虑这样做。等儿子在别的地方有所成就后再和父亲联手也不迟。不过即使是这样，他仍对此抱有怀疑的态度。

●查尔斯·萨克斯顿——纽约州索赔法院庭长，纽约州前任副州长

查尔斯·萨克斯顿认为成功的要素这个问题很难用三言两语来回答。现在他所取得的小小成就似乎是归功于早年大量的广泛阅读。他认为那时他还很年轻，不到二十岁，服役期间正赶上内战，在战争中亲眼看到了什么是人性及人生真实的一面。当然这样的经历不是人人都有的。他提到只是想说明对成功有帮助的东西不仅可以从书本里学到，还可以从与人的交往中及对日常生活的观察中学到。在就业的问题上，他觉得如果年轻人对某行业有特殊的兴趣而且不是一时的冲动，那么在他择业时，就应该把他的兴趣考虑进去。不过我们不能对男孩的期望过高，指望他能对自己做出完全正确的判断。通常来说，经验丰富的人更容易对男孩做出公正的评判，对于男孩的兴趣、喜好应该谨慎对待。在年轻人在面对经商和上大学这个问题上，他觉得应当视情况而定。因为他认为即使教育不能直接使人赚大钱，但它能拓宽人的思路，从而使人把握更多的机会，得到更多的幸福。如果一个人想凭借大学文凭找到满意的工作，还不如多花点时间积累经验，这对将来大有好处。此外，认为年轻人应当做个勇敢、诚实、善良的人；对朋友忠诚，对工作尽忠职守。尽可能多吸收知识，但别忘了，学习的主要目的不是掌

握课本知识，而是获得智慧。做一个善良、受人尊敬、真实不做作、有爱心的人远比获得名利更重要。

●威廉·哈珀——哲学博士、法学博士、芝加哥大学校长、作家

威廉·哈珀认为一个人成功的因素归因于勤奋工作。而且在就业问题上，他认为年轻人往往拥有更多的可能性，比如爱好，比如努力，比如机遇，这些缺一都不可，而根据自己的偏好去选择自己喜欢的职业就好比突发的冲动一样，是没有远瞻性的，他觉得经验的影响力更大，所以必要的时候，是需要结合自己的人生历练或者生活经验，即使没有过多的工作经验。他认为，在某种情况下，这个年轻人应当去大城市发展，若是成长的地方局限了自己的发展的话。但是他又认为如果一个年轻人生长在一个繁荣的小镇或小城市，有发展事业的机会，他则强烈反对该年轻人去大城市发展。并且假设一个年轻人能力强、经验丰富，目前薪水待遇也不错，他也会建议他在熟知的领域借钱开创自己的事业。在自我修养之上，他认为年轻人有必要养成读日报的习惯。

●查尔斯·巴丁——威斯康辛州最高法院法官

谈到自己的成功时，查尔斯·巴丁说："首先要感谢父亲对我的谆谆教诲和母亲的大力支持，他们教我要做个勤奋、节俭、诚实的人。其次还和我的勤奋工作、值得信赖、随时随地为他人服务及工作有效率等有关。人们似乎就是这么看我的。"他觉得如果一个年轻人生长在偏远、贫穷的地区，发展事业的机会微乎其微，他不是很建议他去大城市发展，当然也有例外，所以他认为这一切应当取决于男孩。能力和经验，他认为丰富的经验对成功更有帮助、更重要。而一个没有经验也能成功的人则是纯属偶然。因此他给年轻人的忠告是——无论何时都要做到诚实、节俭、勤奋。生活要有节制，做生意要守时，记住"沉默是金"。并且推荐了以下书籍给年轻人，莎士比亚的作品、神话故事、麦考利的作品、《亚当·贝德》《社会生活研究》《圣经》。

●弗雷德里克· 安德伍德——伊利铁路局局长

弗雷德里克· 安德伍德认为成功的要素是机遇、勤奋还有诚信。而且他认为，年轻人择业时，如果他的目标明确且合理，可以根据自己的爱好选择职业。对某行业的偏好并不是促使人在此行业成功的必备条件，在各种情况下都能应对自如的能力才是重要的。他觉得如果一个年轻人生长在一个繁荣的小镇或小城市里，有发展事业的机会，他不建议去大城市发展，要去也要等他已经有了一个开端再去，因为在大城市里生手到处都是。若这个年轻人是个农民的儿子，他却不喜欢务农，他认为他应该留在农场，因为他觉得没有哪个男孩从一开始就喜欢农活，他的喜好需要慢慢培养。他认为成功者必备好的素养，而好的素养来源自阅读，而他必须至少阅读一本好的宗教历史书、一本好的古代史书、一本好的现代史书、一本好的旅游书、一本好的礼仪方面的书、一本好的修辞学书及一本好的小说。

●富尔特斯——康奈尔大学土木工程学院院长

富尔特斯教授认为成功的因素首先归因于“黄金法则”，主要还归因于对事业的专注，永不退缩的执着和大公无私。并且他认为年轻人的喜好可能是不成熟的，这一点值得注意，但是天才则另当别论，他认为，在明知男孩对某行业有偏爱或适合做某工作的情况下还强迫他违背意愿进行择业，父母这么做并不是明智之举，因为很多所谓“出色的男孩”最后都失败了，主要是因为他们的父母强迫他们去做不适合自己的事。他认为一个年轻人，必须诚实、善良，做事要三思而后行。控制好自己的情绪，不要对什么都欣然接受。心中时刻充满着希望，尊重他人的意见，守信。记住礼貌是回报率最高的投资。别轻视那些与你意见不一致的人。记住再有力的雄辩也不能说服别人，因为他的想法是根深蒂固的；要想说服别人，必须让他信赖你，而不是告诉他你觉得自己有多么正确；雄辩术只是一个小把戏，能帮你厘清自己的思路。很多人不必强制别人改变想法就能与他人和平共处。相信人的本性，世界上还是好人多，人再邪恶也不会无缘无故拒绝你的好意。人生来就是不完美的，别以完美的眼光挑剔别人。如果你想得到别人的尊重，那就得尊重别人。尽量保持身心的纯洁。这么做的确有些困难，但再没有比这更有百利而无一害的事了。

●亨利·布克斯泰弗——律师、纽约最高法院前任法官

亨利·布克斯泰弗认为自己的成功归因于各方面的充分准备，其中包括勤奋刻苦、持之以恒及精益求精的精神。他认为在年轻人择业时，通常来说，年轻人应该根据自己的爱好选择职业，但具体情况还得具体分析，人总不会是完美的，而相对的完美则需要在奋斗的过程中逐一完善，而在此之前，应当对自己的爱好加以重视，或者拥有一个非常好的目标去发展，去达到。他认为一个年轻人，是个农民的儿子，但他不喜欢务农，对于是否该留在农场的问题上，他觉得——倘若男孩没有抱负、没有能力也没有活力，那他还是留在农场吧。同时，他认为一个普通的年轻人，既无特殊喜好，又无雄心大志，他觉得应当从他的社会地位、实际能力和财力大小来判断他是该学手艺、经商还是从事某专业。而且他自己喜欢并且推荐的书籍是——《圣经》《大不列颠百科全书》、莎士比亚的作品、《格林童话》、班克罗夫特的历史著作及《伊索寓言》。

●休·克雷格——商会会长

休·克雷格分享的成功要素是：父母的谆谆教诲以及从十八岁起就开始自谋生路。如果一个年轻人生长在偏远、贫穷的地区，发展事业的机会微乎其微，他则认为该年轻人无论如何都得试一试去大城市发展。诚实守信对于成功来说，对人生来说，是必须有的。但是，不应该作为成功的要素，因为他觉得成功是逐渐获得的。经验与能力，对成功来说，哪个更重要？他的答案是："经验占60%，而能力占40%。"假设一个年轻人能力强、经验丰富，手中资金充足，目前的薪水待遇也不错，则不会建议他在熟知的领域开创自己的事业，而是建议最好是找机会与他的老板或上司合伙干。他认为，年轻人应当要做自己，让上帝指引着找寻真理。无论第一份工作多么卑微都要用心去做，这样好工作就会接踵而来。雇用者和老板都喜欢有工作热忱的年轻人。与女性保持良好的关系，陪她们读书、听音乐，在有能力成家的时候组建自己的小家庭，娶最中意的人，能有座自己的房子就更好了。到那时，一个小房子就是人间天堂。

●托马斯 · 帕特森——美国参议员、律师、《落基山报》主编

托马斯 · 帕特森认为年轻人应当要有成功的欲望，并利用一切正当手段获取成功——这才是成功的要素。若是一个人出身不好，所处的地方是个落后的小镇，那他应该将脚步迈远点，去到城市或是离城市较近的地区工作，因为随着自身素质的提高，成功的机遇自然会来临。但是如果该年轻人生长在一个繁荣的小镇或小城市里，有发展事业的机会，则不建议他去大城市发展。因为这必须等他再大些或是长大成人后，由他自己来判断大城市是否适合自己。作为一个报纸的主编，他推荐给年轻人阅读的书籍是：《圣经》，莎士比亚的作品，希腊史和罗马史，布莱克史通的《论习惯法》，关于生理、卫生等方面的好书。他劝告年轻人思想、言行要端正。保持健康的体魄。杜绝不良倾向。尽可能地接受良好的教育。树立明确的人生目标和事业目标，并为之奋斗。在有能力结婚的时候，要娶一位善良、能干、有同情心的女人为妻，建立自己的家庭，爱护妻子、儿女。热心公共事业，全身心地投入公益事业。勤奋工作。

●塞缪尔 · 卡彭——公理会主日学校的校长

塞缪尔 · 卡彭认为在男孩择业时，应当根据自己的爱好选择职业，因为他觉得我们经常在自己感兴趣的领域取得成功。一名年轻人在一个行业里可能一无是处，但转行到要求有技术的行业里可能会非常成功。而且依他之见，对某行业的偏好并不是促使人在此行业成功的必备条件，他认为年轻人完全可以凭借忠于真理和孜孜以求的精神克服一切艰难险阻。如果一个年轻人是个农民的儿子，他却不喜欢务农，那他应该留在农场吗？塞缪尔·卡彭先生的答案是：那得看他是否显露出在其他方面的才华。或许他会在他所感兴趣的领域有所建树。他认为在对“成功”正常理解的前提下，诚实守信是成功的要素。因为凭借投机取巧可能会有暂时的成功，但迟早会以失败告终。他觉得年轻人做事要小心谨慎；对事业要充满热情，采取认真的态度；持有一颗诚实、纯真的心；交友要慎重；读书要有选择；记住，拥有高尚的品格是最大的成功。“你的行为决定你的发展方向；你的发展方向决定你的习惯；你的习惯决定你的品格；你的品格决定你的命运。”

●约翰·达格尔——理科硕士、亚拉巴马工艺大学农学教授、农学方面的作家

约翰·达格尔认为一个人成功的要素在于对自己所从事的工作的热爱，坚信自己所做的工作是有意义的，事前准备充分，办事过程中态度认真、勤奋。他觉得一个年轻人根据自己的爱好选择职业是非常必要的，当然——个别情况除外，如这个工作是危险的、不切实际的或是毫无意义的，或者这个工作要求他得在近期或长期奔波在外。若一个年轻人生长在偏远、贫穷的地区，发展事业的机会微乎其微，如果希望去大城市发展，也得看他选择的是什么工作。因为大城市只适合某些行业的发展。只有奋斗目标明确的人，才适合去大城市打拼，也许后来他会改变奋斗目标，但这并不影响什么。他以多年的经验，告诉我们：在商业领域里，冒险会导致失败；在农业方面，缺乏自然常识或对动植物的生长不甚了解都可能导致失败。

●约翰 · 米切尔——《生活》创办者和主编

一个成功就业的年轻人应当对工作全身心地投入，对自己的事业爱好的同时应该专注而努力，不应该是我爱它，所以就缠住它，工作与人的关系，像谈恋爱一样，必须用自己的努力去挽留住，去为之努力，用心做的事，总会特别容易成功。年轻人在创业的时候应当多和父母交流，因为自己的爱好往往并不是正确的，按照自己的爱好选择工作固然是好的，但是不一定是正确的，而父母或者拥有自己的见解和经验，与之交流的时候，自己有可能得到更多的东西。而且依他所见，能力和经验，能力会对成功更有帮助、更重要。他认为，如果一个年轻人缺乏锲而不舍的精神——这将会是导致失败的最重要的因素。他认为一个年轻人必须阅读六本传记，而且无论大事小情，都要全身心地投入进去，尽自己最大能力把它做好；并且要长期坚持这么做。而如果一个年轻人只是个普通人，既无特殊喜好，又无雄心大志，他则会建议他去学一门手艺，这样会来得更加现实些。

●罗伯特 · 麦克阿瑟——神学博士、加略浸礼会牧师、作家及演讲家

说到成功的要素时，罗伯特 · 麦克阿瑟分享了自己的一点心得："就我目前取得的成就而言，主要归功于身体健康和勤奋工作。'成功'不仅意味着权利还意味着义务。每个人都有义务在物质和精神两个世界里做出自己的贡献。有勤奋工作的能力和意愿才能称得上是有天分。"他认为一个年轻人，无论什么样都应该学着做点什么，以便用来谋生。也要活得清清白白。遵循上帝的旨意做事。保持一颗纯洁的心，不对别人恶言相向，坦荡做人。信仰上帝，对自己负责，对他人负责，对上帝负责。使徒圣保罗对提多说过："我们应该严肃（即应适当自我节制）、正直、虔诚地活着。"这里的"严肃"指的是我们对自己的态度，"正直"指的是我们对他人的态度，"虔诚"指的是我们对上帝的态度。

●威尔吉斯——纽约中央区和哈德孙河流域铁路总工程师

威尔吉斯认为年轻人想要成功，必须有活力，勤奋的工作，持之以恒，正直及足智多谋。生在一个有机遇的地方是一件非常好的事，而重要的是有发展事业的机会，若是这时候还要动去大城市发展的念头——除非他对某个工作有着浓厚的兴趣，那就可以去，不然就是放弃了一片森林而投入浩瀚人海里。且依他之见，能力和经验，两个缺一不可，都对成功有帮助，并且都是很重要的因素。他推荐年轻人必须阅读的书籍是：《希腊罗马名人传》、莎士比亚的作品、麦考利的文章、司各特的作品、萨克雷的作品、霍桑的作品。而且强调："年轻人做事要动脑，要有活力，要持之以恒，做人要诚恳，要时刻为你的老板着想。"

●圣克莱尔·麦凯尔韦——布鲁克林《每日鹰报》的主编

圣克莱尔·麦凯尔韦认为成功的因素有很多。他是这样说的："（我的成功）归因于对报业工作的执着；归因于习惯于对报纸动态的全面掌控；归因于与各行业精英的密切关系；归因于坚信每个人都有自己的一技之长可以利用；归因于对政界的提拔采取的一贯的谢绝态度；归因于对报业坚持独立性的坚定信念；归因于我的谨言慎行；归因于我只服务于读者，而不是为了取悦于他人或是攻击他人；归因于我乐于接受新鲜事物，归因于我的年轻心态；归因于规律的一日三餐和八小时睡眠；归因于遇到问题积极解决而不是为之苦恼不已；归因于生活有节制，从不相信'情绪''心血来潮''想象力'或是'天赋'可以取代勤奋；归因于我对上帝的虔诚的信仰；归因于我拥有的苏格兰人的信念和爱尔兰人的情感的有机结合。"而在回答导致失败的最重要的因素是什么的时候，他认为是欠债、懒惰、狡诈、不诚信。并且，他认为成功和幸福不是寻找得来的。它们是履行职责后的结果。把职责当作你的指路明灯，成功就会不期而至。

●克拉克・贝尔——法学博士、法医社会学及法律专题作家

克拉克・贝尔认为成功的因素有三：其一是勤奋工作，办事高效率。其二是戒烟、戒酒、戒赌博。其三是捐出至少十分之一的纯收入给慈善事业或宗教团体，并一贯如此。他认为，偏远地区的年轻人发展事业的机会可能是微小的，但是他也认为不该去大城市发展，除非有特别远大的目标和毅力，但是一般的话，还是安分守己点好。在诚实守信是否是事业成功的要素这个问题上，他说："我听说过很多靠不诚实的手段赚到大笔金钱的事情，但是成功的人生不是单纯用金钱的多少来衡量的。有的人家财万贯，但精神世界却是一贫如洗，他的人生仍然是失败的人生。"而且他认为："作为神职人员，大学教育是必不可少的；作为医生，几乎也是必不可少的；作为律师，就由男孩自己来决定吧。他必须学习拉丁语和法语，还应该学习德语，但这些都可以在14岁或15岁前来做；然后在17岁时他可以开始学习一些法律基本常识，并进入一家高级律师事务所工作，同时学习相关法律知识。他也可以在17—21岁之间在大学学习法律。走第一条路径获得的成就往往要更大些。"他认为年轻人应该做一个自力更生、凭良心办事、德高望重的绅士，做到一诺千金。什么是真正的成功？什么是美国青年的理想和值得褒奖的抱负？这不仅仅指的是能赚多少钱的问题。"我认识一个大富豪，他的财富堆积如山，但他的生活却是一团糟。他从未对促进人类的发展做出过任何贡献，也没有给过身边的人以任何的帮助，他对金钱的痴迷已经达到了一种狂热的状态。他无子无女。在精神世界的更高层次里，他一贫如洗。"要立志做一些了不起的、有用的、有意义的事情；当你走到人生尽头的时候，回顾过往，不会因为对世界无所贡献而懊恼不已。

●约翰・菲利普・苏泽——音乐家、作曲家、苏泽乐队指挥

约翰・菲利普・苏泽认为自己的成功归因于对事业的全情投入，刻苦的钻研和永不停止的热爱之情。如果父母在明知年轻人对某行业有偏爱或适合做某工

作的情况下还强迫他违背意愿进行择业，这样的父母一般是不理智的。但是还是得看具体是哪行，而且父母还要考虑年轻人的自尊心，不能一味地打击和阻碍，这很有可能造成他的一种反抗心理。而谈到能力和经验的问题上，他认为真正的成功者是不会谈这些的，能力和经验本来是虚无缥缈的东西，年轻人对事业的全情投入，拥有自己的才能或天赋加上专业知识才可以获得永久的成功。另外约翰先生说到他最痛恨游手好闲的人，因为他认为没有抱负的男孩干哪行都会一事无成，做哪行都是一种浪费。他也认为年轻人必读的书籍是《圣经》，除了《圣经》之外，他还推荐莎士比亚的作品、年轻人所从事的职业的发展史、本国的历史、世界史、《傻子国外旅行》。

●亨利 · 拜福德——国际妇产科医学大会名誉主席

亨利 · 拜福德对生命拥有巨大的专注力，并且对小生命的生存也非常关注，他认为年轻人是拥有无限可能的一代，所以他认为成功的要素并不可能是单一的、局限的。如果从他自己的成功经验来说，成功的要素在于对想要知道的事情追根究底，且决不中途放弃。而且他认为年轻人应该选择自己最能胜任的工作来做。没有经验做指导，单纯的个人喜好是靠不住的。他认为，年轻人对某行业的偏好有时是促使人在此行业成功的必备条件，但不常见。他认为极大的成功常常与兴趣相伴而行，但兴趣往往是在成功之后才有的。他也认为商人应该加强对科学和政治的学习，专业人士应该学习政治，加强体育锻炼，也可以多接触些文学，技工应该学习政治、艺术、文学或科学。不要只为了社会地位或某些表面利益而择业，也不要只为了钱而择业。选择自己最擅长的事情来做。

●安德鲁 · 蒙塔古——弗吉尼亚州州长

安德鲁 · 蒙塔古认为成功的因素源自事前准备充分、办事有条不紊、生活目标明确，而且要清楚地认识到高尚的品格——这是最重要的。他觉得，一个安分守己的年轻人，若是在本地有好的事业发展，则不应该动离开的念头，并不建议他去大城市发展。而且他认为一个人只有热爱自己的工作才能取得事业上的成功。在工作之中，对于能力和经验，他认为能力最重要，并且他认为只有能力没有经验的人也会成功。另外，他认为导致失败的最重要的因素是恶习缠身，疯狂投机以及活力不足。年轻人应该忠信“品格促使人进步”，以推动文明发展。并且把它牢记在心，勤奋工作。他推荐阅读的书籍是《圣经》、班扬的《天路历程》、《希腊罗马名人传》、历史书籍、莎士比亚的作品，还有丁尼生的作品。

●约瑟夫·亨德里克斯——布鲁克林邮政局前局长

约瑟夫·亨德里克斯认为成功的因素是对事业专注，让自己的工作价值得到实现，做好升职的准备。一个年轻人对某行业的偏好并不完全是促使人在此行业成功的必备条件，必须等他对自己的选择进行三思，并不再犹豫不决的时候才可以决定这一切。在就业之前看好自己成功的可能性以及爱好，在就业之后要看好自己的发展前程，如果觉得自己事业发展良好，则不应该理会是大城市还是小城市，若是小城市会更好，因为他觉得小城市的重要性日趋明显，为人才提供了很多良机。但约瑟夫先生同时认为，若是一个年轻人把希望寄予别处，且有打拼的勇气，他是不应该留在一个地方的。最后，他推荐给年轻人阅读的书籍是《圣经》、莎士比亚的作品、约翰·福斯特的《性格的作用》、托马斯·休斯的《汤姆·布朗求学记》、培根的《论说文集》及格言录。

●爱德华·西蒙斯——巴拿马铁路局局长

他也是一位慈善家，拥有良好的心态和成功的经验，他认为年轻人若想成功，必须勤奋以及持之以恒。任何成功的前提都必须是努力，而在这一切前提之前，若是要加上什么，那必然是爱好了吧！爱好就好比黑夜里的指明灯一样，让一个迷茫的年轻人在漫漫的职场里找到属于自己的工作。他觉得如果一个年轻人想从事技工行业，会建议他大学毕业之后再去技工学校学习。假设一个年轻人能力强、经验丰富，手中资金充足，目前的薪水待遇也不错，他认为他可以在熟知的领域开创自己的事业。但是假设一个年轻人能力强、经验丰富，目前薪水待遇也不错，他也认为如果他想在熟知的领域开创事业，自己的钱不够的话可以借钱。他认为年轻人必须脚踏实地，因为导致失败的原因常常是急功近利。按常理来说，在某种情况下他认为年轻人可以参与父亲的事业。

●约翰·托马斯——费城公共图书馆管理员

他认为成功的要素是要能做到耐心十足，遵守时间，积极乐观，持之以恒，并且要竭尽全力。并且他觉得年轻人根据自己的爱好选择职业是毫无疑问、不可置疑的。如果一个年轻人生长在偏远、贫穷的地区，发展事业的机会微乎其微，如果这个年轻人想要去大城市发展，若有朋友能助他一臂之力或是起步工作有保障，他认为可以考虑去。他认为想要将一项事业做到成功，没有诚信做保证的话，将一事无成。他也认为，在成功的路上，实践胜于理论的经验对成功更有帮助。作为一个图书馆管理员，他介绍的图书应有一定的可看性，他列了一个长长的书单：培根的《论说文集》、斯威夫特的《格列弗游记》、《希腊罗马名人传》、格林的《英国人的历史》、奥尔德里奇的《坏男孩的故事》、休斯的《汤姆·布朗求学记》、卢伯克的《生活的乐趣》、黑尔的《希腊英雄传》、欧文的《见闻札记》、安斯蒂的《反之亦然》、《天方夜谭》、司各特的《艾梵赫》、金斯利的《希腊英雄》、丁尼生的诗集、杜夏路的《猩猩的故乡》、丘奇的《奥德赛的故事》、麦克卢尔的《美国总统传》。

●埃兹拉·萨维奇——内布拉斯加州州长、律师

作为一个州长以及律师，他认为他的成功来源自对事业的专注，而事业的专注力可以将自己的努力引申到另外一个人生的高度，目光不短浅的前提下，才能尽可能多地为自己的成功争取盈利。作为父母，应当了解自己的孩子，也应当鼓励他们，比如在明知年轻人对某行业有偏爱或适合做某工作的情况下还强迫他违背意愿进行择业，这是非常不理智的行为，非但不能违背他的意愿，而且要加以鼓励——因为他认为一个年轻人对某行业的偏好是促使人在此行业成功的必备条件。年轻人对自己的事业拥有成竹在胸、有备而来的心态的话，是非常好的，那样的话，他可以不必留在一个小地方里，局限着自己的无限潜能，他大可以去大城市发展。但若是他这个成长的地方能带给他更好的发展，想要去大城市发展的念头可以等到他的家乡已经不能再为他提供施展才华的空间了，他再走也不迟。他给大学生的忠告是："做人讲诚信，多参与一些有意义的事情。"

●卡罗尔· 柯蒂斯 ·博格斯——伊利诺伊州最高法院法官

他认为年轻人如果对某行业有特殊的偏好和兴趣，当然对成功能起到极大的促进作用。但是如果只是孩子的一时心血来潮，就不用考虑；但若是年轻人对未来的美好憧憬，且经过深思熟虑了，那么按照他自己的意愿择业，当然会对他的前途有利。而且这种热爱之情不是非有不可，但若是有当然更好。如果对工作厌恶得不得了，工作起来肯定不会有效率。择业前要再三考虑，他并不建议年轻人随便找个自己不喜欢的工作就业。一个年轻人之所以会失败，很有可能是因为不懂节约；小看了积少成多的作用；做事没有责任心，过度依赖他人。他认为身心健康的年轻人在一定的年龄阶段，会特别喜欢有关印第安人和狩猎的故事。库柏的《皮袜子故事集》正好符合他们的需要。关于大海和探险的故事会深深吸引着他们。历史、天文还有报纸、杂志提及到的大事小情，都能吸引他们的注意力。还应该让孩子们接触些小说名篇，如司各特、狄更斯的小说，欧文、马克·吐温的幽默以及其他健康的书籍都可以。这一时期的孩子需要广泛、大量的阅读。让他们接触、见识社会的真实一面。对不良事物的一无所知不利于孩子将来的发展。所以年轻人，一定要学会自力更生，发愤图强。你的良好口碑会使你显得出类拔萃。

要勤俭加勤奋，要谦恭有礼、意志坚定。记住，任何不良习惯都会使人在道德和人品方面出现缺陷，使人为此付出昂贵的代价。

●查尔斯·哈里森——文科硕士、宾夕法尼亚大学校长

文科生的思维总是具有理论性的条理性的，所以在说起成功的时候，他认真地整理出三条有可能是年轻人成功的要素：一是早期形成的自我约束和勤奋的好习惯。二是观察事物细致入微。三是持之以恒的精神。他认为年轻人在择业时，如果条件允许，完全可以根据自己的爱好选择职业。并且他认为诚实守信，从长远的角度看的话，是事业成功的要素。如果一个年轻人想经商，而时间和经济条件允许的话，他可以先去读大学。他认为只有能力没有经验的人会成功，并且是“事实就是如此”的事。最后他认为年轻人很有必要养成读日报的习惯，但要在合适的时间读。他觉得若要他致电给在校男生，为他们提供些建议，他会告诉年轻人：做人要清白，工作要勤奋。

●弗朗西斯·冈纳尔——美国海军公共卫生局前局长

谈到自己的成功的时候，他说：“从未意识到我已功成名就。不过我目前所拥有的一切都是用机遇和忠于职守换来的。”靠自己的机遇换来的成功，也不全是偶然的，而是必然情况之下的偶然加自己的努力换得的，不放弃以及要努力，几乎已经成为每个成功者的信念的时候，等待机遇是很多人的奢望，但是很多人都没有认识到，其实机遇不是用来等待的，而是靠自己的努力去获得的。他认为年轻人在创业的时候，想要获得光明磊落的成功的话，一定要靠诚信。一个年轻人在职场里，失败的最主要原因是不忠于职守。他推荐给年轻人阅读的书籍是《圣经》、古尔德本德的《论个人信仰》《华盛顿传》《林肯传》《亨利·德拉蒙德传》、关于自然科学的书籍。他认为年轻人有必要养成读日报的习惯，并且按常理来说，他应该参与父亲的事业。一个年轻人，想要做到成功，在学校之

前，必须懂得“志存高远，认真执着”这句八字箴言。

●艾伯特·波普——上校、波士顿银行行长

拥有诸多身份的他认为一个人的可能性是很多的，全面发展是好的，但是认清自己当下想要努力的方向也是必需的，不然往往会迷途，不知所之。他认为成功的要素必须有自我牺牲及持之以恒的精神。年轻人在择业时，根据自己的喜好择业往往是第一步，其次就是要抓住这个机遇好好努力，化喜好为自己工作的动力。因为按照他的成功模式看来，对某行业的偏好确实是事业成功的必要因素。一个人的能力有多少，要求就有多少，不应该只局限在一方土地里埋头苦干。若是一个成长在小城市的年轻人有能力，其他方面的资质也不错，可以考虑离开那个地方，去大城市发展。并且他认为，能力和经验，这两个都对成功很有帮助，也一样重要。他推荐的书籍是：《圣经》、莎士比亚的作品、《悲惨世界》《林肯传》、卡内基的《商业帝国》、约翰·费斯克的《美国历史》。他给在校大学生的忠告是：做人要诚实、稳健、精打细算、勤俭持家。做事不要投机，要实干，要乐于助人。

●塞缪尔·亚当斯——乔治敦大学儿童医药与疾病的理论与临床学教授

作为一名医生，他是十分负责任和细心的，而谈到当代年轻人的时候，他无不是欣喜的，所以他非常有条理性且细心地整理了几条他认为成功所需的要素：（1）努力学习。（2）不畏工作上的挑战。（3）专注于本职工作。（4）努力掌握新事物，学习不要一知半解。（5）尽量在自己熟知的领域里发挥自己的才干。（6）尊重他人的感受。在一个新环境里，一定要发挥自己的努力，去快速掌握可以掌握的东西，而不仅仅是一知半解，这往往是容易导致半路失败的原因。他认为如果一个年轻人生长在偏远、贫穷的地区，发展事业的机会微乎其微，如果他能适应环境的变化，他建议去大城市发展。若一个年轻人生长在一个繁荣的小镇或小城市，有发展事业的机会，他认为如果教育程度不高的话，还是别去大城市发展。他给大学生的忠告是：工作时要诚实、守信、刻苦、努力，不要吸烟过度，戒酒，不参与任何形式的赌博，经济上不要入不敷出。

●罗伯特·威廉斯·吉布森——建筑师

他认为自己成功的要素归因于工作谨慎，充满热爱之情，无论何时何地都尊规守纪，适时把握时机。他认为年轻人在择业时，根据自己的爱好选择职业是必需的，除非有人看到他的选择存在巨大的弊病。依他所见，他认为年轻人对某行业的偏好并不是促使人在此行业成功的必备条件，但很有用。他认为，能力和经验，不能说谁对成功更有帮助、更重要，因为即使从理论上讲，也不能将两者割裂开来。而且他认为没有经验的能力不能称之为能力，经验是能力的一部分。当谈论到推荐的书籍的时候，他说："具体要读什么书要根据不同孩子的特点而定，不能一概而论。我个人建议读《圣经》，把它作为人类的智慧结晶来读，斯宾塞的《伦理学原理》，达尔文的《物种起源》，奥利弗·温德尔·霍尔姆斯的作品，爱默生的作品，还有吉普林的作品。"

●奥古斯塔斯·伯奈斯——医学博士、解剖与外科手术学教师

他认为自己的成功，"归因于大学阶段的教育和想要身居要职的理想。毫无疑问，后者使我的言谈举止遭到了对手的忌妒和憎恶。不过这股憎恶之情成了激励我发愤图强的动力。因此我认为理想和抱负能激励人上进，有理想要比胸无大志强得多。我认为某种与生俱来的能力弥补了人与人之间能力上的差异"。他认为如果一个年轻人想经商，他则会建议他去上大学，因为他觉得至少要让他把文化基础打牢些。如果一个年轻人只是个普通人，既无特殊喜好，又无雄心大志，在建议他是该学手艺、经商还是从事某专业的问题上，他认为做生意或是学手艺，比较靠谱。他推荐阅读的书籍是：《希腊罗马名人传》、有关自然科学的学术论文。受过良好教育的年轻人应该读一读赫伯特·斯宾塞的《第一项原则》，还有《文明发展史》。

●约翰·胡恩——特拉华州州长

源于多年在政界和生活场里的诸多打拼，他认为成功的要素在于良好的家教、健康的体魄及良好的教育并且一直坚信成功出于勤奋。而一个朝气蓬勃的年轻人拥有自己的兴趣和爱好是一件很好的事，但是他个人认为对某行业的偏好并不是促使人在此行业成功的必备条件，爱好仅仅是爱好，或许只能是支撑着去寻找成功的动力，而不是必要条件。父母过多地干预年轻人的就业以及爱好也不是明智之举。在通往成功的路上，能力常常是一个非常好的闪光点，并且他认为能力终将是成功的必须条件。所以他总是觉得只有能力没有经验的人也会成功，为此他也鼓励年轻人说："经验迟早都会获得的。"在就业方面上，关于继承以及另辟创业之路，总有很多不同的机遇，若是父亲的事业很成功，而年轻人又愿意的话，当然可以参与到父亲的事业中去。相反地，年轻人大可以坚持自己的爱好，开辟自己的创业之路。

●威廉·林肯——波士顿商会的会长

他没有和我们分享他的成功经验，因为他认为成功并非是一言可以概括的东西，这一切必须自己亲身去历练过才知道。但是他又认为，较之经验，能力对成功更有帮助，更重要，他觉得经验迟早会有的。他认为能力和经验，很难将两者完全拆分开来，因为经验在某种程度上依附于能力。他认为，年轻人对某行业的偏好并不是促使人在此行业成功的必备条件，但有用。他觉得，如果一个年轻人生长在一个繁荣的小镇或小城市，有发展事业的机会，在是否去大城市发展这个问题上，他认为如果该年轻人事业刚起步时先别去。他认为"怠惰或是缺乏判断力"是导致失败的最重要的因素。他推荐阅读的书籍是《圣经》、莎士比亚的作品、米尔顿的作品、马可·奥勒留的《沉思录》、丹尼尔·韦伯斯特的作品、《林肯传》。不敢说这些书是最好的， 但都是优秀的作品。对年轻人的嘱咐是：交友要谨慎，坦诚待人，做人讲诚信，一诺千金，抵制诱惑，不要急功近利，若没有能力偿还，千万不要负债累累；做事要勤奋、认真，用心；尽自己最大努力让世界更加美好。

●威廉·赖斯——波士顿赖斯&哈钦斯制鞋厂厂长、昆西医院创建者

他认为成功的要素在于身体健康，理解能力强，对环境的适应能力强，为了成功甘愿牺牲个人喜好、放弃安逸。他觉得一般情况下，应该建议年轻人根据自己的爱好选择职业，但也得确定男孩是否真的很清楚自己到底想干什么。他认为一个年轻人对某行业的偏好并不是促使人在此行业成功的必备条件，虽然很有帮助，但他觉得有的人可以在好几个领域里获得成功。他认为一个人对工作的热爱往往会成为成功的诱因。他认为能力与经验，对成功来说，两者都重要。他推荐阅读的书籍是《圣经》，并且他认为只要是内容健康的书籍都可以读。他给在校大学生的忠告是：无论身处何地，都尽可能地把自己的才能发挥到极致。不要做语言上的巨人，行动上的矮子。

●约翰·康弗斯——鲍德温机车车辆厂厂长

约翰·康弗斯认为，一个年轻人，必须对自己的学业专注，就业之后必须对事业专注，这些都是在任何领域取得成功的先决条件。诚实守信、锲而不舍的精神必然是事业成功的要素。但是一个人更必须热爱自己的工作，这样才能取得事业上的成功。能力和经验，经验往往是虚无缥缈，需要慢慢积累的东西，而能力对成功更有帮助、更重要。如果一个年轻人想从事技工行业，则不应该去上大学，而是更适合去技工学校。若是该年轻人想从事某专业，他会建议他去上大学。他认为一个人轻易失败的原因是没做到锲而不舍。他推荐阅读的书籍是《圣经》、莎士比亚的作品、正规的历史书籍。他认为男孩有必要养成读日报的习惯。并且按常理来说，他也会建议男孩参与父亲的事业。

●威廉·坎贝尔——里克天文台台长

目光较远的他，说起成功来，并不含糊，但是他只在自己的领域里谈，他认为喜欢大自然和科学的年轻人们，必须有健康的体魄以及对自然科学的热爱；面对艰巨工作的挑战，乐在其中；了解自己到底想要什么，即使薪水再高也决不做自己不熟悉的领域里的门外汉。要是年轻人生长在偏远、贫穷的地区，发展事业的机会微乎其微，如果能力出众，他认为他应该去大城市发展。若是年轻人生长在一个繁荣的小镇或小城市，有发展事业的机会，他认为除非是天赐良机，否则不要去大城市发展。若年轻人是个农民的儿子，但他不喜欢务农，他认为，若是他清楚地知道自己想要什么就不必留在农场。他认为失败最主要的要素在于缺乏兴趣，不够专注。而且要弄清楚自己到底想做什么，到底喜欢做什么，任何艰难险阻都不在话下。

●詹姆斯·安杰尔——密歇根大学校长

从来不会对年轻人甚至自己的学生夸夸其谈成功学的他，也并没有直接谈到成功的一些要素。但是他却说出了，年轻人根据自己的爱好选择职业是一件非常必要的事。这必须是成功的要素之一，只有喜爱，才有后续的可能，若是连喜爱都不能，那谈何为此努力呢？但是同时他又认为，一个年轻人对某行业的偏好并不是促使人在此行业成功的必备条件，为什么呢？因为在一个行业里面，拥有无限的可能性，若要成功，靠自己的爱好并不是最重要的，机遇和为之努力，是非常必要的其他因素。如果年轻人想经商，他认为若是年轻人有读书的天分的话，那就应该去上大学。而若一个年轻人想从事技工行业，又有领导才能，就去读大学，否则就别去。强迫男孩上大学并不是明智之举。而一个人失败的最主要因素是不能持之以恒。并且他不建议男孩参与父亲的事业。他告诫年轻人做人要正直高尚，做事要持之以恒、刻苦勤奋。

●阿瑟·哈德利——文科硕士、哲学博士

说到成功的时候，他不置可否地笑笑，他认为人们总是把“事业成功”和“大发横财”混为一谈。因为妓女和罪犯同样也可以大发横财，但不能说他们是事业成功。一个人可以不用依靠诚信就能弄到钱。他可以撬老板的保险箱去偷钱，可以想法儿骗取老板的信任去弄到钱，可以改名易姓去欺诈得钱，可以没有货就和别人交易骗钱，可以用卑劣的手段在竞争中胜出赚钱。这些非法手段很容易被识破，也会被给以严厉的惩罚。不管这些伎俩是否会被拆穿，这大把大把的钱都不能算作事业有成的证明。在正确阐述“事业成功”的概念时，“诚信”是必不可少的。分不清楚两者区别的人会感到惭愧，而对“诚信”的重要性和必要性表示怀疑的人只要有利可图就会出卖灵魂。他认为，把什么叫成功这个问题阐述清楚了要比回答其他所有的问题都值得。

●乔治·惠勒·欣曼——芝加哥《大洋中心报》总编兼经理

他认为作为一个成功者，必须要有严谨的态度。从深层意义上讲，诚实守信是事业成功的要素。但如果只为了赚钱，那就不必要了。另外他也认为锲而不舍的精神在大多数情况下是成功的要素，而诚实守信则作为人生的信条存在——这是生存的理念，而不是作为成功的必要条件，若是一个人连诚信都没有，何谈心安理得的成功呢。一个人不一定只有热爱自己的工作才能取得事业上的成功。他觉得在通往成功的路上，能力和经验是同样重要的东西。他认为只有能力没有经验的人会成功这种情况很少发生。一个年轻人之所以会失败的因素是工作不够勤奋，不够严谨。当谈到推荐的书籍的时候，他觉得他应该从对他将来的职业有帮助的书中找出最好的六本来读。并且告诫年轻人们做人要诚实、坦白；做事要严谨、勤奋。踏实生活，决不弄虚作假。

●查尔斯·泰勒——波士顿《波士顿环球报》总编兼总经理

查尔斯·泰勒认为成功的要素在于自己无论身处何职，都会全力以赴。一个人的工作态度决定了他的发展方向，脚踏实地，往往能帮助一个人成就梦想。环境在一定程度上会局限一个人的发展，倘若年轻人生长的地区，发展事业的机会微乎其微，可以试着去大城市发展，但前提是要这个年轻人有足够的头脑以及良好的教育基础。反之，若生源地有发展的机会，最好就留在家乡，相信那里会是最好的起步点，除非他能证明自己有过人的智慧。此外，查尔斯·泰勒认为诚实守信是成功的重要要素，是一切行为的规范准则。关于创业，在能力强、经验丰富的情况下，如果手中资金充足，就可以试着放弃目前的待遇，试着在熟知的领域开创自己的事业。

●弗朗西斯·克拉克——基督教勉励会联合会会长、创始人、《基督教勉励会报》主编

弗朗西斯·克拉克博士认为成功的要素是在上帝的保佑下，做任何事都要竭尽全力，并且将目光放得长远。一个人对某行业的偏好并不是促使人在此行业成功的必备条件，但却很有帮助，至少有一定的优势，所以年轻人择业时，最好能根据自己的兴趣爱好选择，兴趣是最好的原动力老师。家长最好不要过多干涉孩子的选择权，虽然，许多年轻人需要对他们采取一定程度的强制手段。强迫孩子做任何他不喜欢的事，都是不理智的行为。但对于上大学，父母可以适当地强制他们去，至少先让他们去大学里试一试，不然错过机会，就会悔恨终身。弗朗西斯·克拉克博士认为年轻人必须读报纸，但是每天读十分钟就够了。空闲之际，可以多学习，给自己充电，一个人的成功离不开能力，能力的培养，往往靠自己的努力。

●希金斯——伊利诺伊州中央铁路局局长

希金斯先生认为成功的要素在于：勤奋、严谨的工作态度，与对手公平竞争，一视同仁，对人和颜悦色。勤奋、严谨的工作态度对于成功而言都是非常重要的，它直接影响到一个人的事业成功与否。而其后的三个要素，更多的是赢得别人的认可与尊重，从而取得更完美的成功。年轻人在择业时，如果在他满十七岁以后仍然没有改变喜好，可以根据他的喜好择业。这能保证他的喜好已经不是小孩子的三分钟热度的短暂喜好，可以作为一种长远的发展。而在能力和经验两者上，希金斯先生表示，对成功来说没有说哪个更重要，因为在起步阶段能力更重要；再往后，经验则更重要。假设一个年轻人能力强、经验丰富，手中资金充足，目前的薪水待遇也不错，则不会建议他在熟知的领域开创自己的事业，最好是进入好一点的公司或是根基牢固的大型单位工作。

●阿瑟 · 雷诺兹——医学博士，卫生部长

阿瑟·雷诺兹先生认为成功必须有对事业锲而不舍的精神。这种精神的作用不是在短时间内就能体现的，它是一种长时间的累积发展。一个人只有能力没有经验，只要他锲而不舍地坚持下去就能成功。但是，一个人如果缺少锲而不舍的精神，那么即便他有能力也有经验，也不一定会成功。锲而不舍所能起到的作用往往是不容忽视的，那是一种隐藏作用力。年轻人如果心智已经成熟，可以考虑根据自己的喜好选择职业。所谓的心智成熟，当然是指他知道这种爱好是真正的喜好，而不是短时间内的好奇心作祟。当然在年轻人择业的时候，父母可以帮忙指导，帮助他找出自己真正的喜好，让他更加确定自己的发展方向。

●埃尔伍德 · 弗纳斯——全国农民联合会主席

他认为成功的要素在于做任何事情都怀着必胜的信念，加之适宜的条件。所谓必胜的信念，往往体现为自信，适度的自信在人的事业发展上是很重要的，当一个人拥有了适度的自信，会在面对挫折时乐观对待，并且相信自己一定能够解决危机。自信的人，往往是最容易成功的，因为他相信自己，相信自己的能力，相信自己一定可以，凭借着这股信念，他就能够坚持到最后取得成功。埃尔伍德·弗纳斯先生警示年轻人要与别人礼尚往来、躲开那些会把你带入歧途的人、寻找智慧的源泉、从大自然的运作中学习知识。做个有用的人，这样才能让别人发现你的价值。动作要迅速，办事才有效率。别让你的老板失望，这样才能体现你的价值，从而也使你获得更丰厚的回报。

●乔治·史蒂文斯——俄亥俄铁路局局长

乔治·史蒂文斯先生认为年轻人必须根据自己的爱好选择职业。对某行业的偏好是促使人在此行业成功的必备条件。只有热爱自己所从事的工作，我们才会付出百分之百的努力。虽然很多时候，很多人从事的不是自己所喜好的职业依然获得了成功，但是这些往往是极少数的例外。一个人的成功不全是因为对工作的喜好，但一个人之所以会失败，很有可能是因为他对工作不够热爱不够投入。同时，乔治·史蒂文斯先生认为诚实守信以及锲而不舍的精神是成功的要素。无论怎样，待人待事常保一颗诚实守信的心，这是很必要的，它能让你在成功的路上走得更好，尽管偶尔我们也会因为它而摔跤。

●约翰·霍顿——公共图书馆图书管理员

他认为成功的因素是做人、做事都有自己的道德准则。工作勤奋，持之以恒。而道德准则的标准是什么？年轻人往往会在这条路上迷失，他认为不触犯法律就没事，但是却没有想到很多关于自身修养的问题常常与道德有关，而这一切都需要日常的养成，这个很重要，比一切成功的理念还重要，诚实守信也是，拥有良好的素质也是，甚至对待这个社会，必须有爱心也是。他认为父母在明知一个年轻人对某行业有偏爱或适合做某工作的情况下还强迫他违背意愿进行择业，这样做并不是明智之举。而且年轻人在择业时，他也会建议他根据自己的爱好选择。因为对某行业的偏好很有可能是促使人在此行业成功的必备条件。他认为锲而不舍的精神不是绝对必要的成功要素——但是诚实守信是事业成功的必要因素。他认为只有能力没有经验的人很少会成功。他推荐的书籍是《圣经》《学生守则》（约翰·托德）、《年轻人的领路人》（奥尔科特）、《自己拯救自己》（斯迈尔斯）、《商业帝国》（卡内基）、男孩自主选择的书籍。

●塞缪尔·伍德布里奇——麻省理工大学教授、美国公共卫生联合会主席、机动车卫生委员会主席

塞缪尔·伍德布里奇教授认为成功的要素是热情与勤奋。一个人只有热爱自己的工作才能取得事业上的成功，所以要根据自己的喜好择业。要想成功，必须做到专注、投入加热情。但一个人发展，很多情况下都要看机遇。事业的成功，取决于能力与经验能否相辅相成，一个人要是有了能力，在经验的辅助下成功得更快。塞缪尔·伍德布里奇教授认为一个人失败的因素是因为优胜劣汰的规则，以及自己的判断失误，或者管理不善。所以年轻人一定要从各方面培养锻炼自己，养成良好的行为习惯，作为新时代的年轻人，要拿得起放得下。无论做什么事都要尽力而为，不可懒惰涣散。

●罗斯韦尔·米勒——密尔沃基&圣保罗铁路局董事会董事长

罗斯韦尔·米勒认为成功因素是工作努力。对某行业的偏好并不是促使人在此行业成功的必备条件。年轻人在择业时必须根据自己的爱好选择，父母最好不要过多地干涉，父母在明知孩子对某行业有偏爱或适合做某工作的情况下，还强迫他违背意愿进行择业，是一种非常不理智且愚蠢的行为。能力和经验对取得事业成功，起着至关重要的作用，但能力对成功更有帮助、更重要。只有能力没有经验的人会成功，反之却不会。如果一个年轻人想经商或从事技工行业，不一定非要送他去上大学，还可以通过其他的途径来学习相关的知识。但若想从事某专业领域的事业，可以去大学学习更专业、更全面的知识。罗斯韦尔·米勒认为一个人失败的主要因素是不能持之以恒。此外他还忠告年轻人必须养成每天看报的习惯。

●塞缪尔·多尔顿——马萨诸塞联邦军务局长

他认为任何成功都不是必然的，而他自己的成功是通过汗水与努力换来的，天赋固然也是重要的，但是很多时候仅仅是面对个别职业而定，比如艺术之类的，而对于一些机械工业，或者需要蛮力的行业，则显得没那么重要。人必须有自己的目标，并且为之去努力，这才是最重要的事。他认为一个年轻人必须根据自己的喜好选择职业。而且依他之见，在某种程度上说，对某行业的偏好是促使人在此行业成功的必备条件。如果父母在明知男孩对某行业有偏爱或适合做某工作的情况下还强迫他进行择业， 这么做并不是明智之举。如果男孩生长在偏远、贫穷的地区，发展事业的机会微乎其微，他建议去大城市发展。他认为，能力和经验，两个都对成功有帮助、都重要。而且他认为只有能力没有经验的人会成功，因为有能力自然能获得经验。假设一个年轻人能力强、经验丰富，手中资金充足，目前的薪水待遇也不错，他若是要在熟知的领域开创自己的事业的话，得看看有没有机遇。

●加斯特沃斯·格伦——公立学校校长

他认为自己的成功是因为做任何事从不三心二意。他认为年轻人不应该只按照自己的爱好来择业，这个得视年轻人的自身情况而定。爱好是一回事，而努力到位也是一回事，确定了自己的爱好之后，利用它去好好发展才是很有利的条件，而从另一方面讲，爱好也往往是让一个人失去判断能力的东西，因为爱好里往往存在着偏见，所以年轻人有时必须保有自己的判断力和面对一件事时的客观心理。若是他的心智已经成熟并且爱好很明确，可以考虑按照这个去选择就业的方向。他认为如果是个有头脑的孩子，则不应该局限在自己的一方成长之地，他大可以去大城市发展，寻求更多的发展空间。能力有时只是一种对成功的判断力和辅助的东西，而诸多的经验却对成功更有帮助、更重要。同理，他认为只有能力没有经验的人不会成功。一个人拥有良好的视觉是很重要的，拥有一定的修养，也是很必要的，而阅读是很好的一种途径，他告诫年轻人不该丢失了精神食粮，而这些作品，则是他非常推荐的。比如，《圣经》、莎士比亚的作品、班扬的《天路历程》、本国历史以及名人传记。

●约翰·米克尔伯勒——哲学博士、男子高中校长

他认为想要成功，可以先尝试一下自己打工赚大学学费。他认为好多年轻人在家乡都不能使自己的才华得到彻底的发挥，如果继续留在那里只能是被束缚住手脚，他通常建议他们去大城市发展。年轻人脱离自己的出生地——比如一个小镇去城市发展，他应该考虑的因素有很多。男孩是否该离开家乡去大城市闯荡约翰先生认为“这个问题该如何回答并无定数。主要还是看男孩能否在大都市里仍然保持一颗平常心”。他认为在成功的路上，能力是基础，经验是上层建筑。只有经验而无能力，通常都会失败。他认为年轻人都应该阅读报纸，阅读书籍也是很必要的，他推荐的是《圣经》，莎士比亚的作品，美国政治家的传记，朗费罗、惠蒂尔、霍尔姆斯、布莱恩特及罗威尔的诗作。他对年轻人的忠告是：我会引用朗费罗的话告诉他们：“无论处境如何，都要快乐地活着，有尊严地活着。等你辞世之后，人们会像评价尤里匹蒂斯那样评价你：‘你的名字不是因为被写在墓碑上而被人记住，但墓碑却因写上了你的名字而熠熠生辉。’”

●约翰 · 斯隆——W.&斯隆地毯与室内装饰公司职员

他认为自己的成功归因于上帝的指引和父母的悉心教导，再有就是奋斗目标明确。他认为父母在明知男孩对某行业有偏爱或适合做某工作的情况下还强迫他违背意愿进行择业，这么做不是明智之举，他认为年轻人应该建设自己的幸福生活，而父母应该予以引导而非强迫。强硬地阻挡只会让一个有志气的年轻人失去奋斗的动力，搞不好，还会影响到父母与孩子之间的感情。一个生长在一个繁荣的小镇或小城市里的年轻人，若有发展事业的机会，他不应该只满足于现状，约翰·斯隆认为他应该要尽力去寻找机遇，一旦机会来临，我就能好好把握住它。他认为能力和经验两者互相依赖，缺一不可，都对成功有帮助。他认为一个人的失败不是偶然的，而是因为胸无大志，敷衍了事。最后，他给年轻人的忠告是“无论做什么事都要全力以赴”。为上帝而奋斗。

●雷文——大西洋人寿保险公司董事长

雷文认为成功与否是相对而言的。尽忠职守是分内之事。没有绝对的成功可言，因为在冥冥之中有股强大的力量操纵着一切，这是非人力可以控制的。认识不到上帝的存在，人类的努力就会变得徒劳无获。他认为年轻人应当根据自己的爱好选择职业，因为他觉得如果这不是年轻人的一时冲动，当然应该予以尊重。他认为能力和经验相比，经验很重要，因为是日积月累得来的。所谓的能力或高智商对于成功来说并非必不可少。真正的聪明人会懂得如何利用经验去获得成功。而且他认为条件允许的话可以去上大学，大学的教育能使人开阔视野、拓展思路，无论他将来从事什么职业，都有百利而无一害。在说到推荐书籍的时候，他说：“依我之见，最有启迪作用的是：《圣经》、班扬的《天路历程》、莎士比亚的作品、在历史上有影响力的名人传记，如约翰·霍华德、亚伯拉罕·林肯、威廉·E.格拉斯通等人的传记。”

●斯图尔特·罗布森——演员

在娱乐圈那么多年，见了太多的成功与失败，他认为成功的标准不一，接下一部电影是成功吗？获得奖项是成功吗？赚得大钱是成功吗？这都没有一定的标准。真正的成功在于自己得到的修养和精神财富，他认为成功的要素在于做事认真、待人诚恳、自尊自爱、事业至上。他认为年轻人根据自己的爱好选择职业是很必然的事。依他之见，对某行业的偏好也是促使人在此行业成功的必备条件。一个有才智和抱负的年轻人，不应该留在自己出生的小镇之地发展，因为他觉得乡下的环境不适合才智的自由发展。有头脑的男孩在这样的环境中无法大展宏图。他认为多数的成功都是靠诚信得来的，但并不绝对。他认为能力比经验对成功更有帮助、更重要。但是他又认为只有能力没有经验的人不会成功。他推荐的书籍是狄更斯的《雾都孤儿》、巴尔扎克的《路易·朗贝尔》《异教审判的历史》、欧文的《戈德史密斯传》、巴特利特的《常见语录》、莎士比亚的《错误的喜剧》。他告诫在校的大学生：把学校当作教堂，好好学习就是你的信仰，耕作就是在祈祷，种植就是在阐释《圣经》，而收获就是达成所愿。

●奥利弗·豪兰——多伦多市长

谈到自己的成功时，他觉得务必为自己的话语负责，年轻人有自己的目标和想要成功的心态是非常必要的。他认为父母明知一个年轻人对某行业有偏爱或适合做某工作的情况下还强迫他违背意愿进行择业，如果他所选择的是个正当职业，且他可能会为此而倾注心血，那父母这么做就是不明智的。每个人喜欢的行业不同，正所谓“三百六十行，行行出状元”，一个生长在小镇的年轻人，像推进工业发展的人一样，也能抓住机遇推进农业发展的话，可以留在本地开发自己的事业，也可以帮助小镇的发展。如果一个生活在农场的年轻人是因为不喜欢农活而想要离开农场的话，那他最好还是留下来适应适应；如果是因为胸怀大志，他就应该好好考虑一下在家乡能做点什么。在谈到修养问题时，他觉得年轻人必须多阅读，他推荐的书籍是《圣经》，他认为《圣经》可以教人如何负起责任、向人阐述哲理、使人志存高远；一些好的英国历史书籍，如格林的历史著作能拓宽人的思路；读些优秀的幽默大师的书以改变自己自负的毛病；还有各个领域的权威人士写的书，机械方面的、农业方面的、经济方面的或有关其他职业的。最后他告诫在校大学生说话做事要诚恳、知性。不要总是抱怨自己怀才不遇，也不要因自己小小的成绩而得意忘形。

●爱德华·波普——波普–鲁滨逊汽车制造公司财务主管

他认为一切成功者，都是可敬的，因为他们必定拥有自己的傲人长处。他认为一个年轻人想要成功必然要学会把握良机，持之以恒，决不投机，工作时心无杂念；工作的同时要加强体育锻炼，确保头脑灵敏、身强体壮。他认为诚实守信是事业成功的要素——而且他说：“因为我指的事业成功是长期的成功，而非昙花一现，所以需要有社会各界的尊重和朋友的大力支持，而不注重诚信的人是做不到这点的。”在违背男孩意愿强迫他上大学是不是明智之举这个问题上，他说强迫并不是明智之举，但也有例外，比如说父母极其希望儿子能去读大学，不担心他会在枯燥的课堂里感到烦闷。等儿子毕业后父亲会一路扶持等，如果是这样的话可以强迫他去上大学。他推荐阅读的书籍是《圣经》、莎士比亚的作品、《悲惨世界》《商业帝国》《林肯传》《亚历山大传》。他告诫年轻人要做个诚实、正直的人，自尊自爱，千万别投机冒险，要遵纪守法，别拿自己的健康开玩笑，对雇用者知无不言。

●罗宾逊——缅因州班戈的医学博士

罗宾逊认为成功的关键是有对好父母时刻引导着。一个人可以根据自己的喜好择业，这对成功而言，不是非常必要，却很有用，父母干涉孩子择业，也是情有可原的。很多时候，子承父业，对年轻人的发展更有帮助。但年轻人的发展前景，关键还是取决于自身是否有活力、有目标、有毅力并且接受过良好的教育。但要想获取最大的成功，首先得热爱自己的本职工作，提升自己的能力，要知道经验随时可以获得，但没有能力，经验是毫无用处的。也许上大学，是个培养能力的绝好机会，但也要视乎自身的情况条件。当自身能力到了一定水平且经验丰富时，手中如果有充足的资金，一定要寻找有利的机会开创自身的事业领域，不管做什么事，都要尽力而为，不要半途而废，要锲而不舍。

●弗兰西斯·希尔斯——第三国家银行行长

弗兰西斯·希尔斯认为成功的关键要素是努力生活，努力工作。在生活方面，不要犯错误、不要耍手段、不要残忍，在做生意方面，要有智慧、正直、果断、礼貌、精准，这些都是成功的基本要素。导致一个人失败的原因，往往不是城市的大小，而是一个人自我认识不够且毅力不够坚强。如果年轻人想去尝试经商或者从事某种专业，只要他有足够的能力，可以去大城市，但这些往往都取决于他在其他领域的办事能力。一个人的能力很重要，经验可以通过后天积累获得。假使一个年轻人到了大城市，万事俱备，但是欠缺资金，除非他的计划很合理且很有市场，不然贸然借钱开创事业是不太可取的。成功的另一个因素，在于财富的积累程度，所以这个时候，拥有稳定收入的工作是最适合他的。

●塞缪尔·伊士曼——新罕布什尔州储蓄银行行长

塞缪尔·伊士曼认为成功的要素在于忠于职守并不断提高自身能力，以便更好地履行自己的职责。年轻人如果祈求更大的成功，可以试着走向大城市寻求更多的发展机会，但从长远的角度看，留在家乡奋斗的人会比较幸福。因为在自己熟知的领域开创事业，有着更优越的条件基础。不管怎样，开拓事业之前一定要提升自己的能力，上大学是一种途径，学技工也不失为一个好方式，最好根据自己的兴趣爱好选择。总体来说，多接受点教育会起着更为重要的帮助，尤其是在为人处世方面。诚实守信是事业成功的基本原则，虽说有许多不诚实的人发了不义之财，但还是应该讲诚信，讲诚信事业道路才能越走越宽。切忌粗心大意，忽略细节。锁定你的目标，困难就会落荒而逃。凡事要凭实干，空谈不会有任何回报。发挥自己的才干，把你的对手击倒。

研究社经典励志系列

超越自卑
我们时刻需要合作
Beyond
the inferiority
个体心理学创始人 / 人本主义心理学先驱
阿尔弗雷德·阿德勒 的畅销书
被誉为心理学领域的《圣经》

做命运的
建筑师
获得力量并迈向成功
architects
of
fate
奥里森·斯威特·马登的励志经典
作品雄踞《纽约时报》畅销书30年

塑造你的
领袖气质
25位世界杰出领袖的成功解密
TEAM
赫伯特·牛顿·卡森 的经典之作
西点军校 / 哈佛大学 / 世界500强公司
领导≠领袖

修养是一种
优质投资
Culture
is a good
investment
奥里森·斯威特·马登的经典之作
作品雄踞《纽约时报》畅销书30年

成功的钥匙
KEYS TO SUCCESS
值钱的是想法
[美] 博泰·查尔斯·福布斯 著
张慧新 译
《福布斯》创始人、美国"投资人联盟"发起人的
励志经典
为雄心勃勃的年轻人提供人生和职业的正确指引
改变了数亿人命运的人生指导书
被众多成功人士视为精神宝典

思想决定命运
发掘生命中的
无限可能
Making Life A Masterpiece
[美] 奥里森·斯威特·马登 著
孔谧 译
成功学的开拓者、世界三大励志导师之一、《成功》杂志创办人
奥里森·斯威特·马登的励志经典
曾帮助无数人实现"美国梦"
国学大师林语堂、微软创始人比尔·盖茨
倾力推荐

机会源于性格，成功源于自己
高效人生
[美] 奥里森·斯威特·马登 著 王东升 译
成功学之父 / 世界三大励志导师之一 / 《成功》杂志创办人
奥里森·斯威特·马登的励志经典
洛克菲勒、林语堂、比尔·盖茨
倾力推荐
被译成30多种语言，畅销全球！

赢在自我修炼
世界属于勤奋的人
[美] 亚当·克雷格 著 丁宁 译
卡耐基的先驱者、被西方世界誉为美国最伟大教育家的
亚当·克雷格的传世之作
问世以来横扫各大图书排行榜
席卷欧美政界、商界和职场，累计销量数千万册

自信是成功之父
做自己的国王
Every Man A King
学会心理控制术
世界三大励志导师之一 / 《成功》杂志创办人
奥里森·斯威特·马登的励志经典
拿破仑·希尔、戴尔·卡耐基、安东尼·罗宾斯
均深受其影响
洛克菲勒、林语堂、比尔·盖茨
倾力推荐
畅销全球70多个国家

42个忠告
——写给创业的你
The Young Man Entering Business
成功学之父 / 世界三大励志导师之一 / 《成功》杂志创办者
奥里森·斯威特·马登的百年励志经典
作品雄踞《纽约时报》畅销书30年
尼克松 奥巴马 施瓦辛格 拿破仑·希尔
林语堂 洛克菲勒 比尔·盖茨